¿HACIA DÓNDE VAMOS AHORA?

DR. DAVID JEREMIAH

¿HACIA DÓNDE VAMOS AHORA?

CÓMO LAS PROFECÍAS SOBRE EL MAÑANA
PRESAGIAN LOS PROBLEMAS DE HOY

GRUPO NELSON
Desde 1798

Contenido

Introducción

Mientras escribo esta introducción, miro los desalentadores esfuerzos de rescate en Surfside (Florida), donde el condominio Champlain Towers South se derrumbó en mitad de la noche, un piso sobre otro, y enterró a decenas de personas bajo toneladas de concreto. La mayoría, que dormía en sus camas, ignoraba lo repentino de la catástrofe que se avecinaba.

Hubo señales y advertencias de que el agua se filtraba por debajo de las partes críticas de la estructura y debilitaba su integridad; pero la alarma sonó demasiado tarde.

A unos 5.000 km (3.000 millas) de distancia, los residentes de la lujosa torre Millennium Tower de San Francisco digirieron la noticia con aprensión. El rascacielos de cincuenta y ocho pisos con deslumbrantes vistas y comodidades de lujo se ha hundido alrededor de 45 cm en el suelo blando del centro sobre el que fue construido. Se está inclinando, y algunos ven a Surfside como una advertencia para el nuevo Millennium.

También me preocupa el nuevo milenio: nuestro tembloroso siglo XXI. Me preocupan las bases de nuestra cultura, nuestros cimientos erosionados y nuestras grietas estructurales. Al igual que usted, he estudiado las señales de los tiempos y creo que nos estamos acercando a un cataclismo global, que fue predicho en nuestras Escrituras y que se está desarrollando ante nuestros ojos.

Todo esto se me ocurrió de repente hace meses cuando estaba desayunando junto con mi esposa, Donna. Cometimos el error de ver las noticias de la mañana. Cada historia era más angustiante que la anterior. Allí estábamos sentados viendo ciudades en llamas, políticos corruptos, contagios fuera de control, elecciones intensas, revueltas sociales, tensiones raciales, delitos que aumentan sin parar, comentaristas que gritan, mentiras ensordecedoras, arenas erosionadas y cimientos que se resquebrajan.

Miré a Donna y le dije: «Tú y yo estamos viendo el desmantelamiento de Estados Unidos».

Este libro nació en ese momento.

Comencé a mirar estas crisis y controversias de una manera nueva. Me di cuenta de que no son movimientos, filosofías ni sucesos aislados. Están interconectados como si fueran una telaraña. La crisis de COVID-19 parecía arbitraria mientras se desarrollaba, pero no sucedió de la nada, y la respuesta del mundo reveló nuestras almas. Añádale a eso el globalismo emergente. Solo somos una crisis existencial de un gobierno mundial.

¿Y qué hay de nuestra economía mundial, colgando de un hilo?

Piense en la degradación de nuestra cultura. Parece como que cada miembro es un amante de sí mismo, un amante del dinero, un amante del placer, y está ansioso por anular a cualquiera que no esté de acuerdo. Esto se traduce en una persecución extrema para la iglesia en gran parte del mundo y en una erosión de la libertad religiosa en nuestro país. En Estados Unidos, una hambruna espiritual sin precedentes está provocando una epidemia de corazones demacrados. En el proceso, muchos profesos cristianos están abandonando la fe. Esto ha creado un vacío para que la marea creciente del socialismo inunde nuestra tierra.

Al mismo tiempo, los acontecimientos en Medio Oriente están convirtiendo a Jerusalén en el polvorín de la historia. ¡De nuevo! Lance una pandemia en el medio y ahí lo tiene: un mundo en caos.

Le he contado todo eso para decir lo siguiente: me niego a desanimarme, ¡y usted también debería!

No es momento de retirarse. Es hora de vivir por convicción. Cuando Moisés envió a los doce espías a la tierra prometida para reconocer el territorio, diez de los espías se sintieron abrumados por el miedo y la desesperación. Se sintieron intimidados por los gigantes que vieron. Sin embargo, dos de los espías, Josué y Caleb, dijeron en efecto: «¡Hagámoslo! ¡Podemos tomar la tierra!».

Años más tarde, al recordar lo que sucedió, Caleb le dijo a Josué: «Yo era de edad de cuarenta años cuando Moisés siervo de Jehová me envió de Cades-barnea a reconocer la tierra; y yo le traje noticias *como lo sentía en mi corazón*» (Jos 14:7, énfasis añadido).

Bueno, en este libro he explorado el territorio de nuestros tiempos y estoy trayendo un informe como lo siento en mi corazón. Esto no es bravuconería. Hablo con la mayor honestidad y humildad que puedo cuando le digo que no podemos quedarnos quietos, no podemos permanecer en silencio y no podemos vivir de mentiras. Debemos vivir de acuerdo con nuestras convicciones bíblicas. Ya no podemos ignorar las advertencias ni dormir en lechos de ignorancia. Creo que nos estamos acercando a la consumación de los tiempos.

He estudiado la profecía bíblica desde que tengo una Biblia. He predicado y escrito sobre los últimos tiempos desde el comienzo de mi ministerio. Quizás haya leído algunos de mis libros anteriores sobre el mensaje de la Biblia con respecto al fin del mundo y el regreso de Cristo. Me encanta escribir sobre la profecía bíblica porque es la transfusión de esperanza de parte de Dios a nuestros corazones.

Sin embargo, nunca había escrito un libro de profecías como este. En las páginas siguientes, abordaré diez temas proféticos tan actuales como las noticias de la mañana. En cada capítulo le diré dónde estamos, qué significa eso y hacia dónde vamos. Nos abriremos camino a través de los problemas que Jesús predijo, los precursores de la tribulación, y aprenderemos cómo dar el paso correcto.

El Señor nos habló de esta época con antelación, y es un privilegio ser sus agentes en la cresta de la historia. No estamos desamparados, y nuestro mundo todavía tiene esperanza. Aun cuando el mundo se derrumba, el Señor está edificando su Iglesia. Nosotros podemos decir algo, hacer algo, orar algo, predicar algo y vivir de acuerdo con las convicciones de Cristo.

Aleksandr Solzhenitsyn escribió en *Archipiélago Gulag*: «Cuando callamos el mal, lo metemos en el cuerpo para que no asome: lo estamos sembrando, y mil veces volverá a brotar en el futuro».[1]

El pueblo de Dios es más que vencedor. Tenemos un camino por delante. Lo animo a que estudie las órdenes de marcha al final de cada capítulo de este libro. Ponga en práctica las cosas que le voy a recomendar. Fije su mente en la esperanza que tiene en Cristo y esté dispuesto a pagar cualquier precio, desafiar a cualquier enemigo y confrontar cualquier mentira por el bien del evangelio.

En cualquier momento, Jesucristo descenderá del cielo por su pueblo. No tenemos que esperar mucho; pero hasta entonces, debemos comprender lo que esta época requiere y debemos hacer lo que el Señor manda.

En una de las historias más extrañas de la Biblia, el Señor tomó al antiguo profeta Ezequiel por los cabellos, lo transportó en una visión desde Babilonia hasta Jerusalén y lo dejó caer en una escena de abominaciones inimaginables (Ez 8:3). Ezequiel vio la depravación y la decadencia de su propio pueblo, un pueblo al cual amaba profundamente. Su nación se estaba desintegrando. Sin embargo, Dios le dio una tarea. Le encargó que fuera un atalaya en los muros.

Quizás Dios no lo tome del cabello, pero oro para que él tome su corazón. Oro para que le muestre de nuevo el triunfo del evangelio y lo nombre su atalaya para que haga sonar la alarma y proclame la verdad.

Recuerde lo que Dios le dijo más tarde a Ezequiel: «Y busqué entre ellos hombre que hiciese vallado y que se pusiese en la brecha delante de mí, a favor de la tierra, para que yo no la destruyese; y no lo hallé» (22:30).

¡Quiero que él encuentre al menos dos!

Usted y yo.

Acérquese, únase a mí y dediquemos el resto de nuestra vida terrenal a vivir de acuerdo con las convicciones bíblicas, exaltando el triunfo del evangelio, haciendo todo lo posible para reparar las estructuras de la sociedad y poniéndonos en la brecha delante del Señor, a favor de la tierra. No tenga miedo y no deje que estos tiempos lo abrumen. ¡Este mundo no terminará en escombros, sino en su regreso! Nuestro Señor Jesucristo resucitado y exaltado, nuestro Salvador entronizado, conoce el camino a seguir.

Él nos mostrará hacia dónde vamos ahora.

Un virus mortal se propagaba silenciosamente por nuestra nación. Es mucho más letal que el de la pandemia de COVID-19, y la mayoría de los estadounidenses ignoran por completo la amenaza que representa para nuestra libertad y para nuestra forma de vida. Esta enfermedad se llama socialismo y, hasta hace poco, los estadounidenses la consideraban el enemigo público número uno. Esto ya no es así. Una encuesta realizada en 2020 mostró que el 40 % de los estadounidenses tenía una opinión favorable sobre el socialismo, y esa cifra alcanza el 61 % cuando la encuesta es entre personas de entre dieciocho y veinticuatro años.

De la erosión de la libertad de expresión y el libre ejercicio de la religión a la amenaza inminente de un único gobierno mundial que no admite oposición, el socialismo es una fuerza perniciosa que los seguidores de Cristo deben estar listos para enfrentar. Nuestra libertad, y tal vez nuestras propias vidas, dependen de ello.

Capítulo 1

Una profecía cultural: El socialismo

Mas como en los días de Noé,
así será la venida del Hijo del Hombre.

MATEO 24:37

Al abrigo de la oscuridad, un hombre de mediana edad salió por la ventana de su apartamento del séptimo piso, y luego silenciosamente se deslizó por una cuerda veintitrés metros (setenta y cinco pies) hasta el suelo. Con una cizalla cortó la tobillera electrónica y saltó a un automóvil que lo esperaba. Esto no era parte de una película. Después de quince años de prisión por cargos falsos, Iván Simonovis escapaba de Venezuela.

Simonovis había sido una vez un héroe venezolano. Como miembro clave de un importante equipo SWAT, puso fin a una situación de rehenes de siete horas, todo ello capturado en la televisión nacional. Eso le dio el estatus de celebridad. Después de ser nombrado oficial de seguridad de Caracas, se dedicó a combatir el crimen y a eliminar la corrupción que había definido a la fuerza policial de la capital durante años.

Las cosas cambiaron cuando Simonovis entró en conflicto con Hugo Chávez, el presidente marxista de Venezuela y dictador incipiente. Chávez vio al oficial de seguridad condecorado como un rival en potencia y lo acusó de crímenes de lesa humanidad. Los cargos eran falsos, y el juicio fue una farsa. En un abrir y cerrar de ojos, Iván estaba tras las rejas sin esperanzas de indulto. Durante largos períodos, solo se le permitió ver la luz del sol diez minutos al día.

En 2014, se le concedió arresto domiciliario para que buscara tratamiento por diecinueve enfermedades crónicas, muchas de ellas provocadas por su encarcelamiento. Sabiendo que esta era su única oportunidad, organizó su atrevida fuga. Luego de salir a toda velocidad en un automóvil, pasó tres semanas evadiendo la seguridad en una persecución como si jugaran al gato y al ratón. Un viaje de catorce horas en un pequeño bote de pesca lo llevó a una isla del Caribe, desde donde voló a Estados Unidos.[1]

Iván podía recordar los tiempos en que Venezuela era la nación más rica de América del Sur. El ingreso per cápita de sus ciudadanos era mayor que el de China y el de Japón, y casi competía con el ingreso de los ciudadanos estadounidenses. La gente de la generación de Iván disfrutaba de la libertad religiosa, la libertad política, la dignidad personal y las oportunidades económicas.[2]

Sin embargo, cuando los precios del petróleo se desplomaron en la década de 1980, y luego otra vez en la década de 1990, la economía venezolana experimentó un descenso, que, en 1998, se convirtió en una caída en picada cuando el pueblo venezolano eligió a Chávez como su presidente. Una vez en el poder, Chávez implementó de forma implacable el compendio socialista formulado por la Unión Soviética, Cuba, China y otras naciones. Su primera tarea fue reescribir la constitución venezolana, garantizando a los ciudadanos los llamados derechos gratuitos de atención médica, educación universitaria y justicia social provistos por el gobierno. Cuando la Corte Suprema falló en contra de Chávez en varios asuntos importantes, él respondió llenando la corte con doce nuevos jueces, todos leales a él.

En 2006, el socialismo envolvió por completo al país cuando Chávez fue reelegido. Con el control total de los tribunales y la legislatura, rápidamente pasó a nacionalizar los medios de comunicación, y eliminar así las voces disidentes. Luego autorizó a las agencias gubernamentales a apoderarse de las riquezas y las propiedades privadas de los ciudadanos de Venezuela, todo en nombre de la «justicia» y la «igualdad». Chávez tomó el control de la industria petrolera de la nación y expulsó a los inversores extranjeros y su influencia. Nacionalizó las compañías eléctricas, las granjas, las minas, los bancos y las tiendas de comestibles. Su último paso fue eliminar los límites en los mandatos de los funcionarios electos, lo que le iba a permitir gobernar por el resto de su vida al estilo de Stalin en Rusia y Castro en Cuba.[3]

Sin embargo, ni siquiera Chávez pudo evadir el último enemigo. En 2013, murió de cáncer, pero su sucesor elegido personalmente, Nicolás Maduro, continuó implementando la agenda de Chávez, incluso fue más allá en algunas áreas para imponerle al pueblo venezolano una agenda marxista. En la actualidad, Venezuela está descendiendo a la anarquía, y un número récord de migrantes venezolanos están huyendo hacia el norte, tratando de llegar a la frontera con Estados Unidos.

El socialismo, la profecía y usted

Ahora bien, quizás se esté preguntando qué tiene que ver todo esto con usted. Si Venezuela ha demostrado que el socialismo es una mala idea, ¿por qué deberíamos preocuparnos?

Debería preocuparse porque las ideas y las políticas socialistas están invadiendo Estados Unidos. Habrá oído que se discuten bajo cuatro nombres diferentes: socialismo, comunismo, marxismo y marxismo cultural. Según mis estudios, parece que muchas personas consideran estos términos casi sinónimos. A medida que continúe leyendo el resto de este capítulo, estos cuatro nombres irán apareciendo, pero todos se refieren a la misma ideología invasora, una que parece engañar a la gente con una facilidad inusual.

Considere lo siguiente: durante su ascenso, Hugo Chávez tuvo muchos seguidores en Estados Unidos, incluyendo estrellas de Hollywood como Sean Penn, Michael Moore, Oliver Stone y Danny Glover. El socialismo parece tener un poder casi hipnótico sobre muchos pensadores y de ahí se extiende a la cultura común. Una encuesta del año 2020 mostró que el 40 % de los estadounidenses tenían una visión favorable del socialismo. Eso fue un aumento con respecto al año 2019, que había sido del 36 %.

Aún más aterrador, el 47 % de los mileniales y el 49 % de la generación Z veían el socialismo de manera favorable.[4] De hecho, una encuesta de 2019 de Axios encontró que el 61 % de los estadounidenses entre 18 y 24 años tenían una reacción positiva al socialismo.[5]

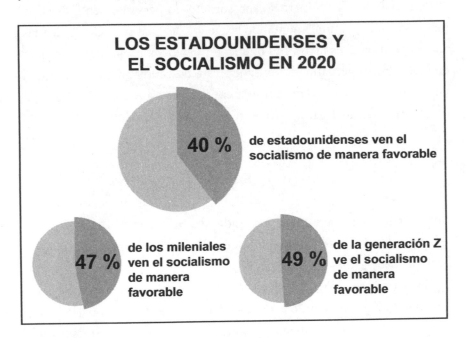

LOS ESTADOUNIDENSES Y EL SOCIALISMO EN 2020

40 % de estadounidenses ven el socialismo de manera favorable

47 % de los mileniales ven el socialismo de manera favorable

49 % de la generación Z ve el socialismo de manera favorable

Y luego está esto: en 2020, Bernie Sanders estuvo a punto de ganar la nominación del Partido Demócrata para la presidencia de Estados Unidos. Este es el mismo senador de Vermont que declaró: «Soy socialista y todo el mundo lo sabe».[6]

Además de Sanders, en las últimas elecciones se vio que un número récord de candidatos socialistas obtuvieron sus puestos como representantes tanto en las legislaturas estatales como en el Congreso. Entre ellos, cabe destacar a Alexandria Ocasio-Cortez, quien, en 2018, se convirtió en la congresista más joven de la historia.

Ocasio-Cortez es una miembro declarada de los Socialistas Democráticos de América, la organización socialista más grande de Estados Unidos. Dada su corta edad y su gran número de seguidores, muchos creen que algún día se postulará para la presidencia de Estados Unidos. Eso nos da que pensar teniendo en cuenta sus objetivos declarados de acabar con el capitalismo e implementar la misma agenda socialista que fracasó tan estrepitosamente en Venezuela.

He llegado a la convicción de que esta ideología representa un peligro verdadero y actual para la libertad y la prosperidad que ha definido a Estados Unidos y a otras naciones occidentales durante siglos. Mientras investigo para este libro, me viene a la mente un versículo: 2 Timoteo 3:1: «También debes saber esto: que en los postreros días [días de gran estrés y pesar] vendrán tiempos peligrosos [tiempos difíciles que serán intolerables]».

Jesús lo dijo de este modo: «Mas como en los días de Noé, así será la venida del Hijo del Hombre. Porque como en los días antes del diluvio estaban comiendo y bebiendo, casándose y dando en casamiento, hasta el día en que Noé entró en el arca, y no entendieron hasta que vino el diluvio y se los llevó a todos, así será también la venida del Hijo del Hombre» (Mt 24:37-39).

¿Cómo eran esos «días de Noé»? Génesis 6:5 los describe así: «Y vio Jehová que la maldad de los hombres era mucha en la tierra, y que todo designio de los pensamientos del corazón de ellos era de continuo solamente el mal».

La gente de los días de Noé ignoraba y ridiculizaba sus advertencias. Noé construyó el arca y predicó durante ciento veinte años, y ni un solo individuo fuera de su familia inmediata le creyó. Las personas eran tan indiferentes que no entendían lo que estaba pasando hasta que fue demasiado tarde.

La negligencia de la gente en los días de Noé se repetirá en los últimos días de la historia de nuestro mundo. Será un día muy parecido a los nuestros, un día en que las ideologías como el socialismo puedan colarse sin llamar mucho la atención.

Pregúntele a cualquiera que esté bajo un régimen comunista que seguramente estará de acuerdo: el socialismo es una hierba mala e invasora plantada por Karl Marx. A pesar de sus catastróficos fracasos, sigue extendiéndose por la tierra como la planta de kudzu. ¿Será esta la filosofía política dominante en la tierra cuando comience la tribulación? Sí, eso parece probable. El socialismo está hecho a medida para la aparición del anticristo. Crea condiciones globales que traen gran estrés y pesar, días difíciles que serán intolerables, y exige un sistema de gobierno único y mundial que, como dice la Escritura, se establecerá antes del fin de la historia.

Apocalipsis 13 describe al anticristo como una bestia con gran poder y autoridad: «... y se maravilló toda la tierra en pos de la bestia [...]. También se le dio autoridad sobre toda tribu, pueblo, lengua y nación. Y la adoraron todos los moradores de la tierra...» (Ap 13:3, 7-8).

Satanás, que «engaña al mundo entero» (12:9) le dará poder a esta bestia o anticristo, y el falso profeta, que «engaña a los moradores de la tierra» (13:4) le brindará ayuda. El Señor nos advirtió contra este tipo de engaño: «Mirad que nadie os engañe por medio de filosofías y huecas sutilezas, según las tradiciones de los hombres, conforme a los rudimentos del mundo, y no según Cristo» (Col 2:8).

¿Qué es el socialismo?

Entonces, ¿cómo deberíamos ver el socialismo hoy en día? ¿Cómo deberíamos definirlo? Preste atención a la definición ofrecida por el Partido Socialista Mundial de Estados Unidos: «El establecimiento de un sistema de sociedad basado en la propiedad común y el control democrático de los medios e instrumentos para producir y distribuir la riqueza por y para la sociedad en su conjunto [...]. A esto lo llamamos propiedad común, pero otros términos que consideramos sinónimos son comunismo y socialismo».[7]

Los socialistas creen que los medios de producción del mundo, incluyendo la infraestructura, las granjas, las fábricas, la energía, los recursos naturales, los medicamentos y más, deben estar bajo el control del «pueblo». En otras palabras, la sociedad en su conjunto debe poseer las materias primas y los sistemas que producen la riqueza. En un sistema de libre mercado, las empresas o los individuos suelen controlar estos materiales, pero en los países socialistas son propiedad del «pueblo».

Como no se puede tomar decisiones basadas en un concepto tan impreciso como el de «pueblo», entonces, bajo el socialismo, el *gobierno* se convierte en la única autoridad y en el único controlador de los medios de producción. Por desgracia, los gobiernos están controlados por personas específicas, a menudo el tipo de personas que buscan el poder y que son completamente corrompibles por la codicia, el egoísmo, la lujuria, la venganza, la violencia y el deseo abrumador de autoridad. Cuanto más poder fluye hacia el gobierno, más dictatoriales se vuelven los pocos que están en la cima.

Mientras escribía este capítulo, una cadena de noticias publicó una historia sobre una mujer china llamada Xi Van Fleet que había sobrevivido al brutal régimen comunista del dictador Mao Zedong. En un vehemente discurso ante una junta escolar en Virginia, habló sobre las similitudes entre lo que sucedió en China durante la Revolución Cultural China y lo que está sucediendo en Estados Unidos en estos momentos. Ella explicó: «Usan la misma ideología y la misma metodología, incluso el mismo vocabulario; y con el mismo objetivo. La ideología es el marxismo cultural, y nos dividieron en grupos como los opresores y los oprimidos [...]. La metodología de salida también es muy similar. Es la cultura de la cancelación. Básicamente cancelamos toda la civilización china anterior al comunismo».[8]

En su libro *We Will Not Be Silenced* [No nos callarán], Erwin Lutzer nos ayudó a comprender el tipo de marxismo que estamos viendo.

Hoy nos enfrentamos a lo que se conoce como marxismo cultural. No se le impone a la gente en los campos de batalla, sino que es una forma de marxismo que de a poco gana los corazones y las mentes de las personas mediante la transformación gradual de la cultura. Bombardeados con promesas exageradas e ilusorias, los individuos lo aceptan porque quieren; lo ven con buenos ojos porque están convencidos de sus «beneficios». Promete «esperanza y cambio», igualdad de ingresos, armonía y justicia racial basado en valores seculares en lugar de la moral judeocristiana. Se lo conoce por profesar la inclusión en vez de la exclusión y por promover la libertad sexual en lugar de lo que ven como la ética sexual restrictiva de la Biblia. No está reprimido por las tradiciones religiosas supuestamente estrechas, sino que defiende las ideas progresistas que se consideran dignas de un futuro ilustrado.[9]

Las raíces del socialismo

Para comprender el socialismo, primero debemos entender a Karl Marx. Cuando comprenda quién era y en qué creía, podrá rastrear hasta él mucho de lo que está sucediendo.

Si estudia la vida de Karl Marx, aprenderá que no solo odiaba a Dios, sino que también era un seguidor del diablo. Su familia pensaba que estaba poseído por un demonio. Un biógrafo lo describió así: «Tenía la visión del mundo del diablo y la maldad del diablo. A veces, parecía saber que estaba realizando obras de maldad».[10]

En una ocasión, el propio hijo de Marx le envió una carta en la que se dirigía a él como: «Mi querido demonio».[11] El socio de Marx, Friedrich Engels, declaró que diez mil demonios tenían a Marx agarrado de los pelos.[12]

En 2020, Paul Kengor escribió un libro titulado *The Devil and Karl Marx: Communism's Long March of Death, Deception, and Infiltration* [El diablo y Karl Marx: la larga marcha de la muerte, el engaño y la infiltración del comunismo]. Con total sinceridad, me costó leerlo, por lo oscuro de su tema. Según Kengor, Marx era un tirano, un racista y un radical misógino que odiaba a Dios y quería ver el mundo arder.

En su poema de 1837 «La doncella pálida», Marx compuso estas palabras autodescriptivas:

> Por tanto, el cielo he perdido.
>
> Eso bien lo sé.
>
> Mi alma, una vez fiel a Dios,
>
> elegida está para el infierno.[13]

Cuatro años después, en 1841, escribió estas líneas, que son aún más condenatorias:

> Mira ahora, mi espada de color sangre oscuro apuñalará
>
> infaliblemente dentro de tu alma…
>
> Los vapores infernales se elevan y llenan el cerebro
>
> hasta que me vuelvo loco y mi corazón cambia por completo.
>
> Mira la espada, el Príncipe de la oscuridad me la vendió.
>
> Porque él vence al tiempo y da las señales.
>
> Cada vez con más valentía juego a la danza de la muerte.[14]

En 1849, un año después de publicar su obra cumbre, *El manifiesto comunista*, Marx fue desalojado por su casero, que estaba harto de su suciedad. «Karl bebía demasiado, fumaba mucho, nunca hacía ejercicio y sufría de verrugas y forúnculos por la falta de lavado. Apestaba […]. En cuanto al apartamento de la familia, todo [estaba] averiado, roto, caído, destrozado, desarmado, desde juguetes, sillas, platos, tazas hasta mesas […] y así era con todo».[15]

Karl Marx engendró un hijo ilegítimo con su criada, Helene Demuth, y le echó la culpa por el niño a Engels, quien pensó que era una gran broma. Como Marx nunca tuvo un trabajo, vivía a expensas de otros: sus padres, Engels y cualquier otra persona que pudiera encontrar. Su esposa, Jenny, era tan miserable en su matrimonio que quería morir, un deseo que tenía a diario. Sus hijas, Jenny y Laura, cumplieron el deseo de su madre. Jenny se envenenó cuando solo tenía cuarenta y tres años. Y en un pacto de muerte con su marido, Laura también se suicidó cuando tenía sesenta y seis años.

Marx murió en la desesperación el 14 de marzo de 1883. Justo antes de su muerte, le escribió a su amigo Engels: «¡Qué inútil y vacía es la vida, pero cuan deseable es!».[16] Fue enterrado en el cementerio de Highgate, considerado el centro del satanismo en Londres.

Me pregunto cuántos de los que defienden el socialismo y el marxismo son conscientes de las raíces nocivas de esta doctrina. Su fundador fue una persona espantosa; ¡y el socialismo se convirtió en lo que él era! Esta es una batalla espiritual de la verdad contra la mentira. Me recuerda a Efesios 6:12: «Porque no tenemos lucha contra sangre y carne, sino contra principados, contra potestades, contra los gobernadores de las tinieblas de este siglo, contra huestes espirituales de maldad en las regiones celestes».

Como muchos han notado, Karl Marx está gobernando el mundo desde su tumba. Estas son algunas de las características de su ideología diabólica.

El marxismo es anti-Dios

Karl Marx odiaba el cristianismo porque lo consideraba una fuente de opresión. Para él, la religión era «el opio del pueblo». Para que el comunismo tuviera éxito, se tenía que reemplazar la lealtad a la iglesia por la lealtad al estado. En una ocasión, describió la iglesia como un «moho medieval» que debe eliminarse.

Otros líderes socialistas han seguido el mismo camino, entre ellos, Iósif Stalin, Fidel Castro y Pol Pot. Cada uno de estos hombres vio a la religión organizada como un enemigo, un competidor que necesitaba ser controlado o eliminado. Como observó un académico, «la religión era el enemigo, un rival del control mental marxista, y tenía que ser doblegado sin importar los costos y las dificultades».[18] En la Unión Soviética, uno de sus lemas favoritos era: «Echemos a los capitalistas de la tierra y a Dios del cielo».

Otro historiador señaló: «[En Rusia] en la primavera de 1918, se lanzó una campaña abierta de terror contra todas las religiones, particularmente contra la Iglesia Ortodoxa Rusa. [Fue una] política de terror [...] que sufrió toda la fe religiosa».[19] En los años siguientes, fueron asesinados innumerables obispos y sacerdotes ortodoxos, y los que sobrevivieron se vieron privados de sus derechos civiles y sometidos a opresión económica.

A pesar de lo que muchos afirman creer o proponer, el marxismo no es compatible con la libre expresión de la religión.

El marxismo es totalitario

Hay otro hecho general sobre el marxismo que debemos entender: rápidamente se vuelve totalitario. El término *totalitarismo* fue utilizado por primera vez por los partidarios del dictador fascista Benito Mussolini, quienes lo resumieron de esta manera: «Todo dentro del Estado, nada fuera del Estado y nada contra el Estado».[20]

Rod Dreher agrega:

> Según Hannah Arendt, la principal estudiosa del totalitarismo, una sociedad totalitaria es aquella en la que una ideología busca desplazar todas las tradiciones e instituciones anteriores, con el objetivo de poner todos los aspectos de la sociedad bajo el control de esa ideología. Un Estado totalitario es aquel que aspira nada menos que a definir y controlar la realidad. La verdad es lo que los gobernantes deciden que es. Como ha escrito Arendt, dondequiera que haya gobernado el totalitarismo, «Este ha comenzado a destruir la esencia del hombre».
>
> El totalitarismo actual exige lealtad a un conjunto de creencias progresistas, muchas de las cuales son incompatibles con la lógica, y ciertamente con el cristianismo. El cumplimiento es forzado menos por el Estado que por las élites que forman la opinión pública y por las corporaciones privadas que, gracias a la tecnología, controlan nuestras vidas mucho más de lo que nos gustaría admitir.[21]

El marxismo causa divisiones

El marxismo se nutre de la división. En el marxismo histórico se promovía la división entre clases de personas: los opresores contra los oprimidos, los jefes contra los trabajadores. Hombres como Hugo Chávez hicieron todo lo posible para asegurarse de que los pobres odiaran a los ricos.

En el marxismo cultural actual, la división explotada suele ser racial, sexual o de género.

Creo que esa es una de las razones por las que hemos perdido parte del progreso que habíamos logrado en las relaciones raciales. Sea lo que sea o por más alejado que esté del racismo real, cada vez que un socialista o marxista no sabe cómo responder a un problema, siempre, y quiero decir siempre, lo llama racismo.

Esto es trágico por muchas razones. Es muy doloroso ser catalogado de racista si uno no ha hecho o dicho nada que pudiera llevar a una persona racional a hacer tal acusación. Una vez que una persona ha sido acusada de racismo, es casi imposible deshacerse de él, sin importar lo que haga, pero jugar la carta del racismo conlleva otra tristeza rara vez discutida: si todo es racista, nada es racista. Todos sabemos que todavía hay problemas raciales que deben abordarse en Estados Unidos y en todo el mundo, pero los verdaderos problemas se pierden en la avalancha de acusaciones injustificadas.

El marxismo es letal

En 1999, *El libro negro del comunismo* intentó calcular el número de muertos del marxismo-leninismo del siglo XX. Reveló el caso más descomunal de matanza política de la historia:

- América Latina: 150.000 muertes
- Europa del Este: 1 millón de muertes
- Vietnam: 1 millón de muertes
- África: 1,7 millones de muertes
- Camboya: 2 millones de muertes

- Corea del Norte: 2 millones de muertes
- URSS: 20 millones de muertes
- China: 65 millones de muertes

Entre los carniceros que lideraron este asalto a la humanidad se incluye a Iósif Stalin en Rusia, Mao Zedong en China, Kim II-sung y Kim Jong-il en Corea del Norte, Fidel Castro en Cuba y Nicolae Ceausescu en Rumania.

El recuento de muertes que resultó del marxismo entre 1917 y 1979 «equivaldría a una tasa de varios miles de muertos por día a lo largo de un siglo. Ni siquiera Adolf Hitler se acercó a eso. De hecho, tampoco lo hicieron las dos guerras más letales de la historia, la Primera y la Segunda Guerra Mundial, que deben combinarse y duplicarse para acercarse a la cantidad de muertes del comunismo».[22]

Aleksandr Solzhenitsyn no se dejó engañar por nada de eso. Él enseñó que «el socialismo de cualquier tipo y matiz conduce a una destrucción total del espíritu humano y a la nivelación de la humanidad en la muerte».[23]

¿Qué significa esto?

Me temo que esta nueva trayectoria política en nuestra nación es más que una simple tendencia. Es un cambio radical hacia una agenda marxista. Estamos cosechando las malas hierbas del jardín tóxico de Karl Marx. Si mira de cerca, puede trazar las conexiones.

La destrucción de monumentos

En los últimos años se ha vuelto común ver titulares de noticias o videos en vivo de grupos de protesta que rodean, vandalizan y finalmente tiran abajo estatuas y otros monumentos históricos que consideran ofensivos. Estos incidentes comenzaron con monumentos controvertidos de los participantes de la Guerra Civil, pero se han expandido para incluir a hombres y mujeres clave de la historia, incluso figuras como George Washington y Abraham Lincoln.

Cuando somos testigos de estos eventos, no estamos simplemente viendo un montón de jóvenes alborotadores derribando estatuas, sino que estos son parte de un esfuerzo concertado para atacar el pasado y, en última instancia, borrarlo.

Como escribió Milan Kundera durante el auge del comunismo, algunas personas reescriben el pasado o lo borran. De esa manera, las masas olvidan quiénes son y pueden ser arrastradas a un nuevo futuro. Él dijo: «El primer paso para liquidar a un pueblo es borrar su memoria. Destruye sus libros, su cultura, su historia. Luego que alguien escriba libros nuevos, fabrique una cultura nueva, invente una historia nueva. En poco tiempo, la nación comenzará a olvidar lo que es y lo que fue».[24]

Los totalitarios están decididos a borrar todo lo que no está en sus intereses particulares. Recuerde la definición de totalitarismo de Mussolini: «Todo dentro del Estado, nada fuera del Estado y nada contra el Estado».

Por el contrario, es interesante descubrir que la palabra «recordar» se encuentra 164 veces en el Antiguo Testamento. El socialismo quiere que usted se olvide; el cristianismo quiere que recuerde. Dios dijo a través del profeta Isaías: «Acordaos de las cosas pasadas desde los tiempos antiguos; porque yo soy Dios, y no hay otro Dios, y nada hay semejante a mí» (46:9).

Sí, recuerde todo lo que Dios ha hecho por nosotros. Sobre la base de las misericordias pasadas, podemos construir un futuro de gracia. Podemos decir con el salmista: «Porque tú, oh Dios, […] me has dado la heredad de los que temen tu nombre» (Sal 61:5).

Los héroes bíblicos construyeron monumentos para recordar a las generaciones futuras la bondad y la guía de Dios. Por ejemplo, cuando Israel entró en la tierra prometida, atravesó las aguas divididas del río Jordán, una historia que se cuenta en cuatro versículos de Josué 3:14-17; pero todo el capítulo cuatro de Josué describe lo que sucedió luego. Doce hombres fuertes de las tribus de Israel erigieron un monumento en el lado occidental del río. Josué dijo: «Cuando mañana preguntaren vuestros hijos a sus padres, y dijeren: ¿Qué significan estas piedras? declararéis a vuestros hijos, diciendo: Israel pasó en seco por este Jordán» (4:21-22).

Salmos 77:11 declara: «Sí, haré yo memoria de tus maravillas antiguas».

La Biblia en sí es, en gran parte, un libro de historia, que cuenta las historias de héroes imperfectos que, a través de la fe, conquistaron reinos, hicieron justicia, alcanzaron promesas y se volvieron fuertes en la batalla (Heb 11); pero los historiadores y revisionistas están quitando de los libros de texto de nuestros niños todo lo que es bíblico o cristiano, y están reescribiendo nuestra historia para que se adapte a sus propias agendas seculares y socialistas.

La cultura de la cancelación

No crea que solo se están derribando estatuas e historias. También sucede con cualquiera que no se arrodille ante el altar de las pasiones políticas predominantes. Usted está cancelado. En otra parte de este libro encontrará un capítulo completo sobre este tema, pero, por ahora, quiero señalar que esto también es un hijo del totalitarismo. En el marxismo cultural, no puede haber lugar para la tolerancia ni para las opiniones disidentes.

Mientras trabajaba en este capítulo, me frustré al ver las noticias porque sentía que me estaba ahogando en ilustraciones. Por ejemplo, vi que una junta escolar en Nueva Jersey eliminó los nombres de los días festivos de su calendario escolar. Ya no será Navidad ni Acción de Gracias ni el Día de Martin Luther King Jr. A partir de ahora, todos estos se denominarán días libres para los estudiantes, pero aquí está el giro inesperado: cuando uno de los padres en el fondo de la sala intentó presentar una objeción, el presidente de la junta escolar golpeó la mesa con el puño y dijo: «Esto no es un debate».

Caso cerrado. Se terminó la discusión. Opinión cancelada. Más tarde, el intento de esa junta escolar de eliminar los días festivos fue anulado, pero quizás no por mucho tiempo.

Dreher escribió: «En las sociedades de hoy, los disidentes [...] ven cómo destrozan sus negocios, sus trayectorias y su reputación. Les expulsan de la plaza pública, les estigmatizan, les "cancelan" y les demonizan tachándolos de racistas, sexistas, homófobos y cosas por el estilo. Y les amedrenta la opción de oponer resistencia, porque creen que nadie se unirá a sus filas ni les defenderá».[25]

Antes de que saquen la Primera Enmienda por la puerta, permítame recordarle lo que dice:

> El Congreso no promulgará ley alguna por la que adopte una religión de Estado, o que prohíba el libre ejercicio de esta, o que restrinja la libertad de expresión o de prensa, o el derecho del pueblo a reunirse pacíficamente y a solicitar al Gobierno la reparación de agravios.

El desmantelamiento de la familia nuclear

El marxismo mete sus fríos dedos en nuestras propias casas. Los marxistas quieren criar a nuestros hijos y determinar nuestros ingresos. Marx pensaba que las familias con valores judeocristianos dieron lugar a la desigualdad. Como expresó Lutzer, Marx creía que los hogares cristianos «se alimentaban de la codicia y la opresión sistémica.

Había que desmantelar a esas familias si se quería hacer realidad la visión marxista de la igualdad [...]. En el marxismo, la familia se percibe como una unidad en la que los esposos reprimen a las esposas y los padres reprimen a los hijos. Estos grupos de opresión deben disolverse; las madres tienen que dejar sus hogares y unirse a la fuerza laboral».[26]

Dios creó a la familia para que aglutinara a la sociedad humana. Por ejemplo, cuando Dios quiso crear a la humanidad misma y establecer a las personas dentro del ecosistema de nuestro mundo, no extendió el brazo y creó una sociedad en estado avanzado. No creó ciudades o naciones con leyes, carreteras y estructuras.

No, él creó una familia. Comenzó con Adán y Eva, y les dijo «Fructificad y multiplicaos...» (Gn 1:28).

De manera similar, cuando Dios deseó revelarse más íntimamente a una civilización humana que se tambaleaba bajo la influencia del pecado, él no logró esa misión diseñando un sistema filosófico. No tronó desde el cielo con grandes discursos ni con una retórica poderosa.

En cambio, habló a través de una familia. Le dijo a Abraham: «... Ciertamente Sara tu mujer te dará a luz un hijo, y llamarás su nombre Isaac; y confirmaré mi pacto con él como pacto perpetuo para sus descendientes después de él» (17:19).

Y cuando Dios eligió hacerse hombre para cumplir sus promesas y brindar salvación a todas las personas, no se unió a un reino ni buscó ganar una elección. No intentó conectarse con un sistema de poder existente.

En su lugar, se unió a una familia. El ángel le dijo a María: «Y ahora, concebirás en tu vientre, y darás a luz un hijo, y llamarás su nombre JESÚS» (Lc 1:31).

Los socialistas saben que mientras la familia se mantenga fuerte, el socialismo no puede florecer. Por este motivo, hay un intento continuo de someter el hogar al gobierno.

La redistribución de la riqueza

Esta ideología también enseña que el gobierno debe adjudicarse todos los recursos humanos y debe redistribuirlos entre las masas mediante una fórmula más equitativa. Esto supuestamente libraría al mundo de la pobreza. Sin embargo, de algún modo, nunca ha funcionado de esa manera. No hace falta ser un académico para ver que dondequiera que se haya implementado este principio, los pobres se han vuelto más pobres y los pocos elitistas que han sido asignados para redistribuir la riqueza se han vuelto asquerosamente ricos. La igualdad no se puede manipular.

El economista Iain Murray dijo: «El problema central de la desigualdad en los ingresos es que las personas que parecen estar más preocupadas por ella nunca se preguntan realmente ¿cómo les va a los pobres? Porque si hizo esa pregunta y mira los datos que la responden, verá que a los pobres les va mejor en sociedades económicamente libres y les va peor en sociedades donde están controlados de una forma u otra, ya sea por regímenes socialistas, fascistas o autoritarios».[27]

Jude Dougherty, decano emérito de la Universidad Católica, entendió la imposibilidad de la igualdad universal cuando escribió que las personas «difieren en fuerza, inteligencia, ambición, coraje, perseverancia y todo lo demás que contribuye al éxito. No existe un método para hacer que las personas sean libres e iguales».[28]

Desfinanciamiento de la policía

Los socialistas están especialmente interesados en mantener en sus puños bien apretados las riendas de los organismos de seguridad. En Estados Unidos, su primer paso es vituperar a la policía y luego desfinanciarla. Por esta razón, algunas ciudades han recortado sus presupuestos policiales. ¡Y sorpresa! Cada una de estas ciudades ha sufrido un aumento dramático en delitos violentos en los meses subsiguientes. En Mineápolis, los asesinatos aumentaron desconcertadamente un 46 %; en Portland (Oregón), los asesinatos se triplicaron; y el Departamento de Policía de Los Ángeles informó un aumento del 38 % en los asesinatos.[29]

Los agentes de policía se están jubilando antes y el reclutamiento de nuevos oficiales está en su punto más bajo. A menos que algo cambie, nuestras ciudades, que alguna vez fueron hermosas, se convertirán en

18

páramos donde las pandillas gobiernan las calles mientras los políticos van y vienen del trabajo en sus limusinas acompañados por su costoso personal de seguridad.

Hay un versículo extraordinario en la Biblia sobre la policía y los organismos de seguridad. El apóstol Pablo los llamó «... servidor[es] de Dios para tu bien...» (Ro 13:4). Como todos los demás seres humanos, los agentes de policía son falibles, pero sin ellos nuestra sociedad no sería viable. El Señor los ve como sus ministros para mantener el orden en la tierra.

Haga lo que haga, no se pierda la motivación de los socialistas para difamar a las autoridades locales. Por mucho que lo nieguen, simplemente están tratando de dejar que el gobierno local fracase para poder federalizar nuestras ciudades y estados, y trasladar el control de todo lo que sucede a Washington.

¿Hacia dónde vamos ahora?

Si detuviéramos el capítulo en este punto, todos estaríamos bastante cabizbajos. No obstante, la oscuridad no puede resistir la luz, y el marxismo no es rival para el Maestro, nuestro Señor Jesucristo, «quien habiendo subido al cielo está a la diestra de Dios; y a él están sujetos ángeles, autoridades y potestades» (1 P 3:22).

Entonces, formulemos una estrategia bíblica para exaltar a Cristo en un mundo donde el socialismo está nuevamente en auge.

Repase lo que la Biblia dice

En primer lugar, debemos comprender lo que el Señor tiene que decir sobre cuestiones relacionadas con el pensamiento marxista. El doctor Albert Mohler nos dio un resumen bien analizado:

La Biblia revela varios principios económicos importantes. La Escritura afirma la dignidad del trabajo (Ef 4:28) y el hecho de que aquellos que se niegan a trabajar no deben comer (2 Ts 3:10). La Biblia afirma con claridad la propiedad privada (Éx 22:7) y condena el robo (Éx 20:15) y la codicia (Éx 20:17). En la Escritura, se honra el ahorro (Pr 13:22), la buena administración (Pr 21:20), la propiedad de la tierra (Hch 4:34-37) y la inversión (Mt 25:27), y la Biblia enseña que el obrero es digno de su salario (Lc 10:7). El socialismo contradice o subvierte cada uno de estos principios.[30]

Es muy importante tener una comprensión firme del final del segundo capítulo de Hechos. Es probable que alguien le diga que aquí la Biblia enseña el socialismo y que la Iglesia primitiva era comunista. Este es el pasaje al que se refieren:

Y perseveraban en la doctrina de los apóstoles, en la comunión unos con otros, en el partimiento del pan y en las oraciones. Y sobrevino temor a toda persona; y muchas maravillas y señales eran hechas por los apóstoles. Todos los que habían creído estaban juntos, y tenían en común todas las cosas; y vendían sus propiedades y sus bienes, y lo repartían a todos según la necesidad de cada uno. (Hch 2:42-45)

En esta historia se compartía de forma personal, no era *socialismo* público. La generosidad de la Iglesia primitiva habría desconcertado a Karl Marx. En su entusiasmo pentecostal, los primeros cristianos querían ayudar a los pobres y compartir unos con otros. Nadie les pidió que lo hicieran. Nadie los presionó. En sus propios corazones de bondad se sintieron obligados a dar a los necesitados.

Se trataba de amigos compartiendo con amigos, no del gobierno apoderándose de los activos de una persona, quedándose con algo y redistribuyendo el resto. Ni los concejales de Jerusalén ni la corte imperial de Roma se quedaban con la ofrenda de la viuda.

Eso fue una suerte para los primeros creyentes, ya que la generosidad fue clave para la supervivencia de los primeros cristianos frente a la persecución. Los creyentes de Jerusalén finalmente enfrentaron una opresión extrema y fueron esparcidos fuera de la ciudad. Sin embargo, permanecieron fieles. Las personas que sufren persecución a menudo tienen mejores prioridades que el resto de nosotros, y esos discípulos demostraron que Jesús es más importante de lo que este mundo puede ofrecer. Nuestros recursos terrenales no son tan importantes como nuestra herencia celestial.

Entonces, Hechos 2 es una historia de corazones generosos, no de control gubernamental.

También es una historia de una humilde dependencia de Dios para todas las necesidades de la vida. Jesús dijo: «Porque los gentiles buscan todas estas cosas; pero vuestro Padre celestial sabe que tenéis necesidad de todas estas cosas. Mas buscad primeramente el reino de Dios y su justicia, y todas estas cosas os serán añadidas» (Mt 6:32-33).

Niéguese a vivir de mentiras

También debemos permanecer fieles a la verdad. Proverbios 29:12 dice: «Si un gobernante atiende la palabra mentirosa, todos sus servidores serán impíos».

Después de haber sido expulsado de Rusia por escribir su famosa obra, *Archipiélago Gulag*, Aleksandr Solzhenitsyn publicó un mensaje final para el pueblo ruso: «No vivan de mentiras». En este ensayo, desafió a sus compatriotas rusos a no ceder a la presión del gobierno. Esto es parte de lo que escribió:

> No nos presionemos. No hemos madurado lo suficiente como para dirigirnos a las plazas a gritar la verdad o a expresar en voz alta lo que pensamos. No es necesario. Es peligroso. ¡Pero déjennos negarnos a decir lo que no pensamos!
>
> Nuestro camino no es el de apoyar de forma consciente las mentiras sobre cualquier cosa. Y una vez que nos damos cuenta de dónde están los perímetros de la falsedad (cada uno los ve a su manera), nuestro camino es alejarnos de esta frontera gangrenosa. Si no pegáramos los huesos muertos y las escamas de la ideología, si no cosiéramos

trapos podridos, nos sorprendería lo rápido que las mentiras se vuelven inútiles y desaparecen.[31]

Más adelante en el ensayo, Solzhenitsyn ofreció una lista de lo que el
ciudadano no debe hacer si desea ser fiel a la verdad.

- No dirá, escribirá, afirmará ni distribuirá nada que deforme la
  verdad.
- No irá a ninguna manifestación ni participará en ninguna acción
  colectiva a menos que realmente crea en la causa.
- No participará en ninguna reunión en la que se imponga una
  línea de debate y nadie pueda decir la verdad.
- No votará por un candidato o propuesta que considere «dudoso o
  indigno».
- No apoyará el periodismo que «distorsione u oculte los hechos
  subyacentes».[32]

Los cristianos también han sido llamados a rechazar la falsedad,
incluso a aceptar o escuchar lo falso.

«Los labios mentirosos son abominación a Jehová...», escribió
Salomón (Pr 12:22). «No habitará dentro de mi casa el que hace fraude;
el que habla mentiras no se afirmará delante de mis ojos», repitió el salmista (Sal 101:7).

Mucho de lo que escuchamos en nuestra cultura actual no tiene
conexión con el sentido común, y a menudo parece más fácil simplemente ignorar las falsedades y las mentiras; pero ignorarlas hace que esas
falsedades continúen. ¡Incluso prosperen!

En cambio, neguémonos a vivir de mentiras.

Decida seguir a Cristo y no solo admirarlo

Jesús declaró: «Si fuerais del mundo, el mundo amaría lo suyo; pero
porque no sois del mundo, antes yo os elegí del mundo, por eso el mundo
os aborrece» (Jn 15:19).

Ahora, déjeme preguntarle algo. Si no somos de este mundo, sino que fuimos elegidos del mundo, ¿no debería todo sobre nosotros estar bajo el control del Rey? ¿No deberíamos rendir todo lo que somos y todo lo que tenemos al Rey de reyes y Señor de señores? Si es así, es Dios, no el gobierno, quien ordena nuestras vidas. Para perseverar en una cultura cada vez más socialista, tendrá que decidir si será un seguidor de Cristo o simplemente un admirador.

Søren Kierkegaard escribió algo similar: «El admirador nunca hace ningún sacrificio. Siempre va a lo seguro. Aunque en palabras, frases, canciones, no se cansa de decir que alaba a Cristo, no renuncia a nada, no reconstruirá su vida y no dejará que su vida exprese lo que supuestamente admira. No es así para el seguidor. No, no. El seguidor aspira con todas sus fuerzas a ser lo que admira».[33]

A esto se refería Jesús cuando explicó el costo del discipulado: «Si alguno viene a mí, y no aborrece a su padre, y madre, y mujer, e hijos, y hermanos, y hermanas, y aun también su propia vida, no puede ser mi discípulo. […] Así, pues, cualquiera de vosotros que no renuncia a todo lo que posee, no puede ser mi discípulo» (Lc 14:26, 33).

No hay forma de sortear esto, ni queremos hacerlo. Este método de discipulado ha traído bendiciones incalculables a generaciones infinitas de cristianos durante los últimos dos mil años. Ahora es nuestro turno de poner en práctica estas palabras.

Reconsidere los grupos pequeños

La cultura política en evolución de hoy en día también nos obliga a mejorar todos los ministerios de grupos pequeños en nuestras iglesias. Como muchos de nosotros aprendimos durante la crisis de COVID, los grupos pequeños son vitales en tiempos difíciles. Volviendo al segundo capítulo de Hechos, recordemos la forma que estableció la Iglesia primitiva para nosotros: «Y perseverando unánimes cada día en el templo, y partiendo el pan en las casas, comían juntos con alegría y sencillez de corazón, alabando a Dios…» (vv. 46-47).

En nuestra iglesia en San Diego, más de tres mil personas son parte de los grupos pequeños, y aliviaron el estrés de muchos corazones durante el encierro. Espero que ese número crezca mientras miramos hacia atrás y hacia el futuro. La tecnología puede ayudar. Los grupos pequeños de Zoom tuvieron un papel importante en mantener unida nuestra congregación durante los catorce meses que estuvimos separados. Además, al gobierno le es más difícil rastrear grupos pequeños que grandes multitudes.

Una persona escribió: «Lo que nos dice la experiencia de la iglesia bajo el comunismo y una lectura perspicaz de las señales de los tiempos actuales es que todos los cristianos de todas las iglesias deben comenzar a formar estas células, no simplemente para profundizar la vida espiritual de sus miembros, sino para entrenarlos en la resistencia activa».[34]

Los grupos pequeños no son lugares de retiro del resto del mundo. Son reuniones que nos ayudan a cuidarnos unos a otros, a estudiar las instrucciones de la Escritura, a enfrentarnos al mundo y a avanzar en el evangelio. Tienen una naturaleza bíblica y nos prepararán para resistir al ejército del pensamiento socialista que seguramente vendrá por nosotros.

Resista como pueda

Y hablando de resistencia, recordemos las palabras de Pedro en Hechos 5:29: «Es necesario obedecer a Dios antes que a los hombres». Esperemos que podamos continuar siendo ciudadanos respetuosos de las leyes de nuestras diversas naciones, pero cada vez que el gobierno intente obligarnos a violar nuestras creencias bíblicas, tenemos la responsabilidad de alzar la voz. Es posible que se sorprenda al saber lo receptivos que son algunos de nuestros líderes a una palabra tranquila, pero firme, en nombre de nuestra libertad religiosa.

Por ejemplo, Elizabeth Turner trabajó duro en su discurso de graduación de Hillsdale High School en Hillsdale (Míchigan). Ella resaltó intencionalmente su fe en Jesús. En el borrador de su discurso decía: «Para mí, mi esperanza futura se encuentra en mi relación con Cristo. Al confiar en él y elegir vivir una vida dedicada a dar gloria a su reino, puedo estar segura de que estoy viviendo una vida con propósito y significado. Mi identidad se encuentra en lo que Dios dice y lo que quiero llegar a ser está escrito en la Escritura».

Eso no fue bien recibido por las autoridades escolares. Su director le dijo: «En el discurso, estás representando a la escuela, no usando el podio como tu foro público […]. Debemos ser conscientes de la inclusión de aspectos religiosos. Estas son tus creencias sólidas, pero no son apropiadas para un discurso en un ambiente público escolar. Sé que esto te frustrará, pero debemos ser conscientes de ello».[35]

Esto no solo frustró a Elizabeth; cuando mi amigo Robert Morgan se enteró, también se frustró. Levantó el teléfono, llamó a la escuela y habló con alguien en la oficina del director. Rob era amable y de voz suave, pero cuestionó la decisión de la escuela. «Esta es una violación a los derechos civiles del estudiante», dijo. «Es una erosión de nuestra libertad de expresión y culto». Lo comunicaron con la oficina del superintendente de escuelas de Hillsdale, donde dejó un mensaje en el contestador automático. Luego publicó un enlace a la historia en sus sitios de redes sociales.

«Acababa de ir a la tienda a comprar una banana para el almuerzo —contó Rob—, cuando sonó mi teléfono celular. Para mi total sorpresa, el superintendente Shawn Vondra estaba en la línea. Quería que supiera que Hillsdale High School definitivamente permitiría que Elizabeth y todos los estudiantes con mejores calificaciones expresaran su fe genuina sin censura. La llamada del superintendente Vondra fue tan cálida que casi sentí que habíamos sido amigos durante años».

Rob me dijo que no fue su llamada telefónica la que hizo que todo esto sucediera. Fue el gran apoyo de los cristianos de todo el país. Uno de estos defensores fue Mat Staver de la organización Liberty Counsel, quien envió una queja legal a Hillsdale High School, alegando que se había violado una ley federal cuando intentaron censurar el discurso de una estudiante para un evento escolar.

Todas las voces tienen un papel, y este es un ejemplo del poder que tienen nuestras voces cuando expresamos nuestra opinión.

Recuerde a Venezuela

Hoy Venezuela es un páramo social y económico, con el 96 % de los ciudadanos viviendo por debajo de la línea de la pobreza. La mayoría de la gente gana menos de un dólar estadounidense al día. La mala gestión económica provocó tasas de inflación de un porcentaje de más de diez millones, razón por la cual, en 2018, un rollo de papel higiénico costaba 2,6 millones de bolívares (la moneda venezolana).[36] Y la falta de inversión en productos básicos significa que la nación carece de medicamentos esenciales y de servicios médicos. Como resultado, se estima que 5,5 millones de refugiados han huido de Venezuela en los últimos años, una cifra que representa más de una sexta parte de la población total del país desde 2014.[37]

En resumen, un país que alguna vez estuvo definido por la libertad y la oportunidad está ahora oprimido, es improductivo y no tiene esperanza. Ese es el fruto de una revolución marxista.

Ninguna forma de gobierno en la tierra es perfecta. Toda filosofía política es defectuosa, incluida la democracia y el sistema de libre mercado; pero algunas ideas son peores que otras. El marxismo se encuentra entre las peores ideas que se hayan concebido. Solo pregúnteles a sus multitudes oprimidas y a sus innumerables víctimas. Debemos ser conscientes de su historia, proclamar sus peligros y oponernos a su difusión.

La mejor noticia de todas es esta: cuando Jesús regrese, «el principado [estará] sobre su hombro [...]. Lo dilatado de su imperio y la paz no tendrán límite, sobre el trono de David y sobre su reino, disponiéndolo y confirmándolo en juicio y en justicia desde ahora y para siempre...» (Is 9:6-7).

Nuestro Señor «... juzgará entre las naciones, y reprenderá a muchos pueblos; y volverán sus espadas en rejas de arado, y sus lanzas en hoces; no alzará espada nación contra nación, ni se adiestrarán más para la guerra» (2:4).

El socialismo, el marxismo y todos los demás «ismos» feos de la historia serán..., bueno, *serán* historia. Y nuestro Señor Jesucristo reinará para siempre. Cuando los doce espías exploraron la tierra prometida, solo dos de ellos dieron un informe exacto: Josué y Caleb. Fue Caleb quien más tarde dijo: «… y yo le traje noticias [a Moisés] como lo sentía en mi corazón» (Jos 14:7).

Es hora de que todos vivamos por convicciones, no por conveniencia. Y recuerde, la batalla es del Señor y la verdad no puede ser avasallada.

Cada año, el mundo se vuelve más pequeño. Podemos estar en casi cualquier parte del planeta en veinticuatro horas. Sabemos más, y nos enteramos más rápido, sobre las noticias en países lejanos que sobre lo que está sucediendo en nuestros propios barrios.

Aunque estar tan interconectados tiene muchos beneficios, también existen peligros. Los imperios «globales» del pasado (Babilonia, Persia, Grecia, Roma) pudieron haber tenido una infraestructura eficiente y facilidad para hacer negocios, pero a menudo esto fue a costa de la libertad personal y religiosa. Por no mencionar el viejo dicho de que cuanto más grandes son, más dura es su caída. Y cuando un imperio cae, puede apostar que habrá mucho daño colateral.

En nuestros días, el llamado a una mayor globalización parece ir de la mano de las conversaciones sobre un gobierno, una moneda y una cultura únicos. ¿Pero de quién? ¿Y con qué fin? ¿Deberíamos estar preocupados? ¿Qué tiene para decir la Biblia sobre todo esto?

Capítulo 2

Una profecía internacional: El globalismo

... y se maravilló toda la tierra en pos de la bestia.

APOCALIPSIS 13:3

Recientemente se difundió por Internet una noticia que decía que las Naciones Unidas estaban trabajando de manera silenciosa en planes oscuros para crear un «nuevo orden mundial» y un gobierno mundial. Estos eran algunos de los temas en discusión: una moneda global, un banco central, el fin de la soberanía nacional, vacunas obligatorias, salario básico universal, microchips para los ciudadanos y el fin de los combustibles fósiles. Muchos de estos objetivos podrían alcanzarse para el año 2030, decía el informe titulado Agenda 21/2030 de la ONU.

Naciones Unidas rápidamente desautorizó el informe, y los medios de comunicación lo desacreditaron.

Pero ¿por qué esta noticia se difundió tan rápidamente? ¡Porque cada elemento parecía creíble! Cuando miramos el mundo de hoy, es fácil creer que los gobiernos y las personas influyentes tras bambalinas (los poderes detrás del poder) podrían estar trazando ese tipo de planes. De hecho, a veces es fácil sentir que esas cosas son inminentes e inevitables.

Esto es especialmente cierto a la luz de una emergencia global como la pandemia de COVID-19, que casi aplastó la economía mundial. Imagínese lo que habría sucedido si la tasa de mortalidad de la pandemia hubiera sido exponencialmente mayor. Una crisis global y existencial de esas características, sin duda, requeriría una respuesta global unificada.

Si eso sucede, no hay vuelta atrás. Nos habremos lanzado oficialmente de cabeza a las aguas de la globalización, a un gobierno y a una economía global.

Incluso en este momento, ya tenemos los dedos de los pies sumergidos en esas aguas. En su libro *Las edades de la globalización*, Jeffrey D. Sachs escribió sobre la importancia de tener una respuesta global a pandemias como la de COVID-19: «El control de enfermedades no es el único ámbito donde la cooperación mundial es hoy vital. La necesidad de cooperar y de instituciones mundiales se extiende a muchas preocupaciones urgentes, como el control climático inducido por el hombre, la conservación de la biodiversidad, el control y la reversión de la contaminación masiva del aire, la tierra y los océanos; el correcto uso y la gobernanza de internet, la no proliferación de armas nucleares; prevenir la inmigración masiva forzosa y el sempiterno problema de evitar o poner fin a los conflictos violentos».[1]

Durante la crisis del coronavirus, el ex primer ministro británico Gordon Brown pidió «un tipo de gobierno global temporario» para lidiar con ella.[2]

El profesor Arvind Ashta de la Escuela de Negocios de Borgoña en Francia escribió: «Quizás la situación creada por la pandemia de COVID-19 podría servir para resaltar las ventajas particulares de pasar a un gobierno federal y mundial. Esto puede desencadenar un cambio que no solo ayudaría a mitigar el daño causado por la pandemia, sino que también ofrecería una solución a muchos de los otros desafíos que la humanidad enfrenta en la actualidad».[3]

Cada una de estas declaraciones provenientes de personas serias son una llamada hacia un establecimiento mayor y más intencional de la globalización. Pero ¿qué significa eso realmente? ¿Qué es lo que esa gente quiere que suceda? Reduzcamos esta conversación a una definición.

La globalización es exactamente lo que parece: la difusión global de las finanzas, el comercio, la tecnología, los recursos de todo tipo, los movimientos de toda clase, la información y las personas. Es el mundo entero vinculado en sistemas interconectados.

El doctor Albert Mohler escribió: «La globalización significa que ahora entendemos que vivimos en una economía y en una comunidad que están irreversiblemente conectadas a nivel mundial. Podemos subirnos a un avión en prácticamente cualquier ciudad estadounidense y estar en cualquier parte del mundo en veinticuatro horas. La globalización significa que los titulares de todo el mundo pueden llegar tan rápido como los titulares del otro lado de la calle. Hay una conciencia creciente del hecho de que ahora somos parte de una civilización global que incluye, y parece llegar, a casi todos los habitantes del planeta».[4]

Jason Fernando escribió lo siguiente para *Investopedia*: «La globalización es un fenómeno social, cultural, político y legal. [...] Culturalmente, la globalización representa el intercambio de ideas, valores y expresión artística entre culturas. La globalización también representa una tendencia hacia el desarrollo de una cultura mundial única».[5]

¡Observe eso! Una cultura mundial única. Tal vez solo soy el incrédulo Tomás que duda sobre esto, pero no me agrada la idea de una cultura mundial única. ¿Qué tipo de cultura sería? ¿Qué fuerzas prevalecerían? ¿Y qué tipo de influencias económicas se impondrían? Quizás la pregunta más importante sería la siguiente: ¿qué pasaría con las culturas claramente distintas y maravillosas que existen hoy en día y que vemos cuando viajamos por el mundo de una región a otra?

Por último, la globalización implicará una economía única con una moneda única. Sin embargo, incluso ahora, las economías de las naciones están tan interconectadas que me recuerda a un juego que solíamos jugar llamado Jenga. Los jugadores construyen una torre usando cincuenta y cuatro bloques, luego se turnan para quitar un bloque a la vez, lo que lo hace cada vez más inestable. El juego termina cuando la torre cae.

Hace más de una década, escribí un libro sobre los peligros de un armagedón económico mundial venidero. Esto es lo que dije:

> ¿Podríamos estar hoy al borde de una recesión de la que ninguna economía, ninguna nación, ninguna unión podrá librar al mundo? La Biblia predice que ese tiempo se acerca. Impulsada por las convulsiones económicas del mundo, la única respuesta parecerá ser la unificación de las naciones bajo un sistema económico único y un líder mundial.
>
> Uno esperaría que tal proceso comenzara con la consolidación gradual de la riqueza y el poder, tanto a nivel nacional como mundial. Hoy, al ser testigos de la fusión de los bancos y la centralización de las regulaciones financieras, no podemos evitar preguntarnos si el anticristo está esperando entre bastidores, listo para hacer su entrada en el escenario de este mundo desesperado.[6]

Hoy no cambiaría ninguna palabra, pero agregaría algo. El surgimiento de un puñado de multimillonarios poderosos y sus grandes empresas tecnológicas están moldeando la forma en que pensamos la globalización. Estas empresas, conocidas como Big Tech, están unificando al mundo de una manera que trasciende el gobierno humano y domina la economía mundial.

La autora Alexis Wichowski llamó a estas corporaciones masivas «Estados red». Esto es lo que escribió: «Estamos en un mundo todavía dominado por los Estados nación, pero cada vez más influenciado por las acciones de los Estados red. Los Estados nación continúan siendo propietarios de los territorios físicos dentro de sus fronteras, pero los Estados red ejercen un poder significativo tanto dentro como fuera del espacio nacional, guiando los sucesos que nos afectan tanto de forma individual como global».[7]

Los expertos las llaman las cinco empresas FAANG: Facebook, Apple, Amazon, Netflix y Google; pero no se olvide de los gigantes tecnológicos de China: Baidu, Alibaba y Tencent.

Amy Webb escribió: "Incluso las personas mejor intencionadas pueden causar un gran daño sin darse cuenta. Dentro de la tecnología, y sobre todo cuando se trata de la inteligencia artificial, debemos recordar de forma continua planificar tanto el uso planeado como el mal uso involuntario. Esto es especialmente importante hoy y en el futuro próximo, ya que la inteligencia artificial se entrecruza con todo: la economía global, la mano de obra, la agricultura, el transporte, la banca, el monitoreo ambiental, la educación, las fuerzas armadas y la seguridad nacional».[8]

Ella advirtió que el mundo dentro de cincuenta años podría verse muy diferente al mundo actual.

No creo que la globalización lleve tanto tiempo. Un solo suceso catastrófico podría desencadenar las fichas de dominó y llevarnos a un gobierno globalizado más rápido de lo que pensamos. Los estudiosos piensan en esto constantemente.

Leigh Phillips es un escritor científico y periodista político británico-canadiense que escribe en líneas generales sobre temas globales de actualidad. En la revista *Jacobin*, Phillips escribió un artículo titulado «Necesitamos un gobierno mundial, pero tiene que ser democrático».

Allí dijo que una globalización de nuestros sistemas políticos «se ha estado gestando, desde hace algún tiempo, entre las figuras del centro tecnocrático, identificando la necesidad de alguna forma de gobierno global frente a las amenazas mundiales. El mundo ya está «gobernado» por unos mil tratados y organismos que implican distintos niveles de financiación y ejecución. Para estos centristas, avanzar hacia un gobierno mundial no sería tanto una revolución, sino más bien el próximo paso lógico».[9]

Para resumir lo que he dicho hasta ahora, el mundo se ha vuelto más pequeño con cada era que pasa, su interconexión es mayor y sus habitantes más vulnerables a un gobierno mundial único, dadas las condiciones adecuadas. Los acontecimientos de los últimos años, incluida la pandemia de COVID-19, solo han acelerado las discusiones y aumentado la trayectoria del globalismo.

Eso, para mí, es una mala noticia. Y, sin embargo, como veremos en las páginas siguientes, todo está de acuerdo con las profecías de la Escritura.

¿Qué significa esto?

Cuanto más conscientes somos de este gran impulso hacia la globalización, como ciudadanos promedio, solemos sentirnos más frustrados de nuestras propias naciones. Nos sentimos arrastrados por fuerzas que escapan a nuestro control, fuerzas a las que poco les importa nuestro consentimiento. A veces, la implacable oleada puede ser aterradora.

Sin embargo, cuando miramos todo esto desde la perspectiva de la Biblia, ya no sentimos ni miedo ni frustración. El Dios Todopoderoso tiene un plan predeterminado para la historia de su planeta y sus habitantes. Se dirige hacia un día cercano en el que «la tierra será llena del conocimiento de la gloria de Jehová, como las aguas cubren el mar» (Hab 2:14). El salmista habló de un tiempo en el que toda la tierra «será llena de su gloria» (Sal 72:19). El libro de Apocalipsis predice un tiempo cuando «los reinos del mundo» se convertirán en los reinos de «nuestro Señor y de Su Cristo» (11:15).

Echemos un vistazo a lo que podemos saber con certeza sobre el panorama más amplio de los acontecimientos históricos pasados, presentes y futuros.

Lo que hay que saber sobre el curso de la historia

Lo que vemos en las tendencias actuales hacia la globalización fue anticipado hace mucho tiempo en la profecía bíblica. El primer intento de globalización ocurrió en Génesis 11, cuando un jefe poderoso llamado Nimrod (cuyo nombre probablemente significa «rebelión») estableció el imperio de Babilonia y construyó la torre de Babel.[10]

Se lo conocía como un «vigoroso cazador delante de Jehová» (Gn 10:9). ¿Qué cazaba? Gente, poder, gloria, riquezas, dominación mundial. A medida que crecía la población después del diluvio, Nimrod se convirtió en el primer tirano mundial. La Biblia dice: «… éste llegó a ser poderoso en la tierra» (1 Cr 1:10). En otras palabras, Nimrod fue el padre de todos los dictadores futuros y el primer prototipo del anticristo venidero.

El historiador judío Josefo describió a Nimrod así:

Un hombre audaz y con gran fuerza de mano. Los persuadió de que no se lo atribuyeran a Dios, como si fuera por sus propios medios que eran felices, sino de que creyeran que era su propia valentía la que procuraba esa felicidad. También transformó gradualmente el gobierno en tiranía, no veía otra manera de apartar a los hombres del temor de Dios que no sea llevándolos a una dependencia constante de su poder.

El estudioso del Antiguo Testamento Michael S. Heiser escribió: «Nimrod es el progenitor de las civilizaciones de Asiria y Babilonia (Gn 10:6-12). [...] Asiria y Babilonia son las dos civilizaciones que luego destruirán el sueño del reino terrenal de Dios en Israel, desmantelando, respectivamente, el reino del norte (Israel) y el reino del sur (Judá)».[11]

Cuando el reino del sur de Judá fue invadido por Babilonia en el 605 a. c., un joven judío, un adolescente, fue tomado y llevado al palacio del rey de Babilonia, Nabucodonosor.

Al igual que Nimrod, su antiguo predecesor, Nabucodonosor fue el hombre más poderoso de la tierra en su época, el déspota más poderoso que haya existido. Amplió su imperio hasta que se extendió desde el golfo Pérsico hasta el mar Mediterráneo. Incluía partes de lo que hoy es Kuwait, Irak, Siria, Jordania, Israel, Líbano y Turquía.

Nabucodonosor construyó la capital más fabulosa que el mundo había visto hasta ese momento. Incluso hoy, las ruinas de Babilonia se extienden por dos mil acres y representan el sitio arqueológico más grande del Medio Oriente. La metrópoli estaba rodeada por una enorme muralla que se consideraba impenetrable. Algunas secciones de esta muralla aún existen entre las ruinas. Se dice que medía unos 90 km (56 millas) de largo, 97 km (320 ft) de alto y era tan ancha que se podía conducir un carro de cuatro caballos por la parte superior.[12]

En el corazón de la ciudad, un enorme zigurat se extendía hacia el cielo. Era una nueva versión de la torre de Babel. Tenía «siete partes de esmalte reluciente a una altura de casi 200 metros (650 ft) y estaba coronado con un santuario que contenía una enorme mesa de oro macizo».[13]

La ciudad entera era algo así como un cuento de hadas, con puentes, arboledas, entradas y lujosos ladrillos vidriados. Esta era la ciudad de Nabucodonosor, y la de Daniel.

Nabucodonosor fue el hombre más grande y rico que jamás haya vivido, pero eso no alejó los malos sueños. Una noche, el rey convocó a sus consejeros y magos a su palacio, y les exigió que le dijeran lo que había soñado y lo que significaba. Si podían hacer lo primero, pensaba, podrían hacer lo segundo.

Cuando no pudieron hacer ninguna de las dos cosas, Nabucodonosor se enfureció y estaba a punto de matar hasta el último de ellos; pero Daniel oró con sus amigos, y Dios le dio una perspectiva sobrenatural. Daniel envió un mensaje a las filas de que él podía revelar e interpretar el sueño, y pronto estuvo de pie ante el tembloroso rey.

«Daniel respondió delante del rey, diciendo: El misterio que el rey demanda, ni sabios, ni astrólogos, ni magos ni adivinos lo pueden revelar al rey. Pero hay un Dios en los cielos, el cual revela los misterios, y él ha hecho saber al rey Nabucodonosor lo que ha de acontecer en los postreros días» (Dn 2:27-28).

Lo que sigue es el bosquejo más fundamental sobre el futuro de nuestro planeta que aparece en la Biblia. Nos introduce en el alcance total de la historia profética del mundo y nos da una comprensión profética de la globalización. El resto del libro de Daniel y el posterior libro de Apocalipsis (junto con muchos otros pasajes de la Biblia) completan los detalles; pero el marco se ha establecido para siempre en Daniel 2.

En su sueño, Nabucodonosor vio una estatua enorme cuya cabeza era de oro puro. Su pecho y sus brazos estaban hechos de plata. Desde el vientre hasta los muslos era de bronce, y las piernas eran de hierro. Los pies y los dedos de los pies eran en parte de hierro y en parte de barro cocido. Luego Nabucodonosor vio una piedra que fue cortada por una mano invisible. Esta piedra voló por el aire y golpeó la estatua, la cual se derrumbó y se rompió en un millón de pedacitos que fueron arrastrados por el viento como tamo. La roca comenzó a crecer y pronto se convirtió en un monte tan grande que cubrió toda la tierra.

La interpretación se da en la última parte de Daniel 2.

- La cabeza de oro representaba el imperio de Babilonia.
- El pecho de plata, con sus dos brazos, representaba el siguiente gran imperio mundial: el medo-persa.
- El vientre y los muslos de bronce ilustraban la siguiente etapa de la historia mundial, el Imperio griego de Alejandro Magno.

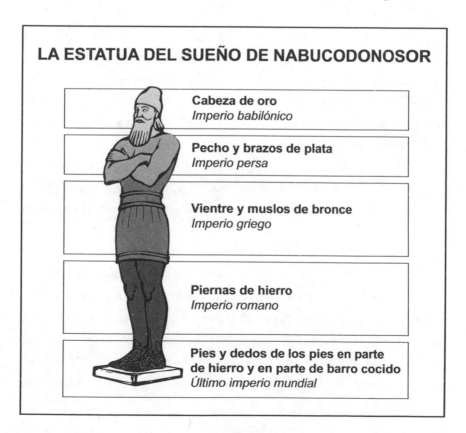

LA ESTATUA DEL SUEÑO DE NABUCODONOSOR

Cabeza de oro
Imperio babilónico

Pecho y brazos de plata
Imperio persa

Vientre y muslos de bronce
Imperio griego

Piernas de hierro
Imperio romano

Pies y dedos de los pies en parte de hierro y en parte de barro cocido
Último imperio mundial

- Las piernas de hierro eran predicciones del Imperio romano.
- Los pies y los dedos de los pies son el último imperio mundial que surgirá en los postreros días.
- La roca es aquel que vendrá a demoler la historia en su cenit y establecer un reino verdaderamente global, marcado por la justicia y la paz.

En los días de Nimrod, Dios destruyó la globalización de su imperio al confundir los idiomas. Más tarde en la misma zona, Babilonia, Nabucodonosor sometió al entonces mundo conocido bajo su poder. Persia hizo lo mismo, y Alejandro hizo lo mismo. Luego vino Roma. En todos estos gobiernos, hubo una especie de globalización, aunque sin santidad y sin temor de Dios.

Después de la caída de Roma, ninguna nación o imperio ha dominado al mundo.

Sin embargo, no olvide los pies y los dedos de los pies. Según Daniel, habrá un intento más de un gobierno mundial en el futuro. Será algo así como un renacimiento del Imperio romano compuesto por una confederación de diez reyes o reinos, dominada por un dictador del estilo de Nimrod. Aunque no durará mucho, porque Dios le pondrá fin con la segunda venida de Jesucristo.

«Y en los días de estos reyes el Dios del cielo levantará un reino que no será jamás destruido, ni será el reino dejado a otro pueblo; desmenuzará y consumirá a todos estos reinos, pero él permanecerá para siempre» (2:44).

Lo que hay que saber sobre el clímax de la historia

En todo el libro de Daniel, se nos dice que la historia tiene un final predeterminado. Los acontecimientos que se desarrollan a nuestro alrededor nos llevan a alguna parte. La tierra no se acerca al futuro dando tumbos como tampoco se tambalea sobre su órbita. Se dirige hacia un encuentro con los decretos del Señor Jesucristo. Pero antes de que él establezca su reino milenario global, habrá un último y horrible intento de globalización de parte del hombre. Llevará a una época de gran tribulación sin precedentes.

El libro de Apocalipsis completa la historia comenzada por el libro de Daniel. Los dos libros son gemelos, uno en el Antiguo Testamento y el otro en el Nuevo. En Apocalipsis 13, se nos dice que, durante los días de gran angustia mundial, Satanás levantará a un hombre de iniquidad que se convertirá en el último Nimrod. En el versículo 1, se lo describe como «una bestia».

Este capítulo nos da la imagen final de la globalización humana:

> … y se maravilló toda la tierra en pos de la bestia […]. También se le dio boca que hablaba grandes cosas y blasfemias; y se le dio autoridad para actuar cuarenta y dos meses. Y abrió su boca en blasfemias contra Dios, para blasfemar de su nombre, de su tabernáculo, y de los que moran en el cielo. Y se le permitió hacer guerra contra los santos, y vencerlos. También se le dio autoridad sobre toda tribu, pueblo, lengua y nación. Y la adoraron todos los moradores de la tierra cuyos nombres no estaban escritos en el libro de la vida del Cordero que fue inmolado desde el principio del mundo. (Ap 13:3, 5-8)

¡Todo el mundo! ¡Toda tribu, pueblo, lengua y nación! ¡Todos los moradores de la tierra! Este anticristo reconstruirá la antigua ciudad de Babilonia para establecer su capital en el mundo (14:8; 18-19) y estará a punto de unir los ejércitos del mundo en un último gran intento para destruir la nación de Israel, a la cual Dios eligió. También globalizará la economía y obligará a todos a ser sellados de alguna manera con su marca: el misterioso 666 de Apocalipsis 13:18. Sin esta marca, nadie podrá realizar compras o participar del comercio. (Exploraremos estas realidades más en detalle en el capítulo 4.)

La persecución generalizada derramará la sangre de miles y miles de creyentes, y se derramará más sangre en las guerras libradas en un esfuerzo por unificar las naciones y destruir al pueblo judío. Zacarías 12:3

habla de un día en que «… todas las naciones de la tierra se juntarán contra ella [Jerusalén]».

Ahí es cuando Cristo regresará, como una roca que golpea el armazón de la historia mundial, lo hace añicos y establece en su lugar su propio reino global.

Permítame hacer un resumen. El mundo ha estado dominado por cuatro grandes imperios globalizados: Babilonia, Persia, Grecia y Roma. Desde el Imperio romano, ninguna entidad política ha dominado al mundo; pero se acerca un quinto imperio: el Imperio romano revivido por el anticristo. En un momento de pánico mundial, se pondrá en la cima de la humanidad y establecerá un gobierno mundial único. El mundo estará bajo las garras de siete años de tribulación, y cerca del final de este tiempo de angustia, los ejércitos del mundo marcharán contra la nación de Israel para destruirla para siempre.

¿Puede ver cómo las líneas de tendencia de la historia se mueven en esta dirección?

La Biblia dice: «Porque ya está en acción el misterio de la iniquidad; sólo que hay quien al presente lo detiene, hasta que él a su vez sea quitado de en medio. Y entonces se manifestará aquel inicuo, a quien el Señor matará con el espíritu de su boca, y destruirá con el resplandor de su venida» (2 Ts 2:7-8).

¡Oh, qué gran giro en los acontecimientos! Este es el momento del glorioso regreso de Cristo. Este es el clímax de la historia humana, cuando Cristo regresará como un Conquistador en un caballo blanco seguido por los ejércitos del cielo (Ap 19:11-16). Los ejércitos del Armagedón del Anticristo serán dispersados y aniquilados por sus palabras que salen de su boca como una espada aguda.

Permítame volver a lo que dijo Zacarías: «Porque yo reuniré a todas las naciones para combatir contra Jerusalén […]. Después saldrá Jehová y peleará con aquellas naciones, como peleó en el día de la batalla. Y se afirmarán sus pies en aquel día sobre el monte de los Olivos […]. Y

Jehová será rey sobre toda la tierra. En aquel día Jehová será uno, y uno su nombre» (Zac 14:2-4, 9).

Lo que hay que saber sobre la culminación de la historia

¿Entonces? Esto es lo que a menudo nos referimos como el milenio, basado en la enseñanza de Apocalipsis 20 que dice que el reinado terrenal de Cristo durará mil años. Durante este tiempo, el Señor cumplirá todas las promesas que hizo en la Escritura con respecto al pueblo de Israel y al futuro final de la tierra.

Todo el mundo verá la globalización en su máxima expresión, no bajo Nimrod, Nabucodonosor, Grecia, Persia, Roma o el anticristo, sino ¡bajo el Señor Jesucristo!

¿Cómo será el mundo durante estos días? El Señor ha llenado su Palabra con información sobre este reinado de Cristo de mil años. Utiliza una extraordinaria cantidad de tinta bíblica. Le resumiré algunos puntos.

Durante el reinado mundial venidero de Cristo, Jerusalén será la capital de la tierra, y personas de todas las naciones vendrán regularmente a visitarla, aprender y adorar (Is 2:2-3). El templo milenario de Jerusalén será el edificio más hermoso de la tierra (Ez 40) y estará lleno de la gloria del Señor (43). Un río profundo y poderoso fluirá de abajo del templo y convertirá el desierto en un paraíso y el mar Muerto en un lago viviente (Zac 14:8; Ez 47). Los árboles frutales crecerán a ambos lados del río y darán frutos frescos todos los meses (Ez 47:12).

El Señor Jesús será el máximo diplomático internacional y negociará tratados de paz entre naciones rivales (Is 2:4). Traerá paz a la tierra y cesarán las guerras (2:4). Ocupará el antiguo trono de su antepasado, David (Lc 1:32-33).

La población de la tierra viajará a Jerusalén con regularidad para adorar al Rey y guardar las fiestas de Israel (Zac 14:16). La agricultura de la tierra habrá mejorado tanto que los sembradores alcanzarán a los segadores. El grano y las uvas crecerán tan rápido que apenas podrán

41

cosecharse (Am 9:13). Los desiertos se volverán tan verdes como exuberantes montañas (Is 35:1-2).

La esperanza de vida competirá con la esperanza de vida de los días antes del diluvio, cuando la gente vivía hasta los cientos de años (65:20). La naturaleza se transformará para que los lobos y los corderos pasten uno al lado del otro, al igual que los leones y las vacas (11:7; 65:25).

Cantos de alabanza ascenderán desde los confines de la tierra (24:16) y la alegría cubrirá el mundo (35:10).

Ahora bien, esto no es la eternidad. Este no es el cielo. Este es un *preludio* al cielo. Isaías lo resumió cuando dijo: «No harán mal ni dañarán en todo mi santo monte; porque la tierra será llena del conocimiento de Jehová, como las aguas cubren el mar» (11:9).

Después del reinado de mil años de Cristo, la historia de la tierra habrá terminado. El viejo universo se derretirá y los hijos de Dios serán introducidos en los cielos nuevos, la tierra nueva y la ciudad celestial de la Nueva Jerusalén, un tema que trataré con más detalle en el capítulo 9.

¿Hacia dónde vamos ahora?

Si la trayectoria de la historia se ha estado moviendo poco a poco hacia la globalización durante miles de años, y si el futuro de nuestro planeta es el terror globalizado en manos del anticristo seguido por un glorioso reinado de mil años de Cristo, ¿cómo deberíamos vivir entonces? ¿Qué tipo de personas deberíamos ser?

En la Biblia, hay un solo momento de gran sorpresa que responde esas preguntas. Es la ascensión de Jesucristo, quien se elevó del suelo y dejó el mundo al final de su vida terrenal.

El libro de los Hechos dice:

Entonces los que se habían reunido le preguntaron, diciendo: Señor, ¿restaurarás el reino a Israel en este tiempo? Y les dijo: No os toca a vosotros saber los tiempos o las sazones, que el Padre puso en su sola potestad; pero recibiréis poder, cuando haya venido sobre vosotros el Espíritu Santo, y me seréis testigos en Jerusalén, en toda Judea, en Samaria, y hasta lo último de la tierra. Y habiendo dicho estas cosas, viéndolo ellos, fue alzado, y le recibió una nube que le ocultó de sus ojos. Y estando ellos con los ojos puestos en el cielo, entre tanto que él se iba, he aquí se pusieron junto a ellos dos varones con vestiduras blancas, los cuales también les dijeron: Varones galileos, ¿por qué estáis mirando al cielo? Este mismo Jesús, que ha sido tomado de vosotros al cielo, así vendrá como le habéis visto ir al cielo. (1:6-11)

¡Qué preciosa promesa en ese versículo final! Jesús vendrá de nuevo «como le habéis visto ir al cielo». Con esa promesa en nuestros bolsillos, aquí hay tres formas concretas en las que podemos responder hoy a las buenas noticias del mañana.

Adora a tu Cristo glorificado

Lo primero que quiero hacer cuando leo este pasaje es adorar al Jesús glorificado, que vino a la tierra, murió por el mundo, resucitó de entre los muertos y dejó el mundo. Fue elevado al cielo, donde volvió a ocupar su lugar a la diestra del Padre. No puedo imaginar todo lo que había en el corazón de sus seguidores cuando lo vieron ascender, pero debe haber sido un emocionante momento de adoración.

Uno de los discípulos que vio a Jesús ascender a las nubes fue el apóstol Juan. Muchos años después, él tuvo una visión de Jesús, glorificado y magnificado. Juan describió en Apocalipsis 1 que vio «... al Hijo del Hombre, vestido de una ropa que llegaba hasta los pies, y ceñido por el pecho con un cinto de oro. Su cabeza y sus cabellos eran blancos como blanca lana, como nieve; sus ojos como llama de fuego (vv. 13-14).

El mismo Jesús que caminó por los polvorientos caminos de Galilea ahora preside los asuntos del universo y los anales de la historia. No estamos solos en un hervidero de confusión. En medio de un mundo caótico, tenemos un Salvador resuelto que se está preparando para regresar.

Adorarlo nos mantiene enfocados en las realidades eternas y cuerdos en medio de los tiempos aparentemente erráticos en los que vivimos.

Philip Renner es un líder de adoración en Rusia, Estados Unidos y en todo el mundo. Fue uno de los primeros artistas nacionales de adoración en ruso, y en su libro *Worship Without Limits* [Adoración sin límites], describió cómo se enamoró del gozo de adorar a Jesús.

Cuando Philip tenía seis años, su familia se mudó a la antigua URSS y plantó la Iglesia Good News Church en Moscú, la cual se convirtió en una congregación próspera en el centro de Moscú. Creció viendo a sus padres dirigir la adoración. Incluso cuando era niño, la voz de su madre guiando a cientos de personas en el canto lo conmovía mucho. A veces su voz era tan fuerte que se tapaba los oídos con las manos, pero sabía que Dios estaba tocando a la gente.

«Escuchar los aplausos y los testimonios siguientes encendió una llama en mi corazón para hacer lo mismo», escribió.

«De niño, a menudo cerraba la puerta de mi habitación y jugaba a guiar a la gente en la adoración, tal como veía hacer a mi madre en las iglesias que visitábamos. Caminaba de un lado a otro en mi habitación, mirando la multitud imaginaria e indicándoles que levantaran las manos. ¡Qué emocionante era esto para un niño que usaba su imaginación! Poco sabía entonces que, al fingir ser un líder de adoración, en realidad estaba llevando a cabo los sueños de mi corazón».[14]

La historia de Philip es única, pero despierta algo dentro de mí. Yo también debería quedar envuelto en el gozo de adorar a mi Salvador glorificado, y mi gozo debería ser contagioso. ¡Oh, que nuestros hijos quieran adorar a nuestro Señor al ver nuestro ejemplo! En tiempos de incertidumbre, podemos preocuparnos por los titulares o podemos adorar a aquel que es la cabeza de todo. Así como los discípulos miraban al cielo, asombrados por su Señor ascendido, nosotros debemos hacer lo mismo.

Desde la niñez hasta la vejez, una vida de alabanza es una vida de paz, porque cuando nuestros ojos están puestos en Jesucristo, sabemos que eso es bueno para nuestras almas.

Abrace su misión global

Sin embargo, los discípulos no se quedaron en ese lugar mirando al cielo todo el día. Motivados por dos ángeles, regresaron a Jerusalén para prepararse para algo nuevo: la misión global del evangelio. En un mundo que se está globalizando, tenemos una misión que es global. Como nunca antes en la historia de la humanidad, tenemos la oportunidad de llevar el evangelio a cada pueblo, tribu y lengua.

El doctor Albert Mohler escribió:

> La Iglesia, cuando es fiel, siempre piensa en términos globales. El mundo ahora piensa en la globalización como un gran hecho económico, tecnológico y político. La Iglesia del Señor Jesucristo entiende la misión global como una orden y un mandato del Señor. Mientras que el mundo debate la globalización en términos de sus efectos económicos y sociológicos, la Iglesia debe ver la globalización como una oportunidad sin precedentes. La globalización puede ser una sorpresa para los sociólogos, políticos y empresarios, pero es una gran promesa para los seguidores del Señor Jesucristo. La generación actual de cristianos tiene oportunidades sin precedentes para proclamar el nombre de Jesús en todo el mundo y ver a personas de toda tribu, lengua y nación arrodillarse ante el Rey.[15]

Si mira a su alrededor, verá multitudes de personas que simplemente están desconcertadas por la vida y tan perdidas como un avión sobre los océanos sin sistema de navegación. Muchos de ellos simplemente se estrellan; pero si estamos alerta, podemos ayudarlos, con el evangelio de Cristo, a volver a encontrar el rumbo.

No hace mucho, Brenton Winn, que entonces tenía veintitrés años, irrumpió en la Iglesia Central Baptist Church en Conway (Arkansas) y destrozó todo lo que tenía a la vista, incluidas las computadoras portátiles y las cámaras. Garabateó un insulto racial en la pared y prendió fuego al centro de vida familiar de la iglesia. Dejó el lugar hecho un desastre.

Era como si estuviera hecho una furia. De hecho, no tenía hogar, se había drogado con metanfetaminas y estaba enojado con Dios.

La policía lo identificó por las imágenes de las cámaras de vigilancia de la iglesia y fue acusado de múltiples delitos.

No obstante, aquí es donde la historia toma un giro inesperado. La iglesia y su pastor, Don Chandler, se acercaron al delincuente. El pastor Chandler habló con el fiscal y perdonó al joven. Brenton entró en un programa de rehabilitación y recuperación de doce meses, y allí aceptó a Jesucristo como su Salvador.

Seis meses después, Brenton se bautizó en la misma iglesia que había vandalizado.

Él expresó: «A medida que empiezo a entender cómo obra Dios, me doy cuenta de que yo no elegí la iglesia esa noche. Dios me eligió a mí».

El pastor Chandler agregó: «No se puede predicar algo durante cincuenta años sin practicarlo. [...] Si no le hubiéramos mostrado un poco de gracia, todo lo que hemos hablado y alentado habría quedado a medio camino. Simplemente era lo que debíamos hacer. Este no era un reincidente. Este era un joven que había cometido algunos errores. Había consumido drogas y alcohol cuando hizo lo que hizo; pero se podía salvar».[16]

Lo mismo sucedía con Min-ji, una prisionera en un campo de trabajo de Corea del Norte. Tras su liberación, decidió desertar a Corea del Sur a través de China. Mientras estuvo allí, escuchó el evangelio de Cristo, pero las autoridades chinas descubrieron que era una desertora norcoreana y la enviaron a prisión. Un mes después de su encarcelamiento, Min-ji vio una palabra que otra prisionera había escrito con pasta de dientes en la pared: *Jesucristo.*

Era la primera vez que veía esa palabra y se sintió profundamente conmovida. Su compañera de prisión le compartió el evangelio y Min-ji nació de nuevo. Después de salir de prisión, Min-ji se dirigió a Corea del Sur, donde es entrenada por La voz de los mártires, una organización que defiende a los cristianos perseguidos. Ella quiere hablar de Cristo con todos los que pueda.[17]

Esta es la primera vez en mi vida que escucho que se comparte el evangelio con pasta de dientes, pero el Señor está haciendo algo inusual en nuestros días. Dado que vivimos en un mundo globalizado, nunca hemos tenido tanto potencial para alcanzar el mundo para Cristo.

Tal vez usted viva en un apartamento pequeño con pocas cosas, como un teléfono celular o una computadora portátil. ¿Cómo puede usar esas herramientas para hablar de Cristo con alguien al otro lado del mundo? ¿Cómo puede usar las redes sociales no para discutir y debatir, sino para amar, cuidar y hablar de Cristo? ¿Qué puede hacer en su iglesia local para que el alcance global del reino avance, y qué ministerios puede apoyar que lleguen a regiones más lejanas? ¿Qué misioneros puede alentar?

Mientras Cristo se demore, debemos seguir yendo a nuestras ciudades, estados, naciones y a los confines del mundo.

Anticipe su esperanza gloriosa

Finalmente, además de adorar a nuestro Cristo glorificado y abrazar nuestra misión global, siempre debemos anticipar nuestra esperanza gloriosa.

Volviendo a la ascensión de Cristo en Hechos 1, ni bien Jesús desapareció en una brillante nube de gloria, aparecieron dos ángeles. Deben haber descendido del cielo rápidamente mientras Jesús se elevaba entre las nubes. Ellos dijeron a los discípulos: «… Varones galileos, ¿por qué estáis mirando al cielo? Este mismo Jesús, que ha sido tomado de vosotros al cielo, así vendrá como le habéis visto ir al cielo» (Hch 1:11).

A partir de ese momento, todos los héroes del Nuevo Testamento comenzaron a buscar y anhelar el regreso de Cristo.

Pablo expresó: «Por lo demás, me está guardada la corona de justicia, la cual me dará el Señor, juez justo, en aquel día; y no sólo a mí, sino también a todos los que aman su venida» (2 Ti 4:8).

Pedro dijo: «Pero nosotros esperamos, según sus promesas, cielos nuevos y tierra nueva, en los cuales mora la justicia» (2 P 3:13).

Juan escribió: «… seremos semejantes a él, porque le veremos tal como él es» (1 Jn 3:2).

William Hepburn Hewitson fue un misionero escocés del siglo XIX en Madeira. Un día estaba estudiando el tema del regreso de Cristo en 2 Tesalonicenses 2. Fue tanta la revelación de la verdad del inminente regreso de nuestro Señor que apenas podía contenerse. A partir de ese momento, su vida cambió. Más adelante dijo que el estudio de ese día fue como una especie de «segunda conversión» y se volvió una realidad permanente que lo hizo anhelar de forma constante el regreso del Señor, esperarlo y estar expectante.[18]

Nosotros también debemos contemplar y anticipar activamente el inminente regreso de Jesús. Esto es algo que podemos hacer incluso mientras la humanidad continúa con su esfuerzo hacia una versión destructiva de la globalización.

Como han señalado muchos estudiosos, esta globalización no es la voluntad de Dios. En cambio, ha ordenado la separación de cientos de naciones como protección contra uno de los peores resultados de la caída de Adán: las ansias de poder de la humanidad. Pablo explicó que Dios ha dispersado a las personas y ha establecido sus límites «para que busquen a Dios, si en alguna manera, palpando, puedan hallarle» (Hch 17:27).

Espera el reino de Cristo

¿Ha leído sobre la vez que el presidente Woodrow Wilson estaba de rodillas en una mansión de París, mirando a través de sus anteojos un mapa enorme en el piso, tratando de descubrir cómo repartirse el mundo? A su alrededor, otros líderes mundiales estaban haciendo lo mismo. Soñaban con un nuevo orden mundial que aceleraría la paz globalizada.

El colapso de Alemania significó la reorganización de Europa, y la caída del Imperio otomano exigió el rediseño de las fronteras de las naciones del Medio Oriente. Muchas de las grandes dinastías habían sido borradas como la tiza de una pizarra. Los Romanov ya no estaban; tampoco los Habsburgo. Estados Unidos había surgido como la nación más grande de la historia y Wilson estaba decidido a reconstruir el mundo entero. También soñaba con una Sociedad de naciones que pudiera prevenir guerras futuras a través de la seguridad colectiva.

Mientras estos gobernantes estudiaban el mapa a gatas, la primera dama Edith Wilson entró y se rio. «Parecen un montón de niños jugando», dijo.

El presidente la miró por encima de sus quevedos y dijo: «Por desgracia, es el juego más serio que se haya emprendido, porque del resultado de él depende, en mi opinión, la paz futura del mundo».[19]

Desgracia es una buena palabra para describir lo que sucedió. La Sociedad de naciones fracasó, Woodrow Wilson sufrió un derrame cerebral que lo debilitó, Edith se desempeñó como presidente de forma secreta y en la sombra, el final de la Primera Guerra Mundial sembró las semillas para la segunda, y todavía estamos luchando con interminables conflictos por la fractura del mundo que ocurrió en esa mansión de París.

No, amigo mío, el globalismo basado en el ser humano no es la respuesta a nuestro mundo. Solo nos llevará al gobierno mundial final del anticristo. No sé qué tan lejos estamos de esos días tumultuosos. En mi opinión, estamos a solo una crisis existencial de distancia.

Sin embargo, el Señor todavía tiene el mundo entero en sus manos, así que no debemos temer. Cristo aparecerá tal como ascendió y establecerá un reino global para mostrarnos cómo deberían haber sido siempre las cosas. Luego nos guiará a través de las puertas de nuestro eterno hogar.

Mientras tanto, adorémoslo todos los días, aceleremos el alcance del evangelio hasta los confines de la tierra ¡y esperemos su pronto y rápido regreso!

¿Es la pandemia de COVID-19 una señal profética? ¿Es un acto de juicio contra el mundo como lo fue el diluvio en los días de Noé? Si bien es posible que la Biblia no tenga las respuestas que estamos buscando, la Biblia sí tiene respuestas. Estas nos ayudarán a entender lo que ocurrirá en el futuro, pero lo que es más importante, explican lo que nos está sucediendo hoy.

Como nunca antes, estamos en vilo. Los cierres y las cuarentenas parecen haber causado más daño que la enfermedad. Pero en medio de todo esto, Dios nos ha estado hablando a través de su libro eterno. Su mensaje de consuelo y valor nos está ayudando a dar sentido a la confusión. Estamos en medio de uno de los momentos más decisivos de la vida. Nos hará mejores o nos amargará. ¡La elección depende de nosotros!

Capítulo 3

Una profecía biológica: La pandemia

… habrá […] pestes […] en diferentes lugares.
MATEO 24:7

Al comienzo de la crisis de COVID-19, un estudiante de la Universidad de Cedarville, mi *alma mater*, se enfrentó a un desafío. Gabe Woodruff, que estaba inscrito en el programa de enfermería de Cedarville, fue reclutado por su unidad médica de las fuerzas de reserva militar de Estados Unidos. Lo enviaron a Detroit para atender a los pacientes de COVID en esa ciudad.

Estoy seguro de que recuerda el pánico de aquellos primeros días de la pandemia. Miró videos de gente que caía al suelo inconsciente en las calles de Wuhan (China) donde se originó el virus. Leyó noticias sobre hospitales de Italia que terminaron desbordados. Vio imágenes reiteradas de médicos y enfermeras vestidos con equipos de protección personal (EPP) para intentar establecer alguna forma de protección contra sus propios pacientes.

Este era el clima caótico en el que Gabe Woodruff recibió su llamado a servir.

A pesar del peligro y el desorden del despliegue, Gabe no dudó en dejar a su familia. Él y su esposa, Kayla, encontraron la guía en el poder de la Escritura. Gabe dijo: «Una de las cosas que mi esposa y yo nos decíamos es que si confiamos en Dios en cuanto a nuestra seguridad eterna, ¿por qué no íbamos a confiar en él en nuestra circunstancia actual?».[1]

Esa frase resume a la perfección lo que muchos de nosotros aprendimos durante los peores días de la pandemia. Como pastor, tuve que confiar en Dios cuando mi iglesia no se pudo reunir durante semanas; como líder de una organización ministerial, tuve que confiar en él en cuanto a las necesidades de mis compañeros de trabajo; como sobreviviente de cáncer, tuve que confiar en él con respecto a mi salud y, como esposo, padre y abuelo, tuve que confiar en él en cuanto al bienestar de mi familia.

¿Tuvo usted la misma experiencia? Supongo que casi todos los seres humanos de la tierra tuvieron que lidiar con estos asuntos. ¡Qué agradecido estoy de tener un Dios digno de confianza!

¡Y qué maravilloso es servir a aquel que conoce el futuro! Si usted sigue a Cristo, no tiene que vivir a merced de los problemas presentes y los temores futuros. En cambio, puede evaluar los sucesos mundiales en términos de la profecía bíblica, la historia del mundo y la agenda bíblica que conducen al regreso de Cristo.

Recuerde la rapidez con la que esta crisis se apoderó del mundo. El 11 de enero de 2020, se informó la primera muerte de COVID-19 en Wuhan (China). Dos meses más tarde, el miércoles 11 de marzo de 2020, la Organización Mundial de la Salud declaró al COVID-19 como una pandemia mundial después de que el virus se había extendido a ciento catorce países y a casi ciento veinte mil personas, y había matado a más de cuatro mil.

En los primeros días de la crisis, el doctor Tedros Adhanom Ghebreyesus, director general de la Organización Mundial de la Salud, dijo en una conferencia de prensa que esperaba que el número de casos, el número de muertes y el número de países afectados aumentaran aún más. También agregó que la OMS estaba evaluando este brote a todas horas y que estaban muy preocupados tanto por los niveles alarmantes de propagación y gravedad como por los niveles alarmantes de inacción.[2]

El doctor Ghebreyesus no podía saber en ese momento cuán subestimada era su predicción. De inmediato, todo comenzó a cambiar en el mundo y en nuestras vidas, desde la desinfección de nuestras manos hasta la búsqueda de papel higiénico.

El 12 de marzo, Ohio se convirtió en el primer estado en cerrar todas las escuelas K-12. Pronto, los colegios y universidades cancelaron las clases presenciales y comenzaron a dictar cursos en línea.

Las acciones de Estados Unidos se derrumbaron, y el Promedio Industrial Dow Jones cayó un 10 %, su mayor caída porcentual en un día desde octubre de 1987.

Los teatros de Broadway cerraron, los cines se vaciaron y los hospitales se llenaron.

La Asociación Nacional de Baloncesto (NBA, por sus siglas en inglés), las Grandes Ligas de Béisbol y la Liga Nacional de Hockey suspendieron sus temporadas. Por primera vez desde su creación en 1939, se canceló el torneo universitario de baloncesto March Madness. Y por

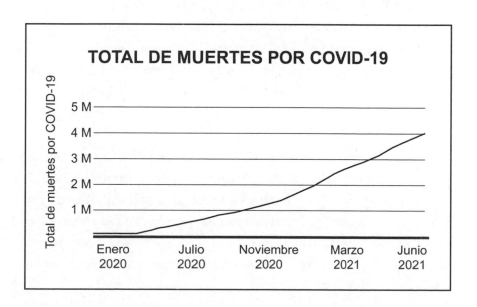

primera vez desde el 11 de septiembre y solo por cuarta vez en la historia, Disneylandia cerró sus puertas.

Hoy, mientras escribo estas palabras, la Organización Mundial de la Salud informa más de 183 millones de casos confirmados de COVID-19 hasta ahora en todo el mundo y casi 4 millones de muertes. El continente americano fue el más afectado, con más de 70 millones de casos. Más de 50 millones de personas en Europa fueron diagnosticadas con la enfermedad y más de 35 millones en el sudeste asiático. En África se trataron 4 millones de casos conocidos.[3]

Estados Unidos de América ha sido una de las naciones más afectadas del planeta, hasta donde sabemos: unos 33 millones de casos confirmados, con un resultado aproximado de 600.000 muertes.[4] Muchos de nosotros conocemos a alguien que ha muerto a causa de esta pandemia.

Incluso mientras escribo esto, no estoy seguro de que haya pasado lo peor. Los titulares de hoy dicen: «El sistema sanitario de la India en "colapso total" mientras la ola de COVID "hace estragos" en el país». En la primavera de 2021, ese país comenzó a experimentar el peor brote del mundo, con más de 400.000 casos nuevos por día. Los informes mostraban una tragedia abrumadora: hospitales con escasez de suministros médicos básicos, pacientes que morían por falta de oxígeno y familias con trajes de protección completos en cremaciones masivas.

«El virus y su segunda ola está afectando a los más jóvenes e incluso a los niños, de una manera que no había ocurrido en la primera ola», dijo Barkha Dutt, autora y periodista radicada en Nueva Delhi. «Hemos sabido de bebés de dieciocho días que están luchando por su vida dentro de las UCI».[5]

Demos un paso hacia atrás. ¿Qué son con exactitud las pandemias, y qué dice la Biblia sobre ellas? La palabra *pandemia* apareció en los diccionarios en el año 1853 y describía un brote de enfermedad que supera una epidemia. El prefijo latino *pan* significa «todo». La raíz del término *demia* proviene de la palabra *demótico*, de la que obtenemos *democracia*, y significa «perteneciente al pueblo». Una pandemia es algo que involucra a toda la población de la tierra.

En cambio, el prefijo *epi* es un término griego que significa «sobre», «en» o «cerca». Una epidemia es una enfermedad que se propaga entre el pueblo. Sin embargo, una pandemia se extiende a las personas en todas partes. Como son palabras modernas, no aparecen en la Biblia. No obstante, las Escrituras tienen otros términos que describen lo mismo. De hecho, existen tres palabras antiguas en los textos originales hebreos y griegos de la Biblia que describen lo que llamaríamos una pandemia. ¡La Biblia utiliza esas palabras 169 veces!

En la versión Reina Valera 1960, la palabra *pestilencia* aparece treinta y cinco veces. Cuando busqué esta palabra en mi diccionario, decía: «Una enfermedad epidémica muy contagiosa o infecciosa que es virulenta y devastadora [...] algo que es destructivo o pernicioso». Otra palabra que vemos decenas de veces en la Biblia es *plaga*. El diccionario la define como: «Una enfermedad epidémica que causa un alto índice de mortalidad; un mal o desgracia desastroso». Además, la palabra *enfermedad* aparece a menudo en la Escritura, a veces de maneras que hacen referencia a una enfermedad generalizada.

No todos los usos de las palabras *pestilencia*, *plaga* y *enfermedad* en las Escrituras hacen referencia a una pandemia de enfermedad contagiosa. Sin embargo, muchas de ellas sí lo hacen.[6]

A lo largo de la Biblia, vemos reiterados ejemplos de cómo Dios utiliza las enfermedades para cumplir sus propósitos divinos y soberanos.

En Éxodo 9, el Señor permitió que una enfermedad infecciosa de la piel se extendiera por todo Egipto. Era la cuarta plaga y era de naturaleza epidémica. Todos los egipcios, jóvenes y ancianos, se vieron afectados. Cuando los israelitas se fueron de Egipto, el Señor les ordenó que lo siguieran y obedecieran, y les dijo: «... ninguna enfermedad de las que envié a los egipcios te enviaré a ti» (15:26). Por otra parte, Dios advirtió a su pueblo que la desobediencia traería «... extenuación y calentura, que consuman los ojos y atormenten el alma...» (Lv 26:16).

Cuando el rey David pecó contra Israel, el Señor «... envió la peste sobre Israel desde la mañana hasta el tiempo señalado...» (2 S 24:15). Muchas personas perdieron la vida en esta epidemia.

Esto no quiere decir que todas las enfermedades sean iniciadas por Dios o que él haya enviado la pandemia de COVID-19 a la tierra. Vivimos en un mundo corrompido por el pecado, y las enfermedades de todo tipo son una de las consecuencias de esa corrupción. Aún así, el Señor no ignora lo que sucede en nuestro mundo.

La Biblia también enseña que Satanás puede enviar plagas y enfermedades. Sabemos por la historia bíblica de Job que Satanás puede afligir a la humanidad con terribles enfermedades (Job 2:7). A nuestro alrededor hay fuerzas poderosas que obran para el bien y para el mal en el mundo invisible. Cuando se producen sucesos catastróficos a nivel mundial, a menudo me pregunto por el alcance de la actividad demoníaca. Luchamos contra enemigos descritos en la Biblia como «… principados, […] potestades, […] gobernadores de las tinieblas de este siglo, […] huestes espirituales de maldad en las regiones celestiales» (Ef 6:12).

En los Evangelios, el Señor Jesucristo advirtió a sus discípulos que las «pestes» serían una de las señales de los últimos tiempos de la historia humana. Estas enfermedades devastadoras sacudirán al mundo, buscando despertar y advertir a la gente sobre el inminente regreso de Cristo para juzgar y reinar (Mt 24:7).

En el libro de Apocalipsis, el Señor advirtió una docena de veces sobre las terribles pestes y plagas que vendrían a las naciones como parte de su juicio sobre el pecado, antes de la segunda venida de Cristo. Este período se conoce entre los estudiosos de la Biblia como la gran tribulación (Ap 7:14), el período más devastador del juicio divino en la historia de la humanidad.

Un año antes de que el coronavirus golpeara nuestro mundo, escribí un libro llamado *El libro de las señales*. Lo que dije en ese libro es lo más parecido a una profecía predictiva que cualquier otra cosa que haya escrito. ¡Qué revelador es leerlo ahora, después de todo lo que ha sucedido!

Es tentador creer que la ciencia moderna ha eliminado el miedo a las enfermedades, pero hoy podemos estar al borde de las peores epidemias que el mundo haya conocido. [...] Me refiero a bacterias que se están volviendo rápidamente resistentes a casi todos los medicamentos y antibióticos. Incluso ahora se les llama «bacterias de pesadilla» y son una amenaza para los hospitales de todo el mundo [...].

Estos nuevos gérmenes contienen genes especiales que les permiten transferir su resistencia a otros gérmenes, y transmiten la enfermedad a «personas aparentemente sanas en el hospital, como pacientes, médicos o enfermeras, quienes a su vez pueden actuar como portadores silenciosos de enfermedades e infectar a otros, incluso si ellos no se enferman».

Además de estas «superbacterias», la resistencia a los medicamentos en general se ha ido incrementando, principalmente debido al uso generalizado de antimicrobianos y antibióticos en humanos y animales. Cuando los antibióticos y los antimicrobianos eliminan las cepas débiles, las cepas más fuertes de bacterias resistentes sobreviven y siguen creciendo. Se han hecho llamados para la creación de nuevas terapias con antibióticos, pero el desarrollo de nuevos fármacos es cada vez más raro. La cifra de personas que mueren cada año a causa de estas bacterias se estima entre 700.000 y varios millones. En Estados Unidos, cada año, al menos dos millones de personas, se infectan con bacterias resistentes a los antibióticos, y al menos 23.000 mueren.[7]

¿Qué significa esto?

Mi hijo menor, Daniel, trabaja para el canal de televisión NFL Network y ha conocido a muchos de los jugadores de fútbol americano de la liga. Poco después de que se anunciara la pandemia de COVID-19, uno de sus populares amigos que ve nuestro programa de televisión *Turning Point* se acercó a él y le dijo: «Pregúntale a tu papá si el coronavirus está en la profecía bíblica». Terminé predicando un mensaje entero en respuesta a esa pregunta y tuvo más de tres millones de vistas en YouTube.

¿Se ha hecho usted la misma pregunta? Seamos realistas, la pandemia se parece a algo que hemos leído en la Biblia. Al fin y al cabo, es lo más apocalíptico que nos ha ocurrido a la mayoría. La pandemia de COVID-19 ¿significa algo en la escala mayor de la historia? Y si es así, ¿qué?

Durante la última semana de su vida, el Señor Jesús salió del templo de Jerusalén con sus discípulos, bajó a pie por el valle del Cedrón y subió a la cima del monte de los Olivos. La ciudad de Jerusalén se extendía ante ellos y brillaba bajo el sol poniente. En ese momento, los discípulos le preguntaron a Jesús sobre los últimos tiempos, lo que provocó la enseñanza más completa de nuestro Señor sobre los sucesos relacionados con el fin del mundo y con su glorioso regreso. Lo llamamos el Discurso de los Olivos y está relatado en los Evangelios de Mateo, Marcos y Lucas.

> Y estando él sentado en el monte de los Olivos, los discípulos se le acercaron aparte, diciendo: Dinos, ¿cuándo serán estas cosas, y qué señal habrá de tu venida, y del fin del siglo? Respondiendo Jesús, les dijo: Mirad que nadie os engañe. Porque vendrán muchos en mi nombre, diciendo: Yo soy el Cristo; y a muchos engañarán. Y oiréis de guerras y rumores de guerras; mirad que no os turbéis, porque es necesario que todo esto acontezca; pero aún no es el fin. Porque se levantará nación contra nación, y reino contra reino; y habrá pestes, y hambres, y terremotos en diferentes lugares. Y todo esto será principio de dolores. (Mt 24:3-8)

Este pasaje es tan extenso que muchos lo han llamado el «mini apocalipsis». Nuestro Señor nos da aquí una amplia descripción del futuro profético. Es su introducción al libro de Apocalipsis.

Los discípulos de Jesús le hicieron tres preguntas:

1. ¿Cuándo serán estas cosas?
2. ¿Qué señal habrá de tu venida?
3. ¿Qué señal habrá del fin del siglo?

Jesús respondió esas preguntas a partir de Mateo 24:4. Respondió las preguntas dos y tres en el cuerpo principal del capítulo, pero no respondió la primera pregunta («¿Cuándo serán estas cosas?») hasta el versículo 36, cuando dijo: «Pero del día y la hora nadie sabe, ni aun los ángeles de los cielos, sino sólo mi Padre».

Por eso no puedo decirle el tiempo exacto de la segunda venida. ¡Cuántas personas se han equivocado al hacer predicciones erróneas sobre esa fecha! Sin embargo, lo que sí puedo afirmar es esto: Al responder la segunda y la tercera pregunta de los discípulos, Jesús nos dio seis señales clave que apuntan a su segunda venida o, como mencionó en el versículo 30, a «… la señal del Hijo del Hombre en el cielo…».

A continuación, las seis cosas que Jesús afirmó que sucederían cuando su segunda venida comenzara a acercarse:

1. Engaño por parte de falsos cristos (vv. 4-5)
2. Disputas y guerras entre naciones (vv. 6-7)
3. Pestes y hambre en todo el mundo (vv. 7-8)
4. Entrega de creyentes a tribulación (v. 9)
5. Deserción de falsos creyentes (vv. 10-13)
6. Declaración del evangelio en todo el mundo (v. 14)

Estas seis señales cubren los primeros tres años y medio del período de siete años de tribulación y coinciden con las profecías del libro de Apocalipsis. Aunque estas señales se cumplirán en el período de siete años de tribulación, no comenzarán en un instante. Se desarrollarán con el tiempo.

Creo que ahora estamos viendo los primeros indicios de estas señales.

Según Jesús, la generación que vea estas señales también verá su segunda venida: «De la higuera aprended la parábola: Cuando ya su rama está tierna, y brotan las hojas, sabéis que el verano está cerca. Así también vosotros, cuando veáis todas estas cosas, conoced que está cerca, a las puertas. De cierto os digo, que no pasará esta generación hasta que todo esto acontezca» (Mt 24:32-34).

Si ha seguido mis enseñanzas a lo largo de los años, sabe que siempre he creído que la Biblia predice el regreso de Cristo a su Iglesia, lo cual podría ocurrir en cualquier momento. Este suceso es conocido como el rapto. Luego habrá siete años de tribulación mundial, y en la última mitad será la gran tribulación, un derramamiento único de la ira de Dios mientras el mundo se precipita hacia el Armagedón. Cuando ese período concluya, Jesús regresará con su iglesia para poner fin a los conflictos mundiales y a las pandemias, para juzgar el mal y para establecer su reino de mil años.

Entonces, no hay sucesos que predigan el rapto. Sin ninguna señal, sin ninguna advertencia, Jesucristo regresará para reunir a sus santos y llevarlos al cielo.

Tal vez usted se pregunte: si estas seis señales no son las señales del rapto y si después del rapto vamos a estar en el cielo, ¿por qué debemos preocuparnos por las señales? ¡Porque los sucesos futuros proyectan sus sombras ante ellas! El pueblo de Dios debe estudiar la Biblia; los estudiantes de la Biblia deben interesarse por los pasajes proféticos; y cuando estudiamos esos pasajes proféticos, debemos aprender a detectar las señales de los tiempos.

Hace poco recorté algo de los escritos de Mark Hitchcock sobre esto:

El doctor John Walvoord solía compartir una ilustración adecuada de cómo las señales de los tiempos se relacionan con el rapto y la segunda venida. Señaló que hay todo tipo de señales para la Navidad, hay luces por todas partes, decoraciones, árboles de Navidad, música e incluso está Santa en el centro comercial. Sin embargo, el Día de Acción de Gracias puede aparecer con sigilo. No hay señales reales para el Día de Acción de Gracias. El doctor Walvoord señaló que la segunda venida de Cristo es como la Navidad. Será precedida de muchas señales muy específicas que la Escritura esboza. El rapto, en cambio, es como el Día de Acción de Gracias: no hay señales específicas para su llegada. No obstante, si es otoño (en el hemisferio norte) y usted ya comienza a ver las señales de la Navidad en todas partes, y el Día de Acción de Gracias no ha llegado, entonces usted sabe que el Día de Acción de Gracias debe estar por llegar. Hoy en día las señales de la «Navidad» parecen estar apareciendo a nuestro alrededor. La venida de Cristo para arrebatar a su iglesia podría estar muy cerca.[8]

Permítame volver una vez más a la gran pregunta que ronda en nuestra mente: ¿Es la pandemia de COVID-19 una señal del *rapto*? No. No hay señales de ningún tipo para el rapto. El rapto es un suceso inminente y sin señales.

Pero ¿es esta pandemia una señal de la *segunda venida* de Cristo? Es posible. No puedo decir con certeza que lo sea, pero tampoco puedo negarlo. Podría ser una evidencia temprana del punto tres de la lista de señales de Jesús: peste y hambre en todo el mundo. Como mencioné antes, algunas de las señales de la tribulación podrían extenderse a los últimos años antes del rapto.

Jesús dijo que estas «pestes» llegarían como «principio de dolores» (Mt 24:8). Esto significa que aumentará en frecuencia e intensidad en el tiempo que precede a su regreso. En otras palabras, a medida que se acerca el fin, debemos esperar que los brotes de enfermedades infecciosas ocurran con más frecuencia, afecten a más personas y sean más mortales.

John MacArthur sugirió: «Puede ser que las aflicciones del tiempo presente no sean más que contracciones del tipo Braxton-Hicks (espasmos prematuros en la terminología de la obstetricia), pero de todas maneras significan que el tiempo para las contracciones finales y el parto se está acercando de manera inexorable».[9]

Así que, aunque el coronavirus no pueda clasificarse a la perfección como una señal profética, no deja de ser una señal. Es difícil ver el mundo tan convulsionado por un suceso sin mirarlo a través de la lente de la Escritura y aprender sus lecciones. Aunque la pandemia de COVID-19 no sea una señal del futuro, es una señal para hoy, un recordatorio de las cosas que olvidamos con demasiada facilidad.

Cuatro lecciones han sido las más importantes en mi mente.

La vulnerabilidad de todos nosotros

En primer lugar, todos somos más vulnerables de lo que nos gusta creer.

John C. Lennox, profesor emérito de matemáticas de la Universidad de Oxford, escribió: «Muchos de nosotros nos hemos acostumbrado a un mundo más o menos estable, en donde la vida es bastante predecible. Ahora todo parece estar cayéndose a pedazos: las cosas con las que siempre hemos contado ya no están, y estamos expuestos como nunca a fuerzas que no podemos controlar en absoluto. Las personas temen por su salud, tanto física como psicológica; por sus familiares y amigos, especialmente los de la tercera edad y los débiles; por sus círculos sociales, sus reservas de alimentos, sus trabajos, su seguridad económica y muchas otras cosas más».[10]

Según la mayoría de los informes, los ancianos y las personas con una enfermedad subyacente eran los más vulnerables al virus, pero con el paso del tiempo descubrimos que todos éramos vulnerables, incluidos los famosos que a veces pensamos que viven en una burbuja. Los artistas Tom Hanks, Rita Wilson, Rachel Matthews y Charlotte Lawrence fueron algunos de los primeros en contagiarse con el coronavirus.

Las estrellas de la NBA Rudy Gobert, Donovan Mitchell, Kevin Durant y Marcus Smart junto con el entrenador de los New Orleans Saints de la Liga Nacional de Fútbol Americano, Sean Payton, contrajeron esta enfermedad.

El vicepresidente de Irán, la esposa del primer ministro canadiense y el alcalde de Miami contrajeron el virus. Y mientras todos observábamos, también le sucedió lo mismo al presidente Donald Trump.

Nos hicieron creer que con suficiente dinero podemos protegernos de cosas como estas. Ya no es así. El dinero puede comprar una prueba, pero no puede comprar la invencibilidad. Todos somos vulnerables a estas superplagas. Nadie está a salvo. Nadie escapa a la posibilidad de contagio.

La credibilidad de la Biblia

Durante más de cincuenta años, he estudiado la Biblia con seriedad. Nunca he dejado de asombrarme por los sucesos de la tribulación tal como se desarrollan en el libro de Apocalipsis y en otras partes de la Escritura. Los he creído no porque entendiera cómo podían ocurrir, sino porque estaban en la Biblia. Ahora, estos sucesos apocalípticos parecen estar tocando la puerta.

El profeta Ezequiel predijo una guerra venidera en la que Rusia y sus ejércitos coaligados tratarán de destruir la nación de Israel. Creo que esto ocurrirá en los primeros días de la tribulación. Cuando Dios intervenga, los malvados ejércitos de la coalición serán destruidos por grandes convulsiones de la tierra, por confusión militar, por múltiples calamidades como fuego y azufre y, por último, por grandes plagas. El Señor predice: «Y yo litigaré contra él con pestilencia y con sangre…» (Ez 38:22). Se necesitarán siete meses para enterrar los cuerpos (39:12).

¡Trate de imaginarlo! Cuerpos sin enterrar por todas partes, provocando un hedor nauseabundo y una plaga maligna. Según Ezequiel, Dios convocará grandes bandadas de pájaros para que vayan al Medio Oriente a devorar los cuerpos esparcidos por la tierra. Será una «comida sacrificial» para los carroñeros (vv. 17-20).

Al ver las imágenes de las bolsas de cadáveres y las morgues temporales utilizadas para atender a las víctimas del coronavirus en la ciudad de Nueva York, pensé en lo que dijo Ezequiel. No es que la pandemia estuviera cumpliendo las profecías de Ezequiel, pero tal vez sirva como un leve anticipo de lo que está por suceder.

En Apocalipsis 9:18, un tercio de la tierra perece por diversas plagas causadas por fuerzas demoníacas. En Apocalipsis 11, los dos testigos sobrenaturales tienen poder «… para herir la tierra con toda plaga, cuantas veces quieran» (v. 6). Esa advertencia no se limita a las pandemias, pero tampoco excluye las enfermedades infecciosas.

Digamos que ahora tengo una mayor comprensión de cómo podrían ocurrir los sucesos de la tribulación. Cuando lea esas secciones de la Biblia, léalas con cuidado y en oración, y busque tendencias emergentes. Los sucesos del Apocalipsis ya no parecen inverosímiles. De hecho, parecen ser inminentes.

La incertidumbre de la vida

Los contagios también nos recuerdan la incertidumbre de la vida. ¿Esperaba usted que su agenda se viera arruinada durante todo un año? ¿Estaba preparado para que sus hijos se quedaran fuera de sus aulas, que se cancelaran sus vacaciones o su boda, o para que su trabajo se trasladara a la mesa de la cocina?

Nadie esperaba estar alejado de la iglesia durante semanas o meses. Qué terrible para aquellos que fueron despedidos o cuyos negocios fracasaron. Pocas personas tenían sus despensas repletas de desinfectantes, mascarillas y papel higiénico. ¿Quién podría haberlo sabido?

Según el apóstol Santiago, no debemos sorprendernos por lo inesperado. Él escribió esto a los creyentes judíos dispersos: «... no sabéis lo que será mañana. Porque ¿qué es vuestra vida? Ciertamente es neblina que se aparece por un poco de tiempo, y luego se desvanece» (Stg 4:14).

Anteriormente, en este capítulo, mencioné al patriarca Job. ¿Recuerda cómo explicó la repentina deconstrucción de su vida? Él dijo:

- «Mis días han sido más ligeros que un correo; huyeron, y no vieron el bien. Pasaron cual naves veloces; como el águila que se arroja sobre la presa» (Job 9:25-26).
- «El hombre nacido de mujer, corto de días, y hastiado de sinsabores, sale como una flor y es cortado, y huye como la sombra y no permanece» (14:1-2).

¡Qué inciertos y preciosos son nuestros días! Espero que haya aprovechado parte de este tiempo de quietud obligatoria para reflexionar sobre la vida y dar gracias a Dios por los días, meses y años que le ha dado.

La suficiencia de Jesús

El virus también nos señala la suficiencia de Jesús. Cuando se preparaba para terminar su obra terrenal y regresar al cielo, dijo a sus discípulos: «Estas cosas os he hablado para que en mí tengáis paz. En el mundo tendréis aflicción; pero confiad, yo he vencido al mundo» (Jn 16:33).

Es un versículo conocido, pero mírelo con otros ojos. Preste atención a la frase «en mí». La promesa del Señor a los discípulos era la promesa de él mismo. ¡En él se halla la paz!

Jesús no dijo: «En el mundo tendréis aflicción, pero yo he vencido la *aflicción*». No, él dijo: «En el mundo tendréis aflicción; pero confiad, yo he vencido al *mundo*». Jesús no solo vence el suceso. Él vence el ambiente en el que el suceso ocurre.

¡Eso es increíble! Jesús viene a usted en medio de la lucha, cuando la batalla es casi insoportable y las circunstancias parecen imposibles. Con la voz de la certeza y la fuerza absolutas, él le habla de paz y le otorga el ánimo que necesita. Le levanta la moral y lo llena de fuerza. Él le asegura: «La paz os dejo, mi paz os doy; yo no os la doy como el mundo la da. No se turbe vuestro corazón, ni tenga miedo» (Jn 14:27).

¿Hacia dónde vamos ahora?

Antes mencioné que el actor Tom Hanks y su esposa, Rita Wilson, se encontraron entre los millones de estadounidenses que contrajeron el COVID-19, soportaron los síntomas de la enfermedad y luego hicieron todo lo posible por volver a una forma de vida «normal». Posteriormente, Hanks se empeñó en tuitear sobre su experiencia en un esfuerzo por disminuir la ansiedad que otros pudieran sentir sobre la pandemia.

Él publicó: «Va a llevar un tiempo, pero si nos cuidamos los unos a los otros, ayudamos en lo que podamos y renunciamos a algunas comodidades..., esto también pasará. Podemos resolverlo».[11]

Eso es lo que estamos haciendo todos, ¿verdad? Intentamos cuidar de nosotros mismos y de los demás. Tratamos de avanzar. Tratamos de resolverlo.

Pero ¿existe la posibilidad de que la pandemia de COVID-19 sea una señal del fin de los tiempos? Si nos basamos en lo que hemos aprendido sobre la profecía bíblica y la pandemia, ¿qué debemos hacer ahora? ¿Cómo nos llama el Señor a la acción?

Permítame ofrecer cinco sugerencias sobre cómo los cristianos pueden seguir viviendo para Dios durante cualquier pandemia presente o futura.

Otórguele prioridad a su vida de oración

Oh, ¡cómo nos ha impulsado esta temporada a la oración! ¿No cree que la gente de la tierra ha orado más que antes en los últimos dieciocho meses? A más problemas, más oración. ¿Pero qué clase de oraciones hemos hecho? Las oraciones bíblicas son las mejores, y la oración de Josafat en 2 Crónicas 20 ha estado presente en mi mente. Es muy apropiada para este tiempo.

El rey Josafat se enfrentó a una crisis existencial cuando múltiples ejércitos se dirigieron hacia su pequeña nación de Judá. Él respondió con un liderazgo espiritual magistral. Estaba decidido a confiar en Dios y a llevar a su nación a hacer lo mismo. No se limitó a confiar en el Señor ante una posible derrota militar; estaba dispuesto a confiar en Dios ante cualquier desastre que se avecinara.

Oró así: «Si mal viniere sobre nosotros, o espada de castigo, o pestilencia, o hambre, nos presentaremos delante de esta casa, y delante de ti (porque tu nombre está en esta casa), y a causa de nuestras tribulaciones clamaremos a ti, y tú nos oirás y salvarás» (v. 9).

En los versículos 5-12, el rey ofreció una oración modelo. Apeló al carácter de Dios, a sus promesas y a sus acciones pasadas. La oración terminó con estas magníficas palabras: «... en nosotros no hay fuerza contra tan grande multitud que viene contra nosotros; no sabemos qué hacer, y a ti volvemos nuestros ojos» (v. 12)

Un pastor de una iglesia internacional en China comentó:

Tal vez usted se siente impotente ante un virus al que puede estar expuesto incluso cuando no hay síntomas visibles. Tal vez su ansiedad aumenta porque los especialistas aún no están seguros de todas las formas de transmisión de este virus. Puede que se sienta desanimado al ver cómo aumentan los contagios y las muertes. Si es así, únase a Josafat y declare que usted está indefenso, pero que su esperanza está puesta en Dios Todopoderoso.

¿Cuántas de nuestras oraciones deberían terminar con una frase como esta? Esta es la postura del cristiano. Apele al carácter de Dios, confiese su incapacidad y ponga sus ojos en el Señor.[12]

Servir con sacrificio a los demás

A pesar de las adversidades de la pandemia, nunca habrá suficiente tinta para contar las historias de aquellos que, incluso durante este tiempo horrible, encontraron formas de servir. Lisa Racine, de cincuenta y ocho años, trabajaba a tiempo completo como directora de proyectos en una imprenta, pero cuando llegó el virus, ajustó su horario para aceptar otro trabajo. Empezó a trabajar dos o tres noches a la semana en una residencia de ancianos. Quería servir a los demás, pero sobre todo a una persona.

Su padre residía allí, y ella deseaba estar con él. Así que fregaba el suelo, ayudaba en la cocina y lavaba los platos para estar cerca de su padre. No infringió ninguna norma, el personal de la residencia de ancianos conocía su relación. El trabajo le dio la oportunidad de servir. La primera vez que entró en la habitación de su padre, estaba tan cubierta con el equipo de protección que él no la reconoció.

Ella le dijo: «¡Soy yo, papá!». Esas fueron las tres mejores palabras del mundo para él.[13]

Seguro que usted también encontró formas de servir a los demás. ¿No le pareció una gran bendición? No deje que ese ímpetu se acabe solo porque volvamos a la vida «normal». Los momentos de peligro presentan oportunidades de servicio, pero también lo hacen los momentos más rutinarios.

Además, recuerde que cuando las necesidades físicas de esta crisis actual lleguen a su fin, nuestra nación y nuestro mundo seguirán teniendo innumerables necesidades espirituales. ¡Lo que significa que seguiremos teniendo oportunidades de servir!

Durante los primeros días de la pandemia, hubo una penosa escasez de alimentos en East County (San Diego), donde vivo. Por varias semanas, nuestra iglesia dedicó las horas de la mañana del viernes a alimentar a aquellos que padecían hambre. Empaquetamos cajas con productos básicos como papel higiénico, toallas de papel y jabón. En otra caja había comida. Cuando la gente pasaba por nuestro estacionamiento, colocábamos esas dos cajas en los baúles de sus autos. Antes de que salieran del estacionamiento, añadíamos un galón de leche y una hogaza de pan.

Cuando terminamos, habíamos alcanzado a más de 1.800 familias diferentes, repartido 27.000 cajas de alimentos y orado con cientos de familias mientras bajaban las ventanillas para dar las gracias.

Ayudamos a muchas personas que padecían hambre durante esos días, pero también satisficimos la necesidad de cientos de nuestras personas que tenían un tipo de hambre diferente: el deseo intenso de hacer algo que mejorara las cosas para las personas que sufrían en nuestra comunidad. Bajo el liderazgo de David St. John, uno de nuestros pastores, servimos con sacrificio y fue una alegría indescriptible.

Como dijo Martín Lutero: «Si quiere servir a Cristo y esperar en él, muy bien, tiene a su prójimo enfermo cerca. Acérquese a él y sírvale, y seguro encontrará a Cristo en él».[14]

Cuente sus bendiciones

¿Y luego qué? Sacamos nuestras calculadoras y empezamos a contar nuestras bendiciones. La Biblia dice: «Porque de su plenitud tomamos todos, y gracia sobre gracia» (Jn 1:16).

Pablo escribió lo siguiente: «Bendito sea el Dios y Padre de nuestro Señor Jesucristo, que nos bendijo con toda bendición espiritual en los lugares celestiales en Cristo» (Ef 1:3).

Dios nos ha bendecido con toda bendición espiritual en los lugares celestiales en Cristo, ¡y punto! En tiempos como estos, nuestras bendiciones se vuelven más claras, más abundantes y más significativas. Algo sucede en lo profundo de nuestros corazones cuando contamos esas bendiciones.

Cuando la vida nos hace ir más despacio, nuestro enfoque se agudiza. Los valores periféricos que desordenan nuestras vidas desaparecen, y podemos centrarnos en las cuestiones existenciales y las bendiciones eternas, las que pasamos por alto cuando estamos demasiado ocupados. ¿No se ha dado cuenta de que las bendiciones sencillas de la vida son a menudo las mejores?

La Biblia afirma: «Dad gracias en todo, porque esta es la voluntad de Dios para con vosotros en Cristo Jesús» (1 Ts 5:18).

Corrie ten Boom, en *El refugio secreto*, relata un incidente que le enseñó a ser siempre agradecida. Ella y su hermana, Betsie, acababan de ser trasladadas al peor campo de prisioneros alemán que habían visto hasta entonces: Ravensbruck. Al entrar en el barracón, lo encontraron muy abarrotado. Peor aún, estaba infestado de pulgas.

La mañana de su llegada, las hermanas habían estado estudiando 1 Tesalonicenses, un texto que les recordaba que debían alegrarse siempre, orar con constancia y dar gracias en todas las circunstancias. Betsie le dijo a Corrie que se detuvieran y dieran gracias al Señor por cada detalle de su nueva vivienda. Al principio, Corrie se negó a dar gracias por las pulgas de manera rotunda, pero Betsie insistió y, finalmente, Corrie cedió a sus ruegos.

Entonces, ocurrió algo inesperado. Durante los meses que pasaron en ese campo, las hermanas se sorprendieron al descubrir que podían tener abiertamente estudios bíblicos y reuniones de oración sin la interferencia de sus guardias. Tanto Corrie como Betsie se quedaron boquiabiertas por su inesperada libertad, aunque la apreciaron mucho.

Varios meses después se enteraron de la verdad. ¡La razón por la que los guardias no entraban en el barracón era por las pulgas![15] Las pequeñas plagas se convirtieron en una bendición más para contar.

Mantenga la calma y siga adelante

La gratitud nos ayudará a mantener la calma y a seguir adelante, como decían los británicos durante la Segunda Guerra Mundial. La

Biblia enseña que «… no nos ha dado Dios espíritu de cobardía, sino de poder, de amor y de dominio propio» (2 Ti 1:7).

El Señor creó la imaginación humana para que sea una fuerza poderosa. Puede crear hermosas visiones de un futuro deseable o puede conjurar los peores escenarios. Estos productos oscuros de la imaginación pueden hacer que el miedo se apodere de usted, algo que Dios nunca querría que usted viviera.

Como lo muestra este versículo de la Biblia, el poder que destierra el miedo es un sano juicio. Mantenemos un sano juicio «llevando cautivo todo pensamiento a la obediencia a Cristo» (2 Co 10:5).

Cuando un pensamiento dañino entre en su mente («Estoy enfermo»; «Todo está perdido»; «¡Voy a morir!»), examínelo a la luz del conocimiento de Dios. ¿Tiene este pensamiento alguna base en la realidad? Si no es así, llévelo cautivo. No le dé rienda suelta en su mente. No permita que aleje su imaginación de la bondad de Dios y lo conduzca a un miedo dañino.

Cuando Isobel Kuhn luchaba contra el cáncer, se dio cuenta de que el verdadero enemigo era algo demasiado profundo para el bisturí del cirujano; estaba en el mundo invisible de su imaginación. Ella escribió: «Tuve que negarme a permitir que mi imaginación jugara con mi futuro. Ese futuro, creo, está ordenado por Dios, y ningún hombre puede adivinarlo. Permitirme imaginar cómo o cuándo llegaría el final no solo no era provechoso, sino que era muy perjudicial, así que tuve que llevar mis pensamientos cautivos para que no deshonraran a Cristo».[16]

Tener una mente sana y centrada no es tan difícil como se piensa. Si leemos la Escritura de manera sencilla, profunda, reflexiva y abierta cada día, invitaremos al Espíritu Santo a susurrar nuevas fuerzas en nuestros pensamientos. Él y solo él puede domar el temerario poder de la mente humana. Una mente centrada en la verdad de Dios es la clave de su gracia sustentadora. Él no dejará que usted se desanime.[17]

La mejor definición que he escuchado de la ansiedad es «imaginar el futuro sin Jesús en él». ¿Le ha sucedido algo similar?

Cuando nos damos cuenta de que Jesús está presente hoy y estará presente mañana, podemos ser libres de la preocupación. Como alguien dijo: «La preocupación es la fe en lo negativo, la confianza en lo desagradable, la seguridad del desastre y la creencia en la derrota. La preocupación es perder el tiempo de hoy para atestar las oportunidades de mañana con los problemas de ayer».

Dé el siguiente paso correcto

Por último, tenemos que mantenernos ocupados con lo que Dios nos asigna día a día.

Cuando estuvimos por primera vez en cuarentena en nuestra casa, Donna y yo nos dimos cuenta de lo fácil que sería estar sin horarios, sin planes, sin objetivos. Cuando le quitan su rutina normal, ¿qué hace? Es fácil ir a la deriva. Sin embargo, enseguida nos dimos cuenta de que hacerlo nos dejaba exhaustos al final del día. Es probable que usted haya descubierto lo mismo. Vivir la vida sin un plan diario conduce al desánimo y a la fatiga.

Así que aprendimos el poder de dar «el siguiente paso correcto». En otras palabras, aprendimos a seguir haciendo el trabajo asignado lo mejor posible. Puede que la pandemia cambie el tipo o la intensidad de nuestro trabajo, pero mientras Dios nos mantenga en la tierra, él tiene tareas para nosotros todos los días.

Encontré un estímulo en este sentido en algo que escribió J. R. Miller: «Tratamos de establecer nuestras tareas en *grandes secciones*. Pensamos en *años* más que en *momentos*; en el trabajo de una vida más que en actos individuales. Es difícil planear las tareas de un año; es fácil planear un solo día corto. Ningún hombre puede soportar la carga de las preocupaciones de un año, ¡todas juntas en una misma carga! Sin embargo, el hombre más débil puede llevar sin cansancio lo que de verdad le corresponde a *un día*».[18]

Dar el siguiente paso correcto es un gran consejo, y así es como Jesús nos enseña a vivir. Emily P. Freeman ha escrito mucho sobre esto y, en uno de sus libros, sostiene:

Muy a menudo, justo después de que Jesús realizara un milagro, daba algo sencillo para hacer.

Al leproso «le mandó que no lo dijese a nadie» y le dijo: «ve [...] muéstrate al sacerdote» (Lc 5:14).

Al paralítico le dijo: «... Levántate, toma tu lecho, y vete a tu casa» (v. 24).

A Jairo y a su mujer, después de resucitar a su hija de entre los muertos, cuando él tuvo su plena y total atención, y cuando era posible que juraran sus vidas por él, no les dio un sermón sobre dedicar sus vidas a él o sobre los grandes planes que tenía para su hija ahora que estaba viva. En cambio, les dijo que le dieran algo de comer (8:55). Después de resucitar a su hija de la muerte real, lo único que les dijo Jesús ante su embelesada atención fue que prepararan el almuerzo. A primera vista, eso parece un desperdicio de un público cautivo.

En lugar de un plan de vida, una visión clara o una lista de objetivos para cinco años, el leproso, el paralítico y Jairo y su mujer recibieron instrucciones claras de parte de Jesús sobre lo que debían hacer a continuación y solo *a continuación...*

¿Qué hay de nosotros? Sigamos las indicaciones de Jesús [...] considerando lo que significa para nosotros *ahora* dar el siguiente paso correcto. No el próximo gran paso. No el próximo paso impresionante. Solo el siguiente paso correcto que tenemos por delante.[19]

Emily hizo este descubrimiento sobre Jesús y el arte de dar el siguiente paso correcto durante sus dos últimos años de universidad. Dado que estacionar en el campus era una pesadilla, llegaba una hora antes para encontrar lugar. Durante su hora extra, empezó a escuchar el programa de radio de Elisabeth Elliot.

Un día, Elisabeth citó un viejo poema. Aunque Elisabeth había actualizado un poco el vocabulario, seguía teniendo su rústica sencillez. Ese poema impactó profundamente a Emily, quien buscó el original.

Ese poema se llamaba *Doe Ye Nexte Thynge*, de Minnie Paull, que era escritora, música y esposa de pastor. La versión revisada de Elisabeth se llamaba *Do the Next Thing* [Haga lo siguiente]. Este es el poema que impactó a Emily P. Freeman y también me ha conmovido a mí.

Este poema ha ayudado a tantas personas que quise terminar este capítulo ofreciéndole una parte de él:

> No tema los mañanas, hijo del Rey,
> Confíeselos a Jesús, *dé el paso siguiente*
> Hágalo de inmediato, hágalo en oración;
> Hágalo con dependencia, entregando toda preocupación;
> Hágalo con reverencia, buscando su mano
> que puso ante usted con una orden sincera.
> Permanezca en la Omnipotencia, seguro bajo su ala,
> entregue todos los resultados, *dé el paso siguiente*.[20]

Una sociedad sin efectivo. Criptomonedas. Personas con microchips. ¿Es esto de lo que hablaban los profetas cuando describieron un futuro en el que quienes compren y vendan tendrán que llevar una marca en particular: la marca de la bestia?

Cada vez es más difícil comprender todo esto cuando están apareciendo tantas señales en el mundo financiero. La codicia y el materialismo son constantes. La brecha entre ricos y pobres se está ampliando a un ritmo asombroso. El descontento es común cuando lo que tenemos no alcanza lo que pensamos que deberíamos tener.

Como creyentes, debemos enfrentar estas cosas con un entendimiento bíblico y un tono mesurado. Mientras mantenemos nuestros ojos bien abiertos a todo lo que sucede a nuestro alrededor, debemos enfocarnos en Cristo y confiar en él. El mundo financiero se volverá más caótico a medida que nos acerquemos al final de los tiempos. Sin embargo, ¡Jesucristo es el mismo ayer, hoy y por los siglos!

Capítulo 4

Una profecía financiera: El caos económico

Y que ninguno pudiese comprar ni vender,
sino el que tuviese la marca o el nombre de la bestia...
Apocalipsis 13:17

Con una elegante barba y una gorra de béisbol, Jowan Österlund se pone un par de guantes quirúrgicos y usa una toallita para esterilizar la parte superior de la mano de su cliente. Luego, con un golpe rápido, Österlund inserta una jeringa precargada en la piel del hombre. El hombre da un resoplido cuando un pequeño microchip, del tamaño de un grano de arroz y recubierto de vidrio de silicato, entra en su cuerpo. Se incrusta de manera invisible en su mano y el hombre exclama: «¡Soy un cíborg!».

¿Qué opina usted? ¿Esa escena es de una película de terror o de un programa de televisión distópico? ¿O podría ser de las noticias de la noche?

Adivinó. Este procedimiento no ocurrió en una película oscura o en el medio de una guarida criminal. Sucedió en las limpias y luminosas oficinas de una empresa de Suecia especializada en biochips, Biohax Internacional, donde Österlund es el director ejecutivo. Él estima que ha colocado más de seis mil chips en ciudadanos suecos durante los seis años que su compañía ha estado en el negocio.

El microchip que inyecta en los clientes utiliza tecnología de radio-frecuencia. Es posible que tenga un chip similar en su perro o gato. Ponerles chips a las mascotas es una forma popular de rastrearlas en caso de que se pierdan. Sin embargo, el microchip humano es más sofisticado y ofrece una gama más amplia de aplicaciones. El chip se puede usar para abrir puertas de seguridad o iniciar sesión en computadoras con solo un movimiento de la mano.

También se puede utilizar para pagos sin contacto. Cuando el chip está vinculado con cuentas bancarias o de crédito, los usuarios pueden acceder a los fondos deslizando su mano sobre las terminales de pago. Ya no se necesitan tarjetas de crédito reales. La tecnología se ha metido literalmente debajo de su piel.

¡Y pronto estará a una distancia de su mano! Los microchips incor-porados le ofrecerán un mundo sin llaves, billeteras u otros elementos gravosos, un mundo donde todo es accesible con solo un toque. En el futuro, dichos biochips detectarán enfermedades, controlarán sus signos vitales y enviarán mensajes instantáneos a su médico.

Claro que potencialmente podrían usarse para rastrear sus movi-mientos, revelar sus secretos e informar a un gobierno totalitario lo que está sintiendo y diciendo. ¿Emocionante? ¿Aterrador?

Österlund cree que el éxito de su empresa está relacionado con la cultura sueca de adoptar nuevas tecnologías, las cuales todavía asustan a las personas en otras partes del mundo. Él dijo: «La situación geopolítica históricamente nos da un tipo de confianza inicial mayor en el gobierno. Creo que mucha gente sería mucho más aprensiva en muchos países».[1]

Tal vez esté pensando: «¿La Biblia no dice algo sobre este tipo de cosas? ¿No he oído hablar de algo estampado en nuestras manos o frentes?».

¡Tiene razón! La evolución de la tecnología de chips biométricos nos recuerda una profecía que se encuentra en Apocalipsis 13:16-17, un pasaje que predice algo que sucederá al final de la historia durante la gran tribulación.

Y hacía que a todos, pequeños y grandes, ricos y pobres, libres y esclavos, se les pusiese una marca en la mano derecha, o en la frente; y que ninguno pudiese comprar ni vender, sino el que tuviese la marca o el nombre de la bestia, o el número de su nombre.

¿Podría la tecnología producida por Österlund y muchos otros ser un presagio de esta *marca de la bestia*? Vale la pena considerarlo. Esta tecnología está surgiendo más rápido de lo que creemos, y sospecho que pronto nos enfrentaremos a decisiones personales. El atractivo y la conveniencia de estas innovaciones son palpables, y la presión para someterse a ellas puede ser poderosa, especialmente si trabaja para una empresa, escuela o industria en la que esto se convierte en el comportamiento uniforme. Sus usos inocentes pueden ser tentadores.

¡Pero espere! Imagine esta tecnología en las manos equivocadas. ¿Podría llevarnos hacia los días en que un gobierno centralizado nos controlará, atacará, castigará o monitoreará? Toda tecnología, en manos equivocadas, puede convertirse en una herramienta del terror. La innovación científica y de alta tecnología está acercándose a nuestro mundo como meteoros fuera de control. Incluso su teléfono celular es cada vez más invasivo. Imagínese eso en las manos equivocadas.

Y las manos equivocadas ya están tomando el control.

Así que sí, sin ser dogmático o alarmista, parece que los chips biométricos podrían ser los precursores de Apocalipsis 13. Más adelante en este capítulo, analizaremos ese pasaje y sus ramificaciones en profundidad.

Por ahora, consideremos la afirmación de Österlund de que la gente en algunos países podría ser «aprensiva» a tener microchips o tecnología similar incrustados debajo de la piel. ¿Está en lo correcto? ¿La gente está rechazando la tecnología invasiva?

No lo parece. Veo multitudes de personas, naciones enteras, que eligen conectar sus vidas a dispositivos y pasar del mundo físico al digital sin mirar atrás. Esto incluye digitalizar nuestras relaciones, nuestras noticias, nuestro entretenimiento, nuestra política, nuestra salud. Y sí, incluso nuestro dinero.

El movimiento hacia las finanzas electrónicas comenzó a principios de la década de 1900 cuando los grandes almacenes y algunas compañías de gas comenzaron a emitir sus propias tarjetas patentadas. En 1946, John Biggins introdujo las tarjetas Charge-It y la tarjeta Diners Club apareció en 1950. American Express apareció en 1958 y, poco después, las compañías de tarjetas de crédito introdujeron la idea, muy lucrativa para ellos, del crédito renovable. Con la aparición de Internet, todo se digitalizó. Ahora, nos guste o no, todos confiamos en la seguridad y confiabilidad de los sistemas electrónicos y de los bancos masivos para administrar nuestros ahorros y manejar nuestras finanzas. Pocas personas meten el dinero debajo de sus camas o acumulan productos físicos como oro, joyas o efectivo.

Hoy, como sabrá por experiencia, la mayoría de los trabajadores reciben sus salarios como depósitos directos en sus cuentas bancarias, a las que acceden a través de sitios web y aplicaciones para teléfonos inteligentes. Podemos comprar casi cualquier cosa que queramos haciendo clic con un mouse o tocando con el dedo: entretenimiento descargable, fondos de inversión, artículos para el hogar e incluso casas enteras.

El efectivo y los cheques son prácticamente obsoletos. ¿Recuerda esas tarjetas de cumpleaños con una ranura especial para un cheque o un billete de un dólar? Ese es el regalo del ayer. Ahora los abuelos transfieren dinero de forma instantánea a través de aplicaciones como PayPal o Venmo. Un número creciente de iglesias recolecta sus diezmos a través de plataformas digitales. De hecho, fue crucial para muchas iglesias durante la pandemia cuando el acto de pasar una fuente de ofrendas se consideraba un riesgo para la salud.

Esa tendencia se ha acelerado en el siglo XXI. Según el estudio de pagos de la Reserva Federal de 2019, en Estados Unidos en 2018 se procesaron 174.200 millones de pagos no monetarios, lo que representó un aumento de más de 30.000 millones con respecto a 2015. ¡Esos pagos tenían un valor total de 97 *billones* de dólares! Además, en 2018 fue la primera vez que hubo más transferencias de débito por Cámara de Compensación Automatizada (ACH, por sus siglas en inglés) (16.600

millones) que pagos con cheques (14.500 millones). Para dar un poco de contexto, en el año 2000 solo se realizaron 2.100 millones de transferencias de débito y 42.600 millones de pagos con cheques.[2]

Por supuesto que todas esas tendencias recibieron una inyección de esteroides en 2020. Una encuesta realizada en medio de la pandemia descubrió que el 60 % de nosotros planeamos usar de forma exclusiva métodos de pago digitales o sin contacto en el futuro. Sorprendentemente, un tercio de los encuestados (32 %) estaba a favor de retirar de circulación todo el papel moneda y las monedas.[3]

Un elemento más merece ser mencionado: el auge de las monedas totalmente digitales, también conocidas como criptomonedas. Si bien las monedas nacionales como el dólar o el euro tienen el respaldo oficial de las reservas gubernamentales, las monedas digitales están descentralizadas. No tienen una base física en oro u otros activos tangibles. En cambio, las criptomonedas existen solo en el mundo del ciberespacio. Se producen en línea, se almacenan en línea y se gastan en línea.

Increíblemente, hoy hay más de 6.500 criptomonedas circulando en el mundo. La más famosa es Bitcoin, pero otras incluyen Ethereum, Dogecoin, Litecoin y más.[4]

Muchos ven estas monedas digitales como la ola del futuro. Se imaginan un mundo donde la moneda física se ha eliminado por completo y todas las transacciones se procesan digitalmente. Muchas voces incluso declaran la necesidad de una moneda digital del banco central (CBDC, por sus siglas en inglés), que sería una criptomoneda respaldada por el gobierno y diseñada para ser la moneda de curso legal de una nación, o quizás del mundo entero.

Como declaró un escritor: «CBDC reúne la conveniencia y seguridad de las criptomonedas y la circulación monetaria regulada y respaldada por las reservas del sistema bancario tradicional. CBDC probablemente cambiará las reglas del juego, lo que provocará un cambio rápido al ecosistema bancario a medida que más consumidores y empresas se adapten a una forma segura y de bajo costo de acumular, almacenar e intercambiar valor».[5]

Para mí, el aumento de las monedas digitales es más siniestro que espectacular, especialmente con el espectro de una forma de moneda digital patrocinada por el gobierno. La idea de que funcionarios del gobierno puedan acceder a los registros financieros y al historial de transacciones de los ciudadanos comunes es aterradora. Y la idea de que esos mismos funcionarios puedan piratear, retirar o congelar esos fondos con impunidad es espeluznante.

Cada vez más, la gente en el mundo occidental está comprando, vendiendo y entregando no con dinero físico (monedas y billetes) sino a través de una serie de toques en una pantalla pequeña. Nos encanta la comodidad de administrar nuestras cuentas desde nuestras manos. Para la mayoría de nosotros, esta tecnología todavía está en el exterior de nuestra mano, en nuestros teléfonos inteligentes; pero está a solo dos milímetros de donde Österlund le gustaría que estuviera: debajo de nuestra piel.

¿Qué significa todo esto para nuestro futuro? ¿Es una señal del fin de los tiempos? ¿Cómo afecta esto a los seguidores del Cordero en estos momentos, hoy? Vayamos a la Escritura para obtener algunas respuestas.

¿Qué significa esto?

Como hemos visto a lo largo de estas páginas, es difícil hacer declaraciones definitivas sobre acontecimientos futuros. Hay tantas variables en juego. Incluso cuando tenemos principios generales y profecías en la Palabra de Dios para guiarnos, debemos tener cuidado de convertir esos principios y profecías en predicciones específicas sobre personas, lugares y sucesos. No quiero dejar la impresión de que un biochip sueco es necesaria y definitivamente la marca bíblica de la bestia. No obstante, es difícil no ver algunas líneas de tendencia obvias, y hay una cosa que puedo decir con confianza: el dinero jugará un papel esencial en los acontecimientos futuros, incluido el fin de los tiempos.

El dinero siempre ha sido importante en el pasado, y todo lo relacionado con la economía es cada vez más importante en la actualidad. Es lo que impulsa nuestro mundo. Creo que podemos asumir que el dinero seguirá siendo importante en el futuro y que dominará nuestro mundo aún más en los días que vendrán.

La Biblia está llena de información sobre este tema. Específicamente, la Escritura revela que el dinero tendrá un impacto en los últimos tiempos, tanto antes como durante el período conocido como la tribulación. Hablemos sobre tres de las señales financieras más importantes del fin de los tiempos.

La adicción al dinero

¿Cómo se sentiría si alguien se ofreciera a darle 3,6 millones de dólares? ¡La mayoría de nosotros estaríamos eufóricos!

Sam Polk no. Como agente de Wall Street, Sam se codeaba todos los días con algunas de las personas más ricas del mundo. Sabía el poder que tenían, no solo financieramente, sino en todos los aspectos de la vida. Anhelaba el mismo tipo de importancia. Era un mundo de aire raro, un mundo en sí mismo.

¡Y estaba tan cerca! Un poco más y entraría en la vida que siempre había soñado vivir.

Sin embargo, cuando el jefe de Sam lo llamó a su oficina y declaró que su bono anual sería de 3,6 millones de dólares, Sam no se sintió eufórico. Él quería 8 millones de dólares y se enojó con la idea de una suma menor.

En sus palabras:

> Estaba enojado porque no era lo suficientemente grande. Tenía treinta años, no tenía niños que criar, deudas que pagar ni metas filantrópicas en mente. Quería más dinero exactamente por la misma razón por la que un alcohólico necesita otra bebida: era adicto.[6]

Un día, Sam Polk se vio a sí mismo en el espejo, por así decirlo. Estaba destrozado al ver en qué se había convertido. Cuando dejó Wall Street, formó una familia y se lanzó a una mejor vida para sí mismo. Pocas personas escapan de las garras de la codicia, así que felicito a Sam.

Solo Dios sabe cuántos Sam Polk hay en este mundo: personas adictas al dinero, a las riquezas, a las posesiones y a los sentimientos de poder que esos recursos pueden ofrecer. Seamos honestos. Hay algo de Sam Polk en usted y en mí, en todos nosotros. Solo un amor especial por Jesucristo nos mantendrá equilibrados.

Aquí es donde entra la profecía bíblica. Según la Escritura, la gente se volverá cada vez más codiciosa en los últimos tiempos. La Biblia dice: «También debes saber esto: que en los postreros días vendrán tiempos peligrosos. Porque habrá hombres [...] avaros...» (2 Ti 3:1-2).

Es fácil pensar en Wall Street cuando leemos esos versículos, pero debemos lidiar con esto de manera personal. Pablo dijo que el fin de los tiempos será un período definido por el rechazo de lo bueno y la aceptación de lo malo, gran parte de lo cual se centrará en un apetito por el dinero cada vez mayor.

Eso coincide con lo que Pablo le había escrito previamente a Timoteo: «Porque raíz de todos los males es el amor al dinero, el cual codiciando algunos, se extraviaron de la fe, y fueron traspasados de muchos dolores» (1 Ti 6:10).

Lea las palabras de John Piper sobre esto:

Dios trabaja con la moneda de la gracia, no con el dinero [...]. El dinero es la moneda de recursos humanos. Por lo tanto, el corazón que ama el dinero es el que pone sus esperanzas y pone su confianza en lo que los recursos humanos pueden ofrecer, y persigue sus placeres. Así que el amor al dinero es prácticamente lo mismo que poner la fe en el dinero, es decir, tener la convicción (confianza, esperanza, seguridad) de que el dinero suplirá nuestras necesidades y nos hará felices.[7]

¡Esto sucede en todas partes! Mucha gente intenta aislarse detrás de una fortaleza de materialismo. Ponen su esperanza en el dinero como medio para comprar protección, propósito, poder y placer. Llevan dinero en las mangas como gemelos para que otros los tengan en alta estima o al menos los envidien. Invierten todo en lo temporal e ignoran por completo lo eterno. Nuestra adicción a la riqueza solo se hará más fuerte a medida que nos acerquemos al final de la historia.

¡No deje que le pase a usted! Esta es nuestra cultura, pero no puede ser nuestro carácter. Más adelante en este capítulo, le daré algunas salvaguardas que me han ayudado.

La aceleración de la desigualdad

Los últimos tiempos también verán un aumento de la desigualdad. Como he estado diciendo, la tribulación es el período venidero de siete años en el cual Dios derramará su ira por completo sobre la maldad del mundo. Dentro del libro de Apocalipsis, los capítulos 6–19 describen este período futuro. Al comienzo de esta sección, en Apocalipsis 6, leemos sobre cosas que ocurrirán cerca del comienzo de la tribulación, por ejemplo, esto:

> Cuando abrió el tercer sello, oí al tercer ser viviente, que decía: Ven y mira. Y miré, y he aquí un caballo negro; y el que lo montaba tenía una balanza en la mano. Y oí una voz de en medio de los cuatro seres vivientes, que decía: Dos libras de trigo por un denario, y seis libras de cebada por un denario; pero no dañes el aceite ni el vino. (vv. 5-6)

Este pasaje describe el tercer «sello» del juicio durante la tribulación. Pinta un cuadro de hambruna mundial. Este es un momento de juicio en que los recursos serán escasos, lo que empujará a muchos a la pobreza, al hambre y a la desesperación. En aquellos días, un denario equivalía al salario de un día. De manera alarmante, el versículo 6 dice que dos libras de trigo se venderán por un denario durante el período de la tribulación. Dos libras de trigo no eran mucho. Tampoco lo eran seis libras de cebada.

Imagínese un día de trabajo agotador y recibir solo dos libras de grano. La Nueva Traducción Viviente lo expresa de esta manera: «… Un pan de trigo o tres panes de cebada costarán el salario de un día. Y no desperdicies el aceite de oliva y el vino».

Estos versículos describen un período en que los productos y suministros básicos serán tremendamente caros debido a la condición más amplia del mundo. Pero fíjese que no todos se verán afectados por igual. El final del versículo 6 dice: «No dañes el aceite ni el vino». Mientras que el trigo y la cebada eran alimentos para la gente común en la época de Juan, el aceite y el vino eran más como artículos de lujo. Estaban reservados principalmente para aquellos con más recursos.

En resumen, la tribulación será un período de extrema desigualdad económica. La mayoría de las personas tendrán dificultades para encontrar suministros básicos que satisfagan sus necesidades. Sin embargo, algunos, tal vez los que se entregaron más plenamente a una adicción al dinero antes de la tribulación, acumularán grandes cantidades de riqueza para ellos mismos. Continuarán disfrutando de un lujoso estilo de vida incluso en tiempos de escasez.

Una vez más, vemos estas tendencias en el mundo de hoy. De hecho, la desigualdad de ingresos se ha disparado en los últimos años, tanto en Estados Unidos como en todo el mundo.

Según el Informe de riqueza global de Credit Suisse, el 1 % de la población actual del mundo posee alrededor del 44 % de la riqueza mundial. ¡El 1 %! Y la desigualdad aumenta cuanto más se sube en la escala. Por ejemplo, las personas que poseen más de 30 millones de dólares

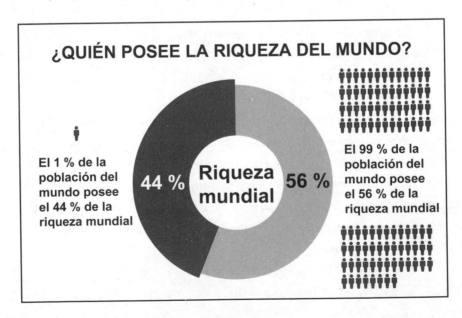

¿QUIÉN POSEE LA RIQUEZA DEL MUNDO?

El 1 % de la población del mundo posee el 44 % de la riqueza mundial

44 % Riqueza mundial 56 %

El 99 % de la población del mundo posee el 56 % de la riqueza mundial constituyen el 0,002 % de la población mundial; pero esas personas poseen el 6 % de la riqueza mundial.[8]

Debido a que la desigualdad financiera existe en nuestro mundo, las economías en crecimiento no necesariamente benefician a todos, en particular a aquellos que ocupan los peldaños inferiores de la escalera. En los últimos cuarenta años, por ejemplo, los salarios de los trabajadores promedio han aumentado alrededor de un 11 %, mientras que los salarios de los directores ejecutivos han tenido un impactante aumento del 1.000 %. Si hoy realiza una comparación, los directores ejecutivos ganan 278 veces lo que ganan sus empleados en un año determinado.[9]

Esta es otra área en la que la pandemia de COVID-19 puso en marcha los cohetes equivocados. Mientras que millones de estadounidenses perdían sus trabajos en 2020, el patrimonio neto de los multimillonarios estadounidenses aumentaba un 35 %, de 3,4 billones de dólares en enero de 2020 a 4,6 billones de dólares en mayo de 2021. Como era de esperar, los más ricos obtuvieron las mayores ganancias durante la crisis. Jeff Bezos vio cómo su fortuna personal aumentaba la asombrosa cifra de 86.000 millones de dólares en poco más de un año y así se convertía en la primera persona del mundo en valer más de 200.000 millones de dólares.[10] Tiene más dólares de lo que el Amazonas tiene gotas de agua.

Como dice el viejo refrán: «Los ricos se vuelven más ricos y los pobres se vuelven más pobres».

Hoy estamos viendo la verdad de esa frase, y veremos niveles más grandes de desigualdad a medida que nos vayamos acercando a la tribulación.

La adoración al anticristo

El siglo XX estuvo plagado de algunos de los peores engañadores y practicantes del cultismo de la historia. Los nombres más reconocidos incluyen a Jim Jones, David Koresh, Charles Manson y Marshall Applewhite. Y, por supuesto, otros cientos de personas han utilizado su personalidad e influencia para corromper a los que vagan por sus órbitas.

Un ejemplo reciente es el de un hombre llamado Keith Raniere, líder del culto NXIVM de Nueva York. En la superficie, NXIVM se clasificó a sí misma como una organización de autoayuda. La misión declarada de la empresa era «crear conciencia humana y celebrar lo que significa ser humano». A partir de la década de 1990, Raniere y sus compinches organizaron seminarios regulares, muchos de los cuales costaban decenas de miles de dólares para asistir, que afirmaban ayudar a las personas a superar momentos significativos de trauma al «integrar» esas experiencias en sus vidas. A estas conferencias y otros eventos asistieron unas 18.000 personas.

Sin embargo, debajo de la superficie, Raniere y sus facilitadores jugaban un juego más siniestro. Utilizaban sus seminarios para identificar a mujeres vulnerables, algunas de tan solo quince años, que estaban desesperadas por conectarse y curarse. Raniere, un depredador sexual, se aprovechaba de estas mujeres de manera emocional, económica y física. Les exigía que enviaran fotografías vergonzosas de sí mismas para evitar que rompieran su control sobre sus vidas, e incluso marcó sus propias iniciales en la piel de las mujeres.

Finalmente, el culto fue descubierto cuando varias víctimas valientes se pusieron en contacto con las autoridades federales y denunciaron a Raniere, quien fue sentenciado a ciento veinte años de prisión.[11]

Así como la adicción financiera y la creciente desigualdad evocan escenas del futuro, estos líderes de culto presagian la intensa adoración que la gente sentirá por el anticristo y sus secuaces durante la tribulación. El hombre de iniquidad será la personificación del carisma. La gente hará cualquier cosa para verlo.

Sin embargo, la Biblia da una idea más clara de él. Apocalipsis 13 lo describe como una bestia que sube del mar (v. 1). Este último dictador gobernará el mundo durante los últimos tiempos. No estará solo. Unos versículos más adelante, Juan vio una segunda bestia «que subía de la tierra» (v. 11). A esta bestia se la conoce como el falso profeta. Tendrá una tarea suprema: dirigir a la humanidad hacia el anticristo. Será una versión opuesta y perversa de cómo el Espíritu Santo dirige a las personas hacia Jesucristo.

En la visión de Juan, se nos dice que esta bestia «... tenía dos cuernos semejantes a los de un cordero, pero hablaba como dragón» (v. 11). En otras palabras, Satanás hará que su falso profeta parezca un cordero manso y sumiso, cuando, en realidad, tendrá el corazón de un destructor.

Satanás será el poder detrás de todo. El anticristo será el líder político durante la tribulación, y el falso profeta será su líder espiritual y económico. Podrá lograr cosas increíbles, como devolverle la vida al anticristo después de una herida mortal y hacer que una imagen idólatra hable. El falso profeta también llevará a la gente a adorar al anticristo. Su influencia será sobrenatural y demoníaca.

Para nuestro propósito aquí, quiero dirigir su atención al poder económico del falso profeta. Vea de qué estará a cargo:

Y hacía que a todos, pequeños y grandes, ricos y pobres, libres y esclavos, se les pusiese una marca en la mano derecha, o en la frente; y que ninguno pudiese comprar ni vender, sino el que tuviese la marca o el nombre de la bestia, o el número de su nombre. Aquí hay sabiduría. El que tiene entendimiento, cuente el número de la bestia, pues es número de hombre. Y su número es seiscientos sesenta y seis (vv. 16-18).

Millonarios e indigentes, libres y esclavos, todos se verán obligados a recibir esta marca de la bestia. Nadie quedará exento. ¿Por qué? Sin esta marca, la gente no podrá comprar ni vender nada.

El acceso económico y las oportunidades desaparecerán para cualquiera que se resista al anticristo y al falso profeta.

¿Cuál será esta marca? ¿Podría ser un microchip en la mano o alguna otra tecnología emergente, como la que discutimos al comienzo de este capítulo? Nuevamente, es posible. No lo sabemos con certeza porque la Escritura no brinda detalles. Sin embargo, creo que es importante explorar los antecedentes de lo que significaba esta marca para Juan y para los primeros cristianos.

El Nuevo Testamento fue escrito en un principio en el idioma común de la época, que era el griego. La palabra para «marca» en el griego del primer siglo era *járagma*. Ese término en particular siempre estuvo relacionado con el emperador de Roma y a menudo contenía no solo el nombre del emperador, sino también su efigie y el año de su reinado. (Piense en el rostro de George Washington en un billete de un dólar, por ejemplo.) El *járagma* también era necesario para la compra y venta, y debía colocarse en todo tipo de documentos para dar fe de su validez como sello oficial.

De manera similar, la marca de la bestia indicará que el portador es un adorador de la bestia, alguien que se somete a su gobierno. Quienes rechacen esa marca serán traidores. Es probable que mueran de hambre mientras huyen y que los maten en el acto cuando sean capturados.

En palabras de un estudioso:

> Lo que se describe es una tremenda unión en la que el capital y el trabajo están sujetos al control y la dirección de un solo hombre. Cualquiera que esté fuera de esa gran combinación será boicoteado sin compasión; nadie trabajará para él ni lo empleará; nadie comprará sus productos ni le venderá bienes [...]. Este hombre se enfrentará a la bancarrota y el hambre.[12]

Aún más aterrador, Satanás y el anticristo crearán una unión entre la religión y la economía durante el período de la tribulación. No habrá lugar para la libertad de culto. No habrá libertad de expresión ni libertad de ideas. No habrá libertad de elección. En otras palabras, el mundo entero se verá obligado a un culto de proporciones masivas y de poder casi imparable. El anticristo estará en la cima de este culto, con su falso profeta a su lado. Su ley inflexible será: «Adóreme o muera». Y utilizarán las presiones económicas para azotar a quienes se les resistan.

¿Hacia dónde vamos ahora?

Quizás todo esto le parezca siniestro. Claro que sí. Me parece igual. Es natural. Después de todo, estamos explorando acontecimientos futuros que serán terribles en su alcance e importancia. No solo eso, sino que ya podemos ver las nubes lejanas de la tormenta que se avecina. Ya existe tecnología que puede posibilitar la unión económica y religiosa que resume la marca de la bestia. La adicción al dinero es un problema legítimo en muchas culturas de todo el mundo. La existencia de la desigualdad económica está aquí, y la cultura está lista para que surja una figura de culto.

Podemos ser conscientes de estas tendencias sin alarmarnos. El miedo no es nuestra única opción. Como seguidor de Cristo, usted es un hijo de Dios. Es un miembro elegido de su reino. Es su discípulo y su amigo. Es parte de la familia, está incluido en el pueblo santo y la nación real que se ha dedicado a cambiar el mundo a través del evangelio de Cristo.

Puede responder al peligro apocalíptico con determinación enfática y sabiduría oportuna, de la siguiente manera:

Determine el cálculo del costo

Empiece siguiendo el ejemplo de uno de los mejores atletas del mundo. El 3 de junio de 2017, Alex Honnold conmocionó al mundo del alpinismo profesional al escalar en solitario libre El Capitán en el Parque Nacional Yosemite de California, un logro que muchos otros en el mundo, incluidos escaladores profesionales, creían imposible.

El Capitán es una pared de granito de unos 900 metros (3.000 pies) de altura en el Valle de Yosemite. Su altura supera a cualquier rascacielos del mundo, incluida la torre Burj Khalifa de Dubái, que se eleva unos 800 metros (media milla) hacia el cielo. Debido a su belleza prístina, El Capitán es uno de los monumentos naturales más famosos del mundo y ocupa un lugar especial entre los escaladores. Es el monte Everest de las paredes rocosas.

Los mejores escaladores encuentran en El Capitán un desafío abrumador en las mejores condiciones; pero Alex Honnold eligió escalar la pared rocosa en solitario libre. Eso significa que escaló El Capitán sin cuerdas, sin arneses de seguridad, sin anclas. Las únicas herramientas que Alex usó para su ascenso fueron sus manos y pies, junto con una sola bolsa de tiza. Un error durante la escalada habría enviado a Alex a la muerte. Si hubiera sido mi nieto, no podría haberlo visto. La escalada duró casi cuatro horas y cada minuto era estresante; pero cuando Alex llegó a la cima, hizo historia.

Como era de esperar, Alex no se tomó a la ligera una escalada con tanta presión y peligro. Pasó años preparándose para su intento. ¡Sí, años! Él planeó, practicó, se preparó para todas las contingencias posibles y amplió sus habilidades de todas las formas imaginables.

Él les contó a los periodistas: «En mi caso, la razón por la que pasé tanto tiempo preparándome es porque me daba mucho temor. Pensaba que era una locura y me invadía el miedo. Con suficiente preparación, ya no era tan escalofriante. Sabía que podía hacerlo».

Y añadió: «Si tuviera que elegir una lección para aprender, elegiría la preparación y el trabajo, no detenerme por algo que parece imposible».[13]

En otras palabras, Alex Honnold calculó el costo antes de arriesgar su vida. En el Evangelio de Lucas, Jesús aconsejó a sus seguidores que hicieran lo mismo:

> Porque ¿quién de vosotros, queriendo edificar una torre, no se sienta primero y calcula los gastos, a ver si tiene lo que necesita para acabarla? No sea que después que haya puesto el cimiento, y no pueda acabarla, todos los que lo vean comiencen a hacer burla de él, diciendo: Este hombre comenzó a edificar, y no pudo acabar. [...] Así, pues, cualquiera de vosotros que no renuncia a todo lo que posee, no puede ser mi discípulo. (14:28-30, 33)

Seguir a Jesús tiene un costo. A lo largo de la historia, muchos cristianos han pagado ese costo con sus vidas. Otros lo han pagado con su reputación, su conveniencia, sus relaciones, su libertad e incluso su salud y riqueza. Cuando Cristo es todo, todo lo demás es nada en comparación.

Tal vez usted no haya perdido sus medios ni su vida. Es probable que muchos de nosotros en Occidente hayamos pagado un costo mínimo para seguir a Cristo. Sin embargo, nuestras circunstancias pueden cambiar.

En algún momento, *cambiarán*, probablemente más pronto que tarde. A medida que el mundo se aleja más de los valores de Dios y el tiempo se acerca al armagedón, llegaremos a un punto en el que proclamar el nombre de Jesús requerirá un sacrificio. Incluso un sacrificio significativo. Quizás todo.

Pero ¿no preferiría tener a Jesús antes que cualquier cosa que este mundo ofrece? Tomémonos este momento para calcular el costo, de manera realista pero optimista. Podemos colocar a un lado de la balanza todos los adornos del sueño americano y de la forma de vida moderna: nuestras riquezas, nuestras posesiones, nuestra comodidad, nuestra carrera, y demás. En el otro lado de la balanza, coloque la increíble e impensable bendición de la vida eterna en la presencia de nuestro Salvador.

Sé qué lado de la balanza es más valioso para mí. Estoy seguro de que mientras hace sus propios cálculos y determina su costo individual por seguir a Cristo, dirá junto con el apóstol Pablo: «¡Oh profundidad de las riquezas de la sabiduría y de la ciencia de Dios!» (Ro 11:33).

Determine tener confianza

La maravillosa noticia de vivir para Jesús es que no solo podemos experimentar las riquezas de la sabiduría y de la ciencia de Dios, sino que también podemos confiar en la realidad de la presencia de Dios en este momento. No importa el costo que podamos pagar para seguir a Cristo, nunca sacrificaremos nuestra conexión con él.

El autor de Hebreos lo expresó de esta manera:

… porque él dijo: No te desampararé, ni te dejaré; de manera que podemos decir confiadamente: El Señor es mi ayudador; no temeré lo que me pueda hacer el hombre. (13:5-6)

Esta es quizás la declaración más enfática del Nuevo Testamento. El griego contiene dos dobles negativos, lo que significa que podría traducirse de esta manera: «*No, nunca* te desampararé. *No, tampoco* te dejaré».

No importa lo que suceda en su vida, Dios siempre estará ahí. ¡Él nunca lo abandonará! En lugar de verse tentado a ceder al continuo pedido de la cultura por más, puedes declarar su confianza en Dios, y solo en él. Él es su ayudador. Él es su sustentador, su proveedor. Él siempre estará allí.

El cristiano confiado sabe que se encuentra en un lugar seguro. No puede ser tocado por nada que el Señor no permita. El cristiano confiado puede mantenerse firme en medio de las pruebas porque sabe que Dios es suficiente para cualquier situación que pueda enfrentar.

Me encanta cómo David expresó este sentimiento: «Jehová es mi luz y mi salvación; ¿de quién temeré? Jehová es la fortaleza de mi vida; ¿de quién he de atemorizarme? (Sal 27:1).

Como tenemos al Señor, nunca podemos quedarnos sin un amigo, un tesoro o un lugar donde vivir. Esto debería ayudarnos a sentirnos independientes de la humanidad y todos sus esquemas. Cuando permanecemos tan asombrados del Señor vivo, el mundo mentiroso pierde su poder sobre nosotros.

Déjeme decirlo de nuevo: ¡no debe tener miedo! Incluso si nuestra cultura continúa por el camino de la codicia, adictos a un amor insalubre e insostenible por el dinero, no tiene que andar por ese camino. No tiene que creer el engaño que se ha apoderado de todos los demás. ¡No se conforme con nada menos que las riquezas de la bondad, el amor, la misericordia y la provisión de Dios, que él puede verter en su vida como ríos del cielo! Decídase a tener confianza en Dios, porque la Biblia dice: «En descanso y en reposo seréis salvos; en quietud y en confianza será vuestra fortaleza…» (Is 30:15).

Determine estar contento

Por último, como Dios nunca nos desamparará ni nos dejará, podemos estar contentos con lo que tenemos. A medida que el globo gira, la adoración a la riqueza se acelerará; pero la Biblia puede evitar que cedamos a estas presiones. Hay un secreto increíble que quiero contarle. Con la autoridad de la Escritura, puedo decirle cómo distanciarse de un estilo de vida materialista. Es desarrollando una actitud bíblica sencilla: el contentamiento.

Dos pasajes de la Escritura me vienen a la mente al instante:

- «Sean vuestras costumbres sin avaricia, contentos con lo que tenéis ahora...» (Heb 13.5).
- «El que ama el dinero, no se saciará de dinero; y el que ama el mucho tener, no sacará fruto. También esto es vanidad» (Ec 5:10).

La codicia es sutil porque es una condición dentro de nuestras mentes. Es la transgresión invisible que nadie más ve. Puede actuar por fuera, pero por dentro puede estar agonizando, codiciando y siendo consumido por el deseo de tener lo que otra persona tiene.

La codicia es un crimen espiritual interno que, si no se controla, con el tiempo se manifestará en el exterior.

El escritor de Hebreos nos dijo cómo reemplazar la codicia con el contentamiento.

La palabra griega para *contentamiento* significa «satisfecho», «adecuado», «competente» o «suficiente». El mismo término se usa en 2 Corintios 12:9, cuando Dios le dijo a Pablo: «Bástate mi gracia».

Alguien ha dicho: «El contentamiento cristiano es la capacidad dada por Dios de estar satisfecho con la provisión amorosa de Dios en cualquier situación».

Quizás esto le preocupa. Piensa para sí mismo: «No nací con contentamiento en mis genes. No me siento satisfecho con mi vida ni con mis posesiones. A menudo me encuentro queriendo más».

¡No deje que eso le moleste, porque tengo buenas noticias! Según la epístola de Pablo a la iglesia en Filipos, el contentamiento es algo que aprendemos. Este es el testimonio del propio apóstol:

No lo digo porque tenga escasez, pues he aprendido a contentarme, cualquiera que sea mi situación. Sé vivir humildemente, y sé tener abundancia; en todo y por todo estoy enseñado, así para estar saciado

como para tener hambre, así para tener abundancia como para pade-
cer necesidad. Todo lo puedo en Cristo que me fortalece. (Flm 4:11-13)

Pablo no nació santo. No vino al mundo con una gran reserva de
contentamiento. En cambio, aprendió el contentamiento a través de
la experiencia, que incluía tanto la comodidad como las dificultades.
Aprendió el contentamiento evaluando honestamente el valor de la
riqueza en oposición al valor de su conexión con Cristo. Y aprendió el
contentamiento a través del influjo continuo y la influencia del Espíritu
de Dios en su vida. Parecía ser igual de feliz en la casa de un amigo o
encadenado en una celda romana.

Lo mismo puede ser cierto para usted.

¿Recuerda la historia de Sam Polk que vimos anteriormente en este
capítulo? ¿El hombre que se enfadó cuando sus jefes de Wall Street le
ofrecieron un bono de 3,6 millones de dólares? Increíblemente, incluso
Sam Polk aprendió el valor del contentamiento.

A medida que se enredaba cada vez más en la cultura de Wall Street,
Polk finalmente vio el vacío de todo. Vio la forma en que los agentes vete-
ranos parecían incapaces de pensar en los demás o de evaluar el impacto
que sus acciones tenían en la gente «normal». Lo único en lo que podían
pensar era en dinero. Y más dinero. Y más de todo lo que el dinero podía
comprar.

Él dijo: «Mi sueño era ser multimillonario. Un multimillonario era
un héroe. El hecho de que mi jefe (que era multimillonario) era un egoísta
me hizo darme cuenta de que no había un punto final».

Con la ayuda de un terapeuta, Sam comenzó a ver lo que estaba
sucediendo en su propio corazón. «Estaba tratando de llenar este vacío
dentro de mí, esta sensación de inutilidad —expresó—. La única forma
en que pensaba que era valioso era [...] con millones de dólares, un gran
apartamento en Bond Street; esas cosas que obtienes cuando estás en
Wall Street. Entonces me di cuenta de que el vacío todavía estaba allí».

Como mencioné antes, Sam Polk finalmente dejó su trabajo en Wall
Street, aunque tuvo que devolver casi 2 millones de dólares en bonos.

Él vio el peligro de en lo que se estaba convirtiendo y soltó su precioso dinero para encontrar la libertad, para encontrar contentamiento. Luego, Polk fundó una organización sin fines de lucro llamada GroceryShips, que le permitió brindar alimentos saludables y un plan para escapar de la obesidad a los residentes de barrios empobrecidos.[14]

Sí, el enfoque que tiene nuestro mundo sobre el dinero es preocupante, incluso alarmante. No obstante, podemos evitar el peligro que enfrenta nuestra cultura cuando decidimos calcular el costo (¡y los beneficios!) de seguir a Cristo, cuando elegimos permanecer confiados en su presencia y cuando aprendemos a estar contentos con su provisión en nuestras vidas.

Como alguien dijo: «¡Puede tomar el mundo, pero deme a Jesús!».

Tal vez, hay pocas cosas más desgarradoras y desalentadoras en la vida cristiana que ver a alguien apostatar y abandonar la fe. Desde nuestros amigos y familia hasta pastores y autores prominentes, más y más personas que se dijeron cristianas pierden su primer amor, cambian de parecer y se van tras los ídolos de la independencia, de la fama y del dinero.

¿Qué significa esto para la iglesia de Dios? ¿Debería provocar que dudemos de la verdad del evangelio? ¿Cómo evitaremos apostatar también?

En este capítulo, enfrentaremos las noticias desalentadoras de la apostasía moderna y descubriremos que este problema señala el final de los tiempos. A medida que vemos la luz de otros comenzar a desvanecerse, debemos estar alerta y recordar que Aquel que comenzó en nosotros la buena obra ha prometido terminarla.

Capítulo 5

Una profecía teológica: La apostasía

El día del Señor [...] no vendrá
sin que antes venga la apostasía.
2 Tesalonicenses 2:2-3

Imagine escribir su primer libro a los veintidós y verlo llegar a prácticamente todas las listas de más vendidos. Hace unos años, eso le sucedió a un pastor estadounidense. Su libro ofrecía consejos bíblicos en cuanto al amor y a las relaciones y animó a miles de jóvenes a tomar mejores decisiones. Aquí está una cita de sus páginas: «El mundo nos lleva a la pantalla grande sobre la cual se proyectan imágenes de pasión y romance, y mientras nosotros las observamos el mundo nos dice: "Así es el amor". Dios nos lleva al pie de un madero sobre el cual cuelga el cuerpo ensangrentado y semidesnudo de un hombre, y nos dice: *"Así* es el amor"».[1]

¡Esas frases sí que son penetrantes! No es de sorprender que este pastor se volviera reconocido por sus conferencias, escritos y consejos, así como por casi dos décadas de ministerio pastoral en una iglesia local. Sin embargo, en 2019, anunció que su matrimonio se había terminado.

Luego, en una publicación de seguimiento en Instagram, reveló algo incluso más perturbador:

> He pasado por un enorme cambio en cuanto a mi fe en Jesús. La frase popular para esto es «deconstrucción», la frase bíblica es «apartarse». Por todas las medidas de lo que define a un cristiano, yo no lo soy. Muchas personas me dicen que hay una manera diferente de practicar la fe y quiero mantenerme abierto a esa posibilidad, pero todavía no estoy allí.[2]

Esto me parte el corazón, en especial porque no está solo. Muchos otros parecen estar apostatando de Cristo y de Su evangelio. Recientemente, vi una página de opinión con este título: «Todos están abandonando el cristianismo. Pocos saben a dónde van».[3]

Este abandono de la fe bíblica está sucediendo tan a menudo que se ha inventado una nueva palabra. Estos desertores ya no son evangélicos; son exevangélicos.

¿Qué es eso? ¿Y qué significa?

Esta «apostasía» no es un fenómeno nuevo. A lo largo de la historia, muchos han tomado la bandera de Cristo, solo para después abandonarla. Incluso la primera generación de cristianos enfrentó este reto.

¿Conoces lo que le sucedió a Demas? Cuando Pablo escribió a los colosenses y a Filemón, les envió saludos de su colaborador Demas, quien estaba a su lado (Col 4:14; Flm 1:24). Sin embargo, en su última carta, Pablo le dijo a Timoteo: «Demas me ha desamparado, amando este mundo» (2 Ti 4:10).

Otro libro de la Biblia se enfoca en este tema, la corta epístola de Judas, escrita por el medio hermano de nuestro Señor, el hijo de José y de María. Es el antepenúltimo libro de la Biblia y Judas afirmó su propósito de manera concisa: «[contender] ardientemente por la fe que ha sido una vez dada a los santos» (v. 3).

Darme cuenta de que los apóstoles se enfrentaron al mismo problema actual de la apostasía me ayuda. Sin embargo, la tendencia hacia la apostasía parece estarse acelerando en nuestros tiempos. Casi titubeo para leer sitios de noticias cristianas porque no quiero escuchar de otro pastor que ha caído o de otro creyente prominente que rechaza la fe. Los últimos titulares no son de mucho ánimo y tampoco lo son las estadísticas.

Existen más de setenta y dos millones de mileniales en Estados Unidos, casi una cuarta parte de la población.[4] Un creciente porcentaje de esa generación ha dejado cualquier tipo de fe y ha elegido identificarse como «arreligioso». En 2008, una investigación observó que cerca de una tercera parte de los mileniales (31,9 %) se describe a sí mismo como sin afiliaciones religiosas. Tan solo diez años después, ese número era 42,7 %.[5]

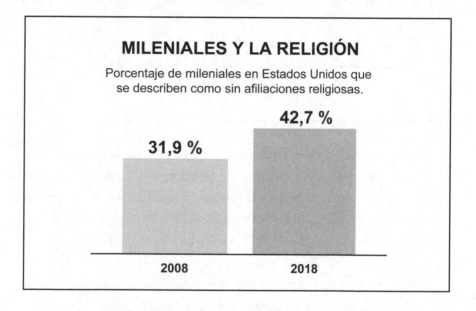

MILENIALES Y LA RELIGIÓN

Porcentaje de mileniales en Estados Unidos que se describen como sin afiliaciones religiosas.

42,7 %

31,9 %

2008   2018

Existen números más alarmantes. La membresía en iglesias en Estados Unidos ha sufrido un declive desde hace décadas. Cuando Gallup midió por primera vez la membresía en iglesias de Estados Unidos en 1937, el número fue de 73 %. Incluso en los años 80, más del 70 % de los adultos estadounidenses eran miembros de una iglesia. En el año 2000, era el 65 %. Para el 2010, era el 59 %. En 2020, era el 50 %. Ahora, menos de la mitad de los estadounidenses pertenecen a una iglesia local, con un declive correspondiente en la asistencia regular a la iglesia.[6]

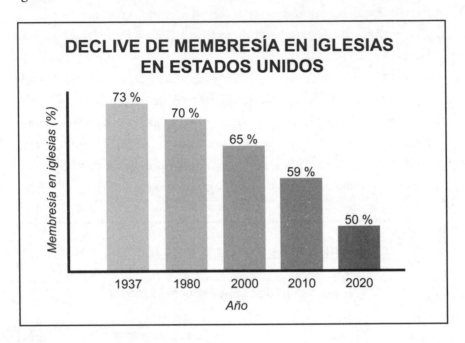

DECLIVE DE MEMBRESÍA EN IGLESIAS EN ESTADOS UNIDOS

Pero el asunto principal no es que la gente se aleja de la iglesia ni de la fe. Estamos hablando de alejarse de Jesús mismo. Estamos hablando de pámpanos que se arrancan a sí mismos de la vid. Estas personas, las palabras son duras, han «pisoteado al Hijo de Dios [...] profanado la sangre del pacto por la cual había sido santificado [...] insultado al Espíritu de la gracia» (Heb 10:29, NVI).

¿Recuerdas a Judas, el discípulo? Él es el ejemplo más claro de apostasía en la Biblia. Él estuvo en el círculo más cercano de Jesús. Tuvo acceso más íntimo a Cristo que cualquier otra persona de su tiempo; caminó y habló con el Salvador, presenció los milagros y las vidas transformadas. No obstante, Judas apostató.

También lo hizo un pastor aquí en California. Tras varias instancias de criticar la perspectiva bíblica de la sexualidad, le pidieron a este hombre que renunciara de la iglesia. También perdió su puesto como maestro en dos universidades. Como resultado, intentó vivir un año sin Dios. En sus propias palabras, planeaba «probar» el ateísmo como propósito de Año Nuevo.

«Durante los siguientes doce meses, viviré como si Dios no existiera —escribió—. No oraré, ni leeré la Biblia para inspirarme, ni me referiré a Dios como la causa de las cosas ni esperaré que Dios intervenga y cambie mis circunstancias ni las de nadie más».[7]

Al final de su experimento, rechazó de manera oficial su creencia de toda la vida y declaró en un programa de radio nacional: «No creo que Dios exista».[8]

De nuevo, este hombre no solo se apartó de la iglesia y de la fe. Escogió abandonar al Salvador y eso lo dejó sin nada excepto el ateísmo; literalmente, fe en nada.

Me ha sorprendido en años recientes que supuestos pastores del rebaño de Dios han cuestionado elementos fundamentales de la doctrina cristiana, incluyendo:

- **La deidad de Cristo.** En los primeros días del cristianismo, un hereje llamado Arrio ganó popularidad por enseñar que Jesús no tenía la misma naturaleza que Dios el Padre. Arrio afirmaba que Jesús era un simple hombre y su doctrina amenazó con inundar la iglesia hasta que esta herejía fue rechazada en el concilio de Nicea. Sin embargo, el arrianismo ha encontrado nueva vida hoy en aquellos que afirman que Jesús fue un gran maestro de moralidad y un maravilloso ejemplo que debemos seguir, pero nada más. Ellos rechazan la verdad bíblica de que Jesús es completamente humano y completamente Dios.
- **La resurrección de Cristo.** Si visitaras muchos seminarios hoy, te sorprendería el número de profesores que rechazan los eventos sobrenaturales de la Escritura. Ellos ven momentos clave como la división del Mar Rojo, el rescate de Sadrac, Mesac y Abed-nego del horno de fuego, el nacimiento virginal de Jesús y, sí, incluso la resurrección de Cristo, como simples fábulas. Historias con una buena moraleja, pero nada más.

- **La perspectiva bíblica de la sexualidad y del matrimonio.** Tal vez más que cualquier otro tema, la posición clara y firme de la Biblia en cuanto a la sexualidad humana ha chocado con la insistencia de la cultura occidental en la tolerancia a cualquier precio. En lugar de arriesgarse a ser vistos como intolerantes, muchas iglesias y denominaciones han rechazado la Escritura para aceptar las arenas movedizas del secularismo.

- **La salvación solo por Cristo.** Me consterna el número de líderes de iglesias que rechazan las palabras de Jesús: «Yo soy el camino, y la verdad, y la vida; nadie viene al Padre, sino por mí» (Jn 14:6). En cambio, afirman que Cristo es un camino al cielo entre muchos otros y, al hacerlo, hacen extraviarse a muchos.

Si Judas el hermano del Señor estuviera vivo hoy, se daría cuenta de esto. Y también nosotros deberíamos hacerlo.

Pero no debemos perder la esperanza; aún la hay a pesar de la apostasía. Dios conoce a los Suyos y Él los llevará a salvo a casa. Jesús dijo: «Yo les doy vida eterna; y no perecerán jamás, ni nadie las arrebatará de mi mano. Mi Padre que me las dio, es mayor que todos, y nadie las puede arrebatar de la mano de mi Padre» (Jn 10:28-29).

Pablo expresó la misma esperanza cuando declaró: «El que comenzó en vosotros la buena obra, la perfeccionará hasta el día de Jesucristo» (Flm 1:6).

Y, no olvidemos el libro de Judas, que termina alabando a «aquel que es poderoso para guardaros sin caída, y presentaros sin mancha delante de su gloria con gran alegría» (v. 24).

¿Qué significa esto?

Cuando comenzaba en el ministerio, la apostasía era un tema común. O, tal vez debería decir, la «supuesta apostasía». Estaba la supuesta apostasía del cabello largo en los hombres y de las minifaldas en mujeres. Estaba la supuesta apostasía de bailar y de asistir al cine. Estaba la supuesta apostasía de tener compañerismo con otros cristianos que no se alineaban de manera perfecta con todas tus convicciones personales.

Un poco después de inscribirme en el seminario, descubrí qué es la verdadera apostasía. De hecho, descubrí que era algo mucho más mortífero que cualquier cosa que mencioné en la lista anterior. En realidad, la verdadera apostasía es tremendamente más letal que todas estas cosas juntas.

LAS NEGACIONES DE LOS APÓSTATAS DE LOS ÚLTIMOS TIEMPOS

• **Niegan a Dios: 2 Ti 3:4-5**
• **Niegan a Cristo: 1 Jn 4:3**
• **Niegan el regreso de Cristo: 2 P 3:3-4**
• **Niegan la fe: Jud 3-4**
• **Niegan la sana doctrina: 2 Ti 4:3-4**
• **Niegan la vida santa: 2 Ti 3:1-7**
• **Niegan la libertad cristiana: 1 Ti 4:3-4**
• **Niegan la moralidad: Jud 18**

Seamos claros, la apostasía no es lo mismo que el ateísmo. Con apostasía, no me refiero a la gente en general que rechaza el cristianismo o que niega la verdad del evangelio. La apostasía no refleja el crecimiento del ateísmo en sí mismo, ni se aplica a cualquiera que elige otros sistemas religiosos diferentes al cristianismo.

En cambio, el concepto tiene un significado más estrecho. Se aplica específicamente a aparentes cristianos, aquellos que dicen seguir a Jesús, pero que luego le dan la espalda. Aquí está la mejor definición que he encontrado para el término apostasía:

La palabra griega para apostasía se encuentra solo en dos ocasiones en el Nuevo Testamento (Hch 21:21; 2 Ts 2:3) [...]. La palabra significa «apartarse de»; es decir, desertar o abandonar una posición o perspectiva que antes se tenía [...]. La apostasía espiritual ocurre cuando una persona que alguna vez afirmó ser un creyente se aparta de su profesión de fe. Un apóstata no es alguien salvo que luego pierde su salvación. Un apóstata, aunque ha afirmado ser un creyente, nunca fue salvo en primer lugar.[9]

Todo apóstata es un incrédulo, pero no todo incrédulo es un apóstata. ¿Se ve la diferencia? Hay muchas personas que nunca han tenido la oportunidad de escuchar el evangelio, ni siquiera en parte. Ellos son incrédulos porque no han oído. Sin embargo, un apóstata está bien familiarizado con el evangelio. Sabe más de lo necesario para ser salvo y, sí, incluso ha profesado seguir a Cristo. No obstante, en algún punto, le da la espalda a su Salvador. Su compromiso no fue real y su decisión no fue auténtica. Todos los cristianos fingidos son no cristianos en realidad y, tarde o temprano, la realidad gana.

¿Por qué hablo del tema de la apostasía? Porque la proliferación de la apostasía es una pieza importante, aunque a menudo ignorada, del rompecabezas de los últimos tiempos. Como sabemos por la Escritura, una de las señales del inminente regreso de Cristo es un creciente número de cristianos autoproclamados que finalmente rechazan a Cristo.

La Biblia dice: «Pero con respecto a la venida de nuestro Señor Jesucristo, y nuestra reunión con él, os rogamos, hermanos, que no os dejéis mover fácilmente de vuestro modo de pensar, ni os conturbéis, ni por espíritu, ni por palabra, ni por carta como si fuera nuestra, en el sentido de que el día del Señor está cerca. Nadie os engañe en ninguna manera; *porque no vendrá sin que antes venga la apostasía*, y se manifieste el hombre de pecado, el hijo de perdición» (2 Ts 2:1-3, énfasis añadido).

Esta es una clara profecía sobre el futuro que tiene implicaciones para nosotros hoy. Esta apostasía de la que Pablo escribe no es solo un alejamiento gradual de Cristo. Pablo la llama *la* apostasía. Este será un abandono específico y reconocible de la fe durante la tribulación.

Seamos más directos. De acuerdo con la Biblia, el período de la tribulación comenzará inmediatamente después del rapto de la iglesia. Pablo les dijo a los tesalonicenses que la tribulación no podía comenzar hasta que se revelara el Anticristo y ocurriera la apostasía. Aquí está el orden de los eventos: Cristo viene para arrebatar a Sus santos al cielo. En ese momento, comienza la tribulación en toda la tierra y el Anticristo se desenmascara. Finalmente, al mismo tiempo, ocurre la apostasía.

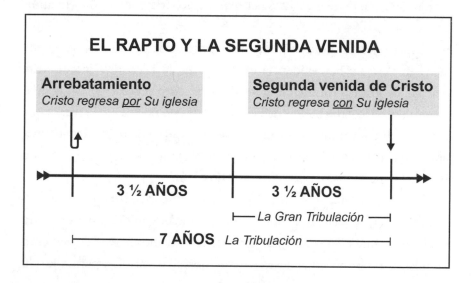

Sabemos por nuestro estudio de la profecía que el rapto es un evento repentino y sorpresivo. Nada necesita suceder para que Cristo regrese por los Suyos. Pero aquí está lo que tendemos a pasar por alto si no pensamos de manera cuidadosa. Si el rapto puede suceder en cualquier momento, «la apostasía» también puede suceder en cualquier momento. De hecho, lo que hemos estado describiendo, lo que está sucediendo ahora mismo, bien podría ser la primera línea de «la apostasía» que Pablo describe a los creyentes de Tesalónica.

El punto que quiero dejar claro es este: vemos que está sucediendo ahora un aceleramiento en el número de personas que se apartan. La apostasía está en incremento incluso mientras usted lee esto. Para mí, esta es otra señal de que nos estamos acercando hacia el final con una velocidad cada vez mayor.

Pablo escribió sus palabras sobre «la apostasía» a la iglesia en Tesalónica que enfrentaba fuertes niveles de persecución. Los creyentes aquí pensaban que estaban en los últimos días. Pablo les dice que no se turben, porque los cristianos enfrentarán dificultades y hasta persecución. La señal que debemos buscar, dijo Pablo, es una apostasía en incremento. Esa es la señal que predice el inminente regreso de Cristo y el juicio final de Dios. Antes del regreso de Cristo, ocurrirá una gran apostasía.

Espero ver un gran avivamiento espiritual antes del rapto. Puede suceder. Pero no hay evidencia específica en la Escritura de que debe ocurrir un gran avivamiento antes de que Cristo regrese por Su iglesia. Por el contrario, las palabras de Pablo en 2 Tesalonicenses 2:3 revelan que la incredulidad continuará en ascenso en la escala global, incluyendo una apostasía en ascenso dentro de la iglesia, hasta que se alcance un punto de quiebre previo al día del juicio de Dios.

Juan dijo: «Ya es el último tiempo; y según vosotros oísteis que el anticristo viene, así ahora han surgido muchos anticristos; por esto conocemos que es el último tiempo. Salieron de nosotros, pero no eran de nosotros; porque si hubiesen sido de nosotros, habrían permanecido con nosotros; pero salieron para que se manifestase que no todos son de nosotros» (1 Jn 2:18-19).

En su discurso en el monte de los Olivos, Jesús dijo: «Y por haberse multiplicado la maldad, el amor de muchos se enfriará» (Mt 24:12).

¿Cómo puede suceder esto? ¿Cómo puede alguien que ha probado la bondad de Cristo escoger apartarse? Existen muchas razones, por supuesto, pero enfoquémonos en tres razones específicas.

Algunos se apartan porque están engañados

Zach Avery es joven, inteligente, talentoso y bien parecido, cualidades que ejerció en Hollywood para construir una carrera como actor. Su rostro aparece en alrededor de quince películas. Sin embargo, Hollywood es un lugar complicado. Para sostenerse, Zach comenzó su propia empresa de entretenimiento conocida como One in a Million Productions. Fue una aventura emocionante. Según informes de noticieros, habló con inversionistas potenciales de los tratos de su compañía con Netflix y HBO y les prometió una ganancia del 40 %.

Entre 2014 y 2019, Avery recaudó más de 690 millones de dólares.

Pero nada era real. Avery no tenía relación ni con Netflix ni con HBO. Él inventó la historia y utilizó el dinero de los nuevos inversionistas para pagar a otros antiguos. Fue un clásico esquema Ponzi. Según la Comisión de Bolsa y Valores de Estados Unidos, Avery derrochó una gran parte del dinero en un estilo de vida lujoso, incluyendo una mansión de seis millones de dólares, decoraciones costosas para su hogar y viajes extravagantes.

Sus inversionistas perdieron millones y el actor ahora tiene un papel estelar en la corte federal.[10]

Existen muchos engañadores en nuestros días, pero los más peligrosos no son los que roban nuestro dinero, aunque eso sea algo terrible, sino los que operan en el ámbito espiritual. Según la Biblia, el engaño espiritual será la causa de que muchos se aparten de Cristo en los días próximos a los últimos tiempos.

Observemos este pasaje: «Pero el Espíritu dice claramente que en los postreros tiempos algunos apostatarán de la fe, escuchando a espíritus engañadores y a doctrinas de demonios; por la hipocresía de mentirosos que [tienen] cauterizada la conciencia» (1 Ti 4:1-2).

Este pasaje dice que hay fuerzas demoníacas que no podemos ver que operan en nuestro mundo, que seducen y engañan a la gente para que abandonen su fe en Cristo. Su influencia, incluso en la iglesia, solo aumentará a medida que nos acerquemos al final de la historia.

El pasaje de 1 Timoteo también advertía sobre falsos maestros que traficarán con mentiras e hipocresía. Estos hombres y mujeres buscarán causar daño espiritual para su propio beneficio (típicamente, para su propio beneficio económico). Estas personas son frías, insensibles y calculadoras. Pablo dijo que su conciencia estaba «cauterizada». Han perdido la sensibilidad moral y su brújula espiritual está defectuosa.

Tales personas están operando dentro de la iglesia hoy. Prometen milagros a cambio de dinero. Constantemente presionan para obtener poder. Tuercen la Palabra de Dios. Su ambición por engañar continuará en ascenso con cada año que pase.

Algunos se apartan porque están desilusionados

En Lucas 8, Jesús relató una parábola que ilustra las razones por las que la gente se aparta del evangelio. Él dijo que un hombre salió a plantar la semilla y que la esparció por una zona amplia. Una parte cayó en el camino, donde fue pisoteada. Otras semillas cayeron en suelo rocoso. Tan pronto como las plantas brotaron, se secaron porque no tenían raíz. Otras cayeron entre espinos y fueron ahogadas por las ramas. Pero otra parte cayó en un terreno preparado y produjo una gran cosecha.

Cuando los discípulos del Señor le pidieron que explicara la parábola, reveló que la semilla representa el mensaje del evangelio. Dijo así:

> Y los de junto al camino son los que oyen, y luego viene el diablo y quita de su corazón la palabra, para que no crean y se salven. Los de sobre la piedra son los que habiendo oído, reciben la palabra con gozo; pero éstos no tienen raíces; creen por algún tiempo, y en el tiempo de la prueba se apartan. La que cayó entre espinos, éstos son los que oyen, pero yéndose, son ahogados por los afanes y las riquezas y los placeres de la vida, y no llevan fruto (vv. 12-14).

Observemos que la primera razón por la que la gente rechaza el evangelio es que «viene el diablo y quita de su corazón la palabra» (v. 12). Ese es el engaño: los espíritus engañadores y los demonios que mencioné antes.

La segunda razón es más complicada. Jesús describe a aquellos que escuchan las buenas nuevas y que «reciben la palabra con gozo» (v. 13). Estas personas genuinamente están entusiasmadas con el cristianismo.

Han visto el quebranto en el mundo y lo han sentido en su propio espíritu. Saben que debe haber algo mejor.

Estas personas encuentran la verdad y reciben el mensaje con gozo y con esperanza. Ven un camino hacia la paz, el propósito y el significado. ¡Eso es lo que han estado buscando!

John Starke dijo: «Un cristiano nominal halla a Cristo útil. Un verdadero cristiano lo halla hermoso».[11]

Tristemente, los creyentes de los pedregales «no tienen raíces». En tiempos de tentación, se apartan. Muchos de estos están buscando una solución y no un Salvador. Quieren que sus problemas se desvanezcan sin rendirle su vida a Cristo. Quieren las bendiciones de la fe sin la carga de nadar contra la corriente de la cultura. Les gusta la idea del evangelio, pero no tienen un compromiso personal con Cristo.

Tarde o temprano, se comenzarán a sentir desilusionados, desencantados e, incluso, decepcionados. Se apartan.

Ha sido relativamente fácil vivir como cristiano en Estados Unidos durante las últimas décadas. Lo sé por experiencia propia. Sin embargo, vienen días, y en muchas maneras ya están aquí, en que enarbolar la bandera de Cristo nos costará algo. Esto será especialmente verdad a medida que nos acercamos al período conocido como la tribulación. Un número creciente de cristianos culturales con poca raíz o sin raíz en el evangelio decidirán que el costo es demasiado elevado y le darán la espalda a Cristo.

Algunos se alejan porque están distraídos

La tercera explicación de Jesús en la parábola del sembrador señala otra razón por la que la apostasía ha sido prevalente en la historia: «La que cayó entre espinos, éstos son los que oyen, pero yéndose, son ahogados por los afanes y las riquezas y los placeres de la vida, y no llevan fruto» (Lc 8:14).

Muchos se apartan de Jesús simplemente porque se distraen. Cuando se ven forzados a elegir entre las bendiciones espirituales de seguir a Cristo y «los afanes y las riquezas y los placeres de la vida», les es imposible mirar más allá de sus propias narices. La atracción del deseo es demasiado fuerte y sueltan su fe para aferrarse con ambas manos a lo que el mundo ofrece. Juegan al cristianito durante un tiempo, pero finalmente se revelan como impostores.

Sé que no es una ilustración agradable, ni es un tema fácil para discutir. No obstante, Dios nos ha elegido para ser aquí Sus testigos en este momento crítico. Por eso, Francis Shaeffer preguntó: «¿Cómo entonces debemos vivir?».

¿Hacia dónde vamos ahora?

Es fácil desanimarnos cuando consideramos la prevalencia de la apostasía en la iglesia y en nuestro mundo. Esto es verdad en especial cuando escuchamos historias, ya sea en las noticias o en nuestra vida personal, de gente que admiramos que se apartó de Cristo. Si no somos cuidadosos, podemos comenzar a pensar que la apostasía es casi una enfermedad. Algo de lo que uno puede «contagiarse», como un resfriado o influenza o, sí, como el COVID-19.

Pero uno no puede contagiarse de apostasía como si fuera una enfermedad. No es algo que sucede de la nada. Es una elección. Una decisión basada en nuestros propios valores y prioridades.

Así que, ¿qué podemos hacer para protegernos de que eso nos suceda? ¿Cómo podemos asegurarnos de que nunca seremos de los que apostatan? Quisiera sugerir tres cosas que usted puede hacer para inmunizarse contra este peligro.

Examínese

Jeff Graf supervisa una gran parte del ministerio universitario para Navegantes, un ministerio que enfatiza el discipulado cristiano. Un día, un joven llamado Thomas se acercó a Jeff en una reunión de estudiantes en la universidad de South Dakota State. La noche anterior, Thomas había asistido a una reunión semanal donde el ponente dijo que era peligroso asumir que eras salvo si nunca le habías pedido a Dios que perdonara tus pecados ni habías confiado en Jesucristo como tu Salvador.

Estas palabras tocaron el corazón de Thomas y se hallaba contrariado. Le comentó a Jeff sobre esto, quien abrió la Escritura y habló con él sobre el tema. De niño, Thomas había aprendido sobre Dios. Había asistido a la iglesia, trabajado en un campamento bíblico y asistido a estudios bíblicos en la universidad. Sin embargo, de pronto se había dado cuenta de que había hecho todo lo que se suponía debía hacer, pero se había perdido de Cristo. Le dijo a Jeff: «Todos estos años pensé que era cristiano, pero en realidad nunca le había pedido a Dios que me perdonara por mis pecados».

Jeff tuvo el privilegio de orar con Thomas a medida que este le entregaba su vida a Cristo y nacía de nuevo.[12]

En 2 Corintios 13:5, Pablo escribió: «Examinaos a vosotros mismos si estáis en la fe; probaos a vosotros mismos. ¿O no os conocéis a vosotros mismos, que Jesucristo está en vosotros…?».

Lo más importante que usted puede hacer en respuesta a este capítulo es asegurarse de ser un cristiano. Usted no es un cristiano simplemente porque creció en la iglesia. Usted no es un cristiano simplemente porque sus padres son cristianos. Usted no es un cristiano simplemente porque haya vivido una vida correcta. Y usted no es un cristiano simplemente porque haya servido en la iglesia y realizado grandes cosas por Dios.

Uno de los pasajes más aleccionadores de la Biblia está en Mateo 7, donde Jesús dijo: «No todo el que me dice: Señor, Señor, entrará en el reino de los cielos, sino el que hace la voluntad de mi Padre que está en los cielos. Muchos me dirán en aquel día: Señor, Señor, ¿no profetizamos en tu nombre, y en tu nombre echamos fuera demonios, y en tu nombre hicimos muchos milagros? Y entonces les declararé: Nunca os conocí; apartaos de mí, hacedores de maldad» (vv. 21-23).

Jesús no estaba diciendo que las buenas obras no importan. Estaba advirtiendo que las buenas obras no darán la entrada al cielo. Hacemos buenas obras porque somos salvos, no para ser salvos.

Por un lado, no queremos tener una seguridad falsa de nuestra salvación. Por el otro lado, sí queremos tener una garantía firme de que somos salvos. Creo que Dios correrá la carrera al lado de usted, por poner una ilustración, y lo ayudará a encontrar el equilibrio cuando se lo pida. El salmista nos enseñó a orar: «Examíname, oh Dios, y conoce mi corazón; pruébame y conoce mis pensamientos; y ve si hay en mí camino de perversidad, y guíame en el camino eterno» (Sal 139:23-24).

He sido pastor durante muchos años, así que permítame actuar como si fuera su pastor por un momento. Pídale a Dios que le ayude a examinar su corazón. Dígale que quiere estar seguro de que irá al cielo. Si conoce la fecha de su nacimiento espiritual y está totalmente seguro de ser un seguidor de Cristo, entonces agradézcale por eso. No todos los cristianos pueden recordar el momento exacto en el que recibieron a Jesús como su Señor y Salvador. Eso no significa que no han vuelto a nacer. Pero, si usted tiene dudas sobre esto, tome un momento ahora mismo para arrepentirse de sus pecados, colocar su fe en Cristo y confiar en Él y en Su perdón completo. Haga suya la promesa de la vida eterna. Tal vez, quiera arrodillarse y orar en voz alta. Tal vez, quiera pedirle a alguien que ore con usted. Dígale al Señor que, si nunca ha recibido de verdad a Cristo como Salvador, ¡lo quiere hacer ahora mismo! Luego, ¡haga suya Su garantía!

Después de orar, anote la hora y el lugar en la primera página de su Biblia o en la contraportada de este libro. Luego, lea estas diecisiete palabras de Jesús en voz alta: «Y yo les doy vida eterna; y no perecerán jamás, ni nadie las arrebatará de mi mano» (Jn 10:28).

Fortalézcase en el Señor

Eso me lleva al segundo consejo que quiero darle: Fortalézcase en el Señor. Aliéntese en el Señor. Aprendemos esta técnica de David, quien pasó por un momento muy desalentador en su vida. Mientras huía del rey Saúl por los desiertos cavernosos del sur de Israel, él se angustió. Luego, encontró oleadas de malas noticias que destruirían el alma más fuerte. También se dio cuenta de que sus hombres se volvían contra él y su situación se había tornado desesperada. En ese momento, según 1 Samuel 30:6, «David se fortaleció en Jehová su Dios».

Si aprendemos a hacer esto, nunca nos apartaremos y el diablo no podrá jugar con nosotros.

Derrick y Shannon Williams se emocionaron al descubrir que iban a tener un bebé. Sin embargo, todo salió mal. Shannon casi perdió al bebé y pasó noventa y seis días en cama. En el hospital, los doctores llegaban casi siempre con malas noticias. Un doctor le dijo: «Por favor, no se haga ilusiones. Dudo que su bebé sobreviva una semana después de nacer». Les dijeron que el bebito nunca podría respirar por su propia cuenta. Cuando nació, ese bebé, llamado Emmanuel, pesó 1,28 kg (2 lb 13 oz) y fue diagnosticado con autismo.

«Cada día, tuve que fortalecerme en el Señor —recuerda Shannon—. De hecho, tenía versículos bíblicos de fortaleza y aplicables en las paredes de mi cuarto en el hospital. Los leía, los citaba, los confesaba varias veces al día. La Biblia fue, literalmente, mi fuente de vida. Me dio vida cuando estaba rodeada de muerte. Me sostuvo y me protegió de las mentiras, de los engaños y de los lazos del diablo».[13]

Esa es la fortaleza de Dios a través de fortalecernos a nosotros mismos. Podemos aprender a fortalecernos en el Señor. Cuando escuchamos al diablo, terminamos en la dirección equivocada. Cuando escuchamos a nuestros amigos, encontramos consejos mezclados. Cuando escuchamos nuestras dudas, miedos, preocupaciones y sentimientos, nos confundimos. A veces, no hay nadie que nos predique, así que tenemos que decir, como el salmista: «¿Por qué te abates, oh alma mía, y por qué te turbas dentro de mí? Espera en Dios» (Sal 42:11).

A veces, intentamos demasiado sacar fortaleza de alguien más. Existen algunas necesidades que solo Dios puede cubrir. Es injusto esperar que nuestro esposo o esposa, que nuestro pastor o que nuestro amigo haga por nosotros lo que solo el Señor mismo puede hacer. En lugar de sucumbir ante el desánimo y la desesperación, podemos fortalecernos en el Señor.

Es cuando nuestra fe falla que debemos voltear a Dios. Puede ser que no haya nadie más en quien podamos confiar, pero podemos confiar en Dios. Así que coloque su fe en Él y fortalezca su fe y luego todo su ser en ella.

Nancy DeMoss Wolgemuth escribe: «He aprendido a fortalecerme en el Señor al meditar en promesas específicas de Su Palabra y afirmar que son verdad, sin importar lo que sienta en ese momento. Cargo en mi Biblia una lista de esas promesas y a menudo volteo a ellas para fortalecer y animar mi corazón».[14]

Ejercítese

Finalmente, si quiere mantenerse confiado y fuerte, es importante que siga creciendo en fe; eso requiere ejercicio.

Según la revista *Business Insider*, LeBron James gasta aproximadamente 1,5 millones de dólares al año en cuidar su cuerpo. ¿A dónde va ese dinero? LeBron James mantiene su gimnasio personal actualizado. Se dice que ha replicado los gimnasios de los Miami Heat y de los Cavaliers de Cleveland en su propio hogar. Cuenta con una cámara criogénica que utiliza nitrógeno líquido para tomar algo similar a un baño de hielo. También tiene una cámara hiperbárica que incrementa el nivel de oxígeno en su cuerpo. Él no tiene reparos para contratar y pagar a los mejores entrenadores, masajistas y chefs del mundo. Solo come los alimentos de más calidad y los más saludables. También invierte en equipo de compresión para usar en el avión.

LeBron James no escatima gastos para mantener a su cuerpo trabajando como una máquina bien aceitada. Su antiguo compañero de equipo, Mike Miller, dijo: «Él invierte mucho dinero en cuidar su cuerpo. Mucha gente piensa que es un enorme gasto, pero ese enorme gasto le ha permitido ganar más dinero durante un largo período de tiempo».[15]

Si un jugador de básquetbol está preocupado por cuidar su cuerpo, ¿no deberíamos usted y yo ser diligentes en cuidar nuestra alma? La Biblia dice: «Porque el ejercicio corporal para poco es provechoso, pero la piedad para todo aprovecha, pues tiene promesa de esta vida presente, y de la venidera» (1 Ti 4:8).

Una fe estancada es el patio de juegos del diablo; él llenará su corazón y su mente con dudas. Justo cuando usted de verdad necesita a Dios, le vendrá a la cabeza que Él no ha sido tan importante para usted últimamente.

Andrey Murray escribió este poderoso párrafo:

> En el comercio, en el estudio, en la guerra, a veces se dice que no existe seguridad alguna sino en avanzar. Detenerse es retroceder. Dejar de esforzarse es perder terreno. Bajar el paso, antes de alcanzar la meta, es perder la carrera. La única marca verdadera de que somos cristianos genuinos, de nuestro amor genuino por Cristo, es el anhelo profundo y el esfuerzo diligente por conocerlo más. Decenas de miles han probado que contentarse con comenzar bien es el primer paso en una cuesta descendente que termina en perderlo todo [...]. Perseveremos.[16]

El apóstol Pedro dijo: «Por lo cual, hermanos, tanto más procurad hacer firme vuestra vocación y elección; porque haciendo estas cosas, no caeréis jamás» (2 P 1:10). «Estas cosas» se refiere a los ocho rasgos de carácter listados en los versículos 5-7: fe, virtud, conocimiento, dominio propio, paciencia, piedad, afecto fraternal y amor. ¿Pudo haber sido más enfático Pedro? Si continuamos cultivando estos rasgos, nunca caeremos.

Ahora, permítame dejar algo en claro. Cuando Pedro dijo que nunca caeremos, no se refería a que nunca cometeremos un error ni un pecado. Se refería a que nuestra fe nunca encallará. Nunca apostataremos de Cristo.

Esto queda claro en la traducción de la NLT en inglés, que dice textualmente: «Hagan estas cosas y nunca se apartarán».

Antes mencioné el libro de Judas, una pequeña carta de una página cerca del final de la Biblia. Trata sobre los peligros de los falsos maestros y la tentación de la apostasía. Leer Judas puede ayudarnos a tomar las decisiones correctas cuando sentimos la presión. Sus palabras son críticas para los que vivimos en una cultura y en una iglesia definida por una creciente apostasía.

Judas escribió a cristianos que experimentaban una presión doble. Ellos enfrentaban extrema persecución y también estaban bajo ataque espiritual por todos tipos de herejías. Muchos de los líderes influyentes de la iglesia primitiva habían sido martirizados, incluyendo a Pedro, a Pablo y a Santiago, lo que dejaba a ambas iglesias y a los cristianos individuales sintiéndose vulnerables.

En la oscuridad del momento, la epístola de Judas proveyó un rayo de esperanza. En tan solo dos versículos al final de su pequeñísima carta, Judas explicó a los cristianos cómo permanecer comprometidos con Cristo durante un tiempo de apostasía en ascenso: «Pero vosotros, amados, edificándoos sobre vuestra santísima fe […], conservaos en el amor de Dios» (vv. 20-21).

Judas estaba hablando a cristianos y la frase *edificándoos* transmite la idea de continuidad. Judas no hablaba de un evento único, sino de un proceso de vida. En otras palabras, Judas nos enseñó a seguir edificándonos constantemente.

Es de notar que estos pasajes hablan de *vosotros*. Usted no debe esperar que alguien más haga esto por usted. Esta es su responsabilidad.

Debe continuar cultivando su relación con el Señor. Su caminar con Dios no es estático. O está creciendo en Él o está comenzando a enfriarse hacia Él.

Por eso, Dios advirtió a la iglesia en Éfeso: «Pero tengo contra ti, que has dejado tu primer amor. Recuerda, por tanto, de dónde has caído, y arrepiéntete, y haz las primeras obras» (Ap 2:4-5).

Examínese, fortalézcase y ejercítese en el Señor. Y, sobre todo, siga adelante y siga creciendo. ¡No se detenga! ¡No mire hacia atrás! Continúe caminando con el Señor.

Una jovencita llamada LeeAdianez Rodriguez-Espada llegó tarde para la carrera de 5 km (3.1 mi) de la Wegmans Family en una fresca mañana en Rochester, Nueva York. Tenía doce años en ese tiempo. Su madre la dejó en la línea de salida antes de encontrar un lugar de estacionamiento, luego se dirigió a la línea de meta para animar a su hija cuando terminara la carrera. Ella esperaba verla después de aproximadamente una hora.

En la línea de salida, LeeAdianez se dio cuenta de que la carrera acababa de comenzar, así que se juntó con los corredores en la parte trasera del grupo. Concentrándose en colocar un pie delante del otro, no fue hasta la mitad del kilómetro seis (la cuarta milla), que comenzó a darse cuenta de que algo estaba mal. La línea de meta no estaba a la vista por ningún lado.

Después de preguntar a sus compañeros corredores cuánto faltaba, LeeAdianez se dio cuenta de su error. No estaba en la carrera de la Wegmans Family. ¡En cambio, había entrado en el medio maratón de Flower City! ¡La carrera no era de 5 km (3.1 mi), sino de 21 km (13 mi)!

Increíblemente, decidió continuar.

Para este momento, la madre de la niña estaba comenzando a sentir pánico. Contactó a los organizadores de la carrera y un oficial de policía eventualmente encontró a su hija en la pista del medio maratón. A pesar de eso, la joven de doce años LeeAdianez se rehusó a darse por vencida. Eventualmente, cruzó la línea de meta después de correr 16 km (10 mi) más de lo que originalmente había planeado.

La madre de LeeAdianez estaba allí, esperando por ella, con lágrimas de gozo en el rostro. «La vi con su medalla y pensé: "Vaya, corrió la otra, de verdad lo hizo" —dijo ella—. Decidió seguir corriendo y no darse por vencida».[17]

Ese es el reto para usted hoy. ¡Cuando sienta la presión de soltar su fe, decida en cambio seguir corriendo y nunca darse por vencido! Recuerde: esta es su decisión. Jesús está con usted. Él lo guardará de caer y le dará Su poder. Él tiene toda la intención de presentarlo a usted sin mancha delante del Padre una vez que termine la carrera.

Hasta ese momento, siga adelante. Siga corriendo. Y continúe edificando su fe y la fe de los que están alrededor.

Que el Señor lo bendiga con estas palabras:

Y a aquel que es poderoso para guardaros sin caída, y presentaros sin mancha delante de su gloria con gran alegría, al único y sabio Dios, nuestro Salvador, sea gloria y majestad, imperio y potencia, ahora y por todos los siglos. Amén.

JUDAS 1:24-25

Nuestro mundo está cambiando, y no para bien. Las perso-nas se vuelven más insensibles, egoístas, violentas e iracun-das. Actitudes y comportamientos que hace una década se consideraban impensables ahora se consideran aceptables. La cortesía común es cada vez menos común. La cordialidad ya no entra en nuestra vida ni en nuestro vocabulario. Este mundo está quebrantado y parece que está empeorando.

Como individuos, familia y sociedad estamos experimen-tando un derrumbe que se siente irreversible. Cada vez más, priorizamos nuestro propio ser, nuestro dinero y nuestro pla-cer más que a Dios. A medida que nos acercamos hacia lo que la Biblia describe como los últimos días, nos encontra-mos tratando de navegar por un mundo hostil, un mundo de gente que, la Biblia dice, van «de mal en peor» (2 Ti 3:13).

¿Cómo sobreviremos en esta hostilidad creciente y, más importante aún, qué podemos hacer como seguidores de Cristo para detener la oleada de maldad en nuestra tierra?

Capítulo 6

Una profecía biográfica: La gente de los últimos tiempos

*Mas los malos hombres y los engañadores irán de
mal en peor, engañando y siendo engañados.*

2 Timoteo 3:13

Shon Hopwood creció en un hogar cristiano en la zona rural de Nebraska con padres que habían plantado una iglesia local. Era el mayor de cinco hijos, inteligente y sobresalía en exámenes estandarizados. Jugó básquetbol en la preparatoria y ganó una beca para la Midland University de Nebraska. Sin embargo, en su adolescencia, Hopwood se desilusionó de sus habilidades como basquetbolista, dejó de ir a clases y abandonó la universidad.

Pronto, se unió a la Marina de Estados Unidos y terminó en el golfo pérsico escoltando barcos de guerra con misiles Stinger montados en el hombro. Sin embargo, Hopwood sufrió de una pancreatitis aguda, casi muere en un hospital en Bahréin y dejó la Marina con un licenciamiento honroso.

Fue entonces que un sentimiento de oscuridad se apoderó del joven. Su ocasional consumo de alcohol y de drogas creció hasta convertirse en una adicción devastadora y terminó en una depresión.

Un día, mientras bebía con un amigo, decidieron robar juntos un banco. ¿Por qué no? Necesitaban el dinero. Terminaron cometiendo cinco robos armados a bancos. Después, Hopwood malgastó el dinero en fiestas.

Eventualmente, la vida de Hopwood se derrumbó en el lobby de un hotel DoubleTree en Omaha, Nebraska, cuando agentes del FBI lo alcanzaron y lo arrestaron. Un año más tarde, aterrado, compareció ante un juez federal, quien lo sentenció a más de doce años en prisión. Poco tiempo después, se hallaba en un avión de la prisión, esposado, encadenado y de camino a una penitenciaría federal. Tan solo tenía veintitrés años, pero su vida iba de mal en peor con cada día que pasaba.[1]

Más adelante, relataré lo que sucedió con Shon Hopwood. Sin embargo, su historia nos hace preguntarnos: ¿Por qué la gente termina en un camino equivocado? ¿Por qué hay personas buenas que hacen cosas malas?

Durante miles de años, ha habido un debate interminable sobre ese tipo de preguntas. Los sociólogos y la gente común gastan enormes cantidades de aliento y de tinta intentando determinar si los seres humanos son fundamentalmente buenos o malos.

Durante una gran parte de su vida, el retirado médico británico Theodore Dalrymple creyó en la bondad fundamental de la humanidad. Durante su carrera, el doctor trabajó en hospitales y en prisiones y viajó a países donde dictadores masacraban a su propio pueblo. Al principio, creía que una maldad generalizada era imposible si no había tiranos en todas partes. Sin embargo, lentamente cambió su perspectiva a medida que escuchaba las historias de sus pacientes. La maldad, decidió, es algo que está dentro de nosotros, algo que podemos escoger libremente.[2]

«Nunca más me veré tentado a creer en la bondad fundamental del hombre, ni en que la maldad es algo excepcional o extraño a la naturaleza humana», dijo Dalrymple.[3]

La Biblia tiene una palabra para lo que Dalrymple presenció: pecado. Según la Escritura, el pecado es el problema fundamental de cada persona. Romanos 3:10-12 dice: «No hay ni un solo justo, ni siquiera uno. Nadie es realmente sabio, nadie busca a Dios. Todos se desviaron, todos se volvieron inútiles. No hay ni uno que haga lo bueno, ni uno solo» (NTV).

El pastor Kevin DeYoung escribe:

El pecado está en cada corazón humano. Es el villano de mil caras. Es el hombre que embaraza a una mujer y luego se marcha de la ciudad. Es también el conocido hombre de familia que menosprecia a su esposa y que ignora a sus hijos. Es la mujer rencillosa que habla mal de todos pero también es la anciana dulce que nunca saca de su boca ninguna palabra cruel pero que alberga en su corazón todo tipo de resentimientos y contiendas. Es el chico que maldice a sus padres y que rechaza a todos quienes tratan de ayudarlo. También es el chico que saca siempre 10, que llega temprano a casa y que sonríe en la iglesia, pero que en realidad es un manojo gigantesco de orgullo y de arrongcia.[4]

Nuestro problema, entonces, no es que vivimos en un mundo pecaminoso, sino que vivimos en un mundo de gente pecaminosa. Nuestro pecado lo afecta todo.

La Biblia deja en claro que estamos corrompidos por el pecado, que la corrupción entró a nuestra sangre por Adán y Eva, quienes se rebelaron contra Dios en Su huerto. La enfermedad sanguínea del pecado ha sido heredada durante generaciones y hoy nos infecta a todos. La Biblia dice: «Por tanto, como el pecado entró en el mundo por un hombre, y por el pecado la muerte, así la muerte pasó a todos los hombres, por cuanto todos pecaron» (Ro 5:12).

El profeta Jeremías escribió: «Engañoso es el corazón más que todas las cosas, y perverso; ¿quién lo conocerá?» (Jer 17:9). Ya que hemos sido manchados con pecado de esta manera, no podemos producir nada bueno por nuestra cuenta, ni como individuos ni de manera colectiva. Jesús dijo: «Porque separados de mí nada podéis hacer» (Jn 15:5). La sangre de Cristo y el Espíritu de Dios deben desatar su poder en nuestra vida si hemos de ser gente piadosa.

Esta es la zona de guerra que llamamos planeta Tierra. Nos vemos empujados de aquí para allá entre la bondad y la maldad, entre el amor y el odio, entre la creación y la destrucción. Usted y yo somos seguidores de Cristo en un mundo caído. Esto ha sido verdad para el pueblo de Dios durante siglos.

Pero, ¿puede sentirlo? Algo ha cambiado.

Lo malo se esta volviendo peor. La impiedad está inundando cada institución, cada plataforma, cada centímetro cuadrado de nuestra cultura. La decencia se está desmoronando como tablas infestadas por termitas. El camino hacia adelante es cada vez más inseguro y puede venirse abajo en cualquier instante.

Consideremos la historia de Xiao Zhen Xie, residente de San Francisco. Xie es una mujer de setenta y cinco años y fue víctima de un ataque brutal mientras caminaba en Market Street a medio día. Un joven la golpeó en la cara sin provocación alguna. Sin advertencia. Sin misericordia.

El asaltante no sabía con quién se había metido porque, en segundos, Xie encontró un pedazo de madera cerca en el piso y comenzó a golpear a su atacante para defenderse. ¡De hecho, cuando llegó la policía, encontraron al joven tendido sobre una camilla y a Xiao Zhen Xie parada sobre él para asegurarse de que no se escapara!

De cualquier manera, Xie terminó ensangrentada y traumatizada por el ataque. Peor aún, la policía descubrió que este hombre había golpeado a un anciano de ochenta y tres años ese mismo día.[5]

¿Cómo podemos explicar tal desconsideración del sentido humano? ¿Tal crueldad casual?

Sí, la maldad siempre ha sido parte de la sociedad humana, incluyendo actos extremos de violencia y de brutalidad. Satanás y sus demonios han estado presentes en nuestro mundo durante toda la historia de la sociedad. La gente ha sentido el impulso de cometer atrocidades, tanto pequeñas como grandes. La historia mundial ha sido un álbum de infamias. Sin embargo, siento que las cosas han llegado a un punto de quiebre.

Violencia armada. Depresión. Obesidad. Homicidio. Adicción. Escoja el tema negativo que quiera; lo más probable es que haya incrementado de manera dramática durante la última década.

¿Por qué? Porque algo dentro de nosotros está roto.

¿Qué significa esto?

Quiero mostrarle una predicción sobre los últimos días que pondrá todo esto en un contexto profético. Quiero citar una carta que fue escrita por otro prisionero, uno bajo pena de muerte. No estaba allí por robar bancos, sino por predicar el evangelio. El apóstol Pablo escribió su última carta a Timoteo, su hijo en la fe, desde una celda romana. Cerca del final de su carta, Pablo trazó una imagen sorprendentemente detallada del comportamiento de la gente antes de la tribulación.

«También debes saber esto —escribió—, que en los postreros días vendrán tiempos peligrosos. Porque habrá hombres amadores de sí mismos, avaros, vanagloriosos, soberbios, blasfemos, desobedientes a los padres, ingratos, impíos, sin afecto natural, implacables, calumniadores, intemperantes, crueles, aborrecedores de lo bueno, traidores, impetuosos, infatuados, amadores de los deleites más que de Dios, que tendrán apariencia de piedad, pero negarán la eficacia de ella; a éstos evita» (2 Ti 3:1-5).

Nota lo que agrega en el versículo 13: «Mas los malos hombres y los engañadores irán de mal en peor, engañando y siendo engañados».

«¡De mal en peor!». Con estas cuatro cortas palabras, Pablo predijo que las personas descenderían hacia una impiedad rampante y acelerada a medida que nos acercáramos a la tribulación. Por favor, observe que el enfoque del apóstol no estaba en los tiempos malos, sino personas malas. Como escribió Juan Calvino: «La dificultad o peligro de este tiempo es, para Pablo, no la guerra, ni la hambruna, ni enfermedades, ni ninguna otra calamidad o mal que afecta al cuerpo, sino la maldad y los caminos depravados del hombre».[6]

Pablo nos dio diecinueve descripciones de carácter específicas sobre la gente en el futuro. En otras palabras, aquí en 2 Timoteo 3, el Señor nos da diecinueve expresiones de la naturaleza de la impiedad en los últimos días. No puedo entrar en los detalles de las diecinueve palabras y frases, pero puedo mostrarle un patrón: las palabras de Pablo van de personas egoístas a familias rotas a sociedades destrozadas.

Personas egoístas

Desde el inicio, el Señor nos dice que los últimos días estarán llenos de amadores de sí mismos (v. 2).

¿Recuerda usted a Narciso de la mitología griega? Cuenta la leyenda que Narciso fue un cazador extremadamente apuesto. Las mujeres se enamoraban de él constantemente, pero él rechazaba sus insinuaciones y desdeñaba a todas las que trataban de acercársele. Un día, Narciso llegó a un estanque transparente en medio del bosque. Vio allí su reflejo e inmediatamente se enamoró de su propio rostro. Cuando se dio cuenta de lo que sucedía, que no se había encontrado a otra persona sino a sí mismo, se quitó la vida en un arrebato de desesperación.

Ese es el origen de nuestro término moderno *narcisismo*, el amor excesivo hacia uno mismo. Según Pablo, los días antes de la tribulación serán peligrosos porque la gente se amará solo a sí misma. Por lo tanto, serán: «vanagloriosos, soberbios, blasfemos» (v. 2).

Estas personas aman hablar de sí mismas y promocionarse a sí mismas. Ellos quieren que todos los demás los amen tanto como ellos se aman. Escriben sus propios reportes de prensa y exageran sus hojas de vida. Cuando finalmente uno conoce a la persona en cuestión, apenas la reconoce.

Estas son personas arrogantes o altaneras, lo que significa que tratan con desdén a los demás. Despreciar a otros les es tan natural como una paloma posada sobre una estatua.

La palabra *blasfemos* es un término teológico que se refiere a un abuso verbal hacia Dios. El término original en griego también incluye la idea de difamación. Los que guardan un amor desproporcionado por sí mismos, alardean de sí mismos y desprecian a otros gastan mucha de su energía buscando rebajar a los demás a su alrededor. Están siempre deseosos de empujar a otros para ellos quedar en mejor posición.

Robert Ringer fue un apóstol temprano de esta forma agresiva de narcisismo. Hace décadas, publicó un libro titulado *Winning Through Intimidation* [Cómo ganar mediante la intimidación]. Él alentaba a la gente a percibirse como lobos o como zorros, a tomar lo que quisieran y a dominar a otros a su alrededor. Su siguiente libro se titulaba de manera apta *Looking Out for #1* [Busca ser el #1]. Ambos libros estuvieron en la lista de *New York Times* de libros más vendidos.

Robert Ringer es considerado un emprendedor visionario. En realidad, simplemente vendió a los lectores el valor del viejo egoísmo. «Libere su mente, entonces —escribió—, olvídese de los estándares "morales" que otros han tratado de forzarle en la cabeza y haga lo mejor para usted mismo».[7]

Tal vez, nada representa mejor el narcisismo moderno que las redes sociales. Facebook, Twitter, YouTube e Instagram nos permiten exaltar nuestros propios éxitos constantemente al mismo tiempo que rebajamos los de los demás, a veces a través de comentarios anónimos y de intimidación en línea. Las redes sociales son un bastión para los egoístas.

Lamentablemente, los egoístas rara vez se quedan al margen.

Familias rotas

El egoísmo incrementado de estos últimos días se manifestará en personas egoístas y, a su vez, esas personas egoístas irremediablemente provocarán familias lastimadas. Las personas se enfocarán menos en sus seres queridos. Su tiempo, energía y pasión girará en torno a sí mismas. ¿El resultado? Los días antes de la tribulación estarán repletos de hogares quebrantados.

Existen cinco términos descriptivos en 2 Timoteo 3 (NVI) que resaltan el daño que las personas rotas perpetrarán en su propia familia en los últimos días. Las personas serán:

- Desobedientes a los padres
- Ingratos
- Impíos
- Insensibles
- Implacables

Cuando los escritores de griego antiguo querían decir algo negativo, tomaban una palabra positiva y colocaban delante de ella una letra que se conoce como una *alfa privativa*. Esa letra negaba la palabra positiva. Vemos el mismo principio en español cuando decimos que algo es «atípico». Tomamos la palabra *típico* y le colocamos un prefijo que niega la palabra.

Los cinco términos de Pablo listados anteriormente incluyen la alfa privativa. Las cinco describen un atributo negativo que ha desaparecido de la mayoría de las familias durante los últimos días.

Los hijos serán *desobedientes*. A propósito, harán lo que quieren hacer y rechazarán la supervisión y la autoridad. Ignorarán la instrucción de la Escritura que dice: «Hijos, obedeced en el Señor a vuestros padres, porque esto es justo» (Ef 6:1).

Serán *ingratos*. Se terminará el espíritu de gratitud entre hijos y padres y esa falta de gratitud se extenderá también a otras relaciones.

La tercera palabra es *impíos*. En este contexto, implica una falta de respeto. No habrá respeto dentro de la estructura ni del marco familiar. La ilustración es de alguien que rechaza la supervisión a cualquier nivel de autoridad y que cultiva un sentido de rebelión y de independencia.

Pregúntele a la mayoría de los maestros y de los educadores en Estados Unidos hoy y le dirán todo lo que necesite saber sobre la cultura de la falta de respeto.

Ahora, llegamos a la palabra *insensibles*. El afecto normal del ser humano se perderá. Esta palabra se traduce en otras partes en el Nuevo Testamento como «sin amor». Los hogares se volverán lugares hostiles, arruinados por corazones crueles; y eso se desbordará hacia la sociedad entera.

La última palabra es *implacables*, que también puede ser traducida como «mentirosos». Esto se refiere a personas cuya rebelión se vuelve necia y descorazonada. La raíz de amargura dentro de ellos crece hasta convertirse en un bosque emocional con árboles tóxicos que producen frutos tóxicos. Les falta la capacidad para perdonar a otros, lo que paradojamente significa que viven como si ellos mismos nunca pudieran ser perdonados por todo el mal que han provocado.

Para ahora, tal vez usted necesita un respiro de aire fresco. Así que tomemos un momento y démosle la vuelta a esto. Si el mundo impío es caracterizado por estos negativos, ¿cómo debe vivir el pueblo de Dios en medio de ellos? Es muy sencillo. Nuestra gramática debe ser diferente. Debemos dejar fuera la alfa privativa. En Cristo, no es apropiado negar la virtud. Nuestro hogar debe estar lleno de obediencia entre hijos y padres. Las familias deben estar llenas de gratitud y definidas por el respeto. Deben exudar amor natural y afecto. Y deben ser capaces de confiar el uno en el otro.

Debemos trabajar duro para evitar el estilo de vida de la alfa privativa. Debemos comprometernos con tenacidad a matrimonios bíblicos y a familias del reino. Sin importar lo que le haya sucedido a usted en el pasado, comience donde está hoy y, con la ayuda de Dios, edifique un hogar que esté lleno de Jesucristo.

Sociedades destrozadas

El doctor Tony Evans es un pastor que tiene una manera tanto contundente como memorable de expresar verdad. Por ejemplo, mire lo que dijo en un sermón reciente sobre el efecto dominó que provocan los individuos egoístas o pecaminosos en el ámbito más amplio de la sociedad.

> Si usted es una persona arruinada y tiene una familia, hará que su familia termine arruinada.
>
> Si usted es una persona arruinada que contribuye a una familia arruinada y su familia arruinada asiste a la iglesia, entonces su familia arruinada contribuirá a una iglesia arruinada [...].
>
> Si usted es una persona arruinada que contribuye a una familia arruinada, que resulta en una iglesia arruinada que provoca un vecindario arruinado y su vecindario es parte de una ciudad, bien, ahora su vecindario arruinado contribuirá a una ciudad arruinada [...].
>
> Si usted es un hombre arruinado que contribuye a una familia arruinada, que resulta en una iglesia arruinada que provoca un vecindario arruinado, que se encuentra en una ciudad arruinada que forma parte de un condado arruinado y su condado es parte de un estado, bueno, ahora su condado arruinado contribuirá a un estado arruinado.
>
> Si usted es un hombre arruinado que contribuye a una familia arruinada, que resulta en una iglesia arruinada que provoca un vecindario arruinado, que se encuentra en una ciudad arruinada que forma parte de un condado arruinado, que contribuye a un estado arruinado y su estado es parte de un país, bien, ahora su estado arruinado contribuirá a una nación arruinada.
>
> Si usted es un hombre arruinado que contribuye a una familia arruinada, que resulta en una iglesia arruinada que provoca un vecindario arruinado, que se encuentra en una ciudad arruinada que forma parte de un condado arruinado, que contribuye a un estado arruinado que contribuye a un país arruinado y su país es parte de un mundo, bueno, ahora su país arruinado contribuirá a un mundo arruinado.[8]

El doctor Evans está describiendo la misma progresión que el apóstol Pablo en 2 Timoteo 3:1-5. Pablo comenzó describiendo el egoísmo de la gente de los últimos tiempos. Ese egoísmo contribuirá al declive de las familias de los últimos tiempos. Y, mientras más familias quebrantadas se encuentren dentro de una sociedad, más quebrantada se volverá la sociedad.

Eso es lo que veremos en la sección final de esos diecinueve calificativos. La cultura de los últimos días estará dominada por «calumniadores, intemperantes, crueles, aborrecedores de lo bueno, traidores, impetuosos, infatuados, amadores de los deleites más que de Dios, que tendrán apariencia de piedad, pero negarán la eficacia de ella» (vv. 3-5).

¿Hacia dónde vamos ahora?

¿Cómo vivimos los cristianos en un lugar así, en este mundo donde el egoísmo es rey y donde la inmoralidad incrementa? ¿Cómo podemos ser un tipo diferente de «gente de los últimos tiempos» en medio de un mundo oscuro?

Tomemos una lección de Benjamin Franklin. En su autobiografía, Franklin describió la oscuridad que llenaba las calles de Filadelfia en su época. Estaba completamente oscuro de noche y la gente pisaba sobre charcos llenos de lodo y se tropezaba sobre las piedras. Peor aún, el crimen estaba en aumento. No era seguro salir después del anochecer. Franklin promulgó una intensa campaña para persuadir a todos de alumbrar la zona justo afuera de su casa, pero no tuvo éxito. Finalmente, lo hizo él solo; pero solo en frente de su propia casa. Colocó un farol frente a su puerta con una lámpara de keroseno en la parte de arriba. Esa noche, en la ciudad de Filadelfia, una casa estaba bañada en un cálido resplandor. La lámpara alumbraba la calle y daba a los transeúntes un sentimiento de bienestar y de seguridad.

La noche siguiente, otra casa tenía una lámpara y, la siguiente, otra. Pronto, casi toda la ciudad alumbraba el frente de su casa en las noches. Franklin aprendió algo: nuestro ejemplo es a veces mejor que nuestros regaños y campañas.

Eso es lo que nosotros tenemos que aprender, también.

Con eso en mente, quiero que nos movamos de 2 Timoteo 3 hacia Efesios. Este es el pasaje que dice: «Porque en otro tiempo erais tinieblas, mas ahora sois luz en el Señor». Esa oración, Efesios 5:8, es corta como para memorizar pero lo suficientemente poderosa como para iluminar las sendas de nuestra vida.

Recuerde la gracia que ha recibido

¿Cómo caminamos en la luz cuando nuestra sociedad está definida por personas de los últimos tiempos?

Primero, al experimentar la gracia de Dios por medio de un encuentro con el Señor Jesucristo. Por toda la Escritura encontramos metáforas que incluyen el concepto de luz y Efesios 5:8 describe la diferencia que nos define cuando tenemos una experiencia de la gracia de Cristo. Antes de ese momento, vivimos en una oscuridad total, como en una caverna subterránea. Estamos en oscuridad absoluta, espiritual, moral, personal y eternamente. En el momento en que venimos a Cristo, Él activa la palanca que nos conecta con el trono de la gracia y enciende un millón de megavatios de luz adentro de nosotros.

Esta experiencia es tan vívida que muchos cristianos describen su momento de gracia con términos luminosos. Cameron Cole fue un hijo de misioneros que creció en Turquía y en Tailandia. Aunque sus padres eran cristianos, Cameron no quería saber nada del Señor. Él estaba ensimismado. Sin embargo, durante su último año del colegio, un orador llegó a su escuela y habló todos los días durante una semana.

«Fue durante esa semana que la luz se "encendió" en mi corazón —dijo Cameron—, y comencé a ver a este Jesús y a entender que el camino hacia la vida, el gozo y la paz es Su camino. La verdad de que todas mis terribles decisiones y palabras hirientes podían ser limpiadas para siempre mediante la fe en Jesús fue la noticia más dulce que había escuchado, así que comencé a seguirlo y a profundizar en Su palabra».[9]

Hoy, Cameron y su esposa sirven en una iglesia en Texas y él siempre está listo para compartir con otros sobre el día en que Cristo iluminó su vida.

Lo mismo sucede en cada uno de nosotros mientras más recordamos la gracia que hemos recibido.

Refleje la luz que ahora lo define

Eso nos lleva a la siguiente táctica para vivir en estos tiempos oscuros: Debemos exudar la luz de Dios. Debemos transmitirla, reflejarla e irradiarla. Eso es lo que leemos en Efesios 5:8-10: «Andad como hijos de luz (porque el fruto del Espíritu es en toda bondad, justicia y verdad), comprobando lo que es agradable al Señor».

Me preocupa la manera en que las tinieblas de este siglo están alcanzando a muchas iglesias y a muchos cristianos. Demasiadas personas en nuestra comunidad de fe están intentando mezclar la luz con las tinieblas, tratando de alcanzar una especie de tono gris. Eso no funciona. Es una mentira del diablo que podemos ser cristianos sin ser diferentes y distintos del mundo.

Como seguidores de Jesús, hemos abandonado el reino de las tinieblas y ahora somos hijos de luz. Así que debemos andar, debemos vivir, como hijos de luz. Salmos 34:5 dice: «Los que miraron a él fueron alumbrados, y sus rostros no fueron avergonzados».

Isaías 60:5 dice: «Entonces verás, y resplandecerás; se maravillará y ensanchará tu corazón».

¿Qué significa esto exactamente? No tenemos que teorizar. Pablo nos lo dice de manera clara en esta afirmación entre paréntesis en Efesios 5:9. Los que resplandecen y los que andan en luz demuestran el fruto del Espíritu en toda bondad, justicia y verdad.

Personas de bondad. Los que andan en la luz son considerados buenos. Esto tiene que ver con su relación con otras personas. Usted ha sido trasladado fuera de las tinieblas de las relaciones engañosas y destructivas. Ahora, camina en una dirección diferente y comparte la bondad esencial de Cristo a través de Su Espíritu que obra dentro de usted. Esta bondad es característica de aquellos que han sido librados de la oscuridad y que ahora andan en la luz.

En otro lugar en la Biblia, lo vemos de esta manera: «Mirad que ninguno pague a otro mal por mal; antes seguid siempre lo bueno unos para con otros, y para con todos» (1 Ts 5:15).

Antes, usted iba tras la maldad tan rápido como podía. O, quizá, era ella quien lo perseguía a usted. Sin embargo, ahora usted es cristiano, lo que lo mueve a buscar maneras para hacer buenas obras. Está buscando el bien para usted mismo y para todos los demás.

Recientemente leí sobre dos hermanas, gemelas, que tienen noventa y siete años. Cuando tenían ochenta y cinco, alguien en la iglesia les habló de un niño que estaba enfermo. Las hermanas le llevaron un osito de peluche y tejieron ropita para el peluche. Así comenzó su ministerio de ositos de peluche. Durante los últimos doce años, estas dos hermanas han dedicado sus días a coser y tejer ropa a la medida para ositos. Ellas compran los ositos y fabrican la ropa según las necesidades o la edad o la condición del niño. También oran por los niños e incluso por los ositos.

«Ya casi no podemos salir —dijo una de las hermanas—, pero aún podemos hacer cosas para sacarle a la gente una sonrisa […]. Nos toma casi todo el día fabricar una prenda para un osito, pero no nos importa. Tenemos el tiempo. Solo queremos llevar un poco de felicidad a estos niños que no tienen demasiado».

Estas maravillosas hermanas incluso regalan ositos a recién graduados de la preparatoria que se van a la universidad. Estos ositos están vestidos con los colores de su preparatoria, incluyendo una toga y birrete. «Hay mucha oración detrás de cada osito que enviamos. Ya que sabemos quién recibirá cada uno, mi hermana y yo podemos orar con el osito en mente mientras tejemos las prendas».[10]

Solo podemos llamar a eso de una manera: ¡bondad! Es una cualidad que nunca pasará de moda.

Personas de justicia. Si nuestra relación con otras personas es de bondad, nuestra relación con Dios es de justicia. Pablo le dijo a Timoteo: «Mas tú, oh hombre de Dios, huye de estas cosas, y sigue la justicia» (1 Ti 6:11). Después, repitió el mandamiento: «Huye también de las pasiones juveniles, y sigue la justicia» (2 Ti 2:22).

Observe el verbo: *seguir*. Significa «perseguir» o «cazar». Me recuerda que, cuando hemos salido de las tinieblas y entrado en la luz, estamos en una persecución. Estamos persiguiendo, intentando alcanzar, corriendo duro tras la justicia. Al pensar en esto, confieso que me he preguntado si es lo que estoy haciendo. ¿Esto describe mi vida? O, ¿soy simplemente el tipo de persona que flota con la corriente de lo que sucede en mi ocupado mundo? Esas son preguntas para todos nosotros en estos tiempos.

El doctor R. C. Sproul describió una noche cuando estaba casi ya dormido en su dormitorio en la universidad. Él era un recién convertido, pero tenía muchas preguntas. De pronto, estaba completamente despierto y sintió que tenía que levantarse y salir de la habitación. «La llamada se volvió más fuerte, más urgente, imposible de ignorar». Se levantó, se vistió y salió de su dormitorio hacia la noche nevada. Era medianoche y la luna apenas iluminaba los edificios de la universidad. Él se abrió camino hasta la capilla gótica, abrió las puertas de par en par y entró. Las puertas se cerraron de golpe detrás de él, sacudiéndolo. Sus ojos se ajustaron a la oscuridad y la luz de la luna iluminaba tenuemente a través de los vitrales. Sus pasos retumbaban con ecos mientras caminaba por el pasillo y se arrodillaba junto al altar. Un sentido de temor cayó sobre él, pero después vino un sentimiento de paz. En ese momento, de alguna manera, le entregó todas sus preguntas a Dios y se dio cuenta de que toda su vida sería una persecución gloriosa por conocer de manera más íntima al Dios de toda santidad.

«Estaba a solas con Dios —recordó años más tarde—. Un Dios santo. Un Dios asombroso. Un Dios que podía llenarme de terror en un segundo y de paz en el siguiente [...]. Dentro de mí nació una nueva sed que nunca podría ser satisfecha del todo en este mundo. Decidí aprender más, seguir a este Dios que habitaba en oscuras catedrales góticas y que invadió la habitación de mi dormitorio para despertarme de mi cómodo dormitar».[11]

¡Ah, que todos tuviéramos ese tipo de experiencia! En estos tiempos peligrosos, necesitamos perseguir, necesitamos buscar alcanzar la justicia en todos nuestros hábitos y a un Dios justo en nuestra experiencia diaria.

Personas de verdad. Andar en la luz también nos convierte en personas de verdad. Hombres y mujeres de integridad. Nuestra cara externa debe tener contraparte con la realidad interna.

Alrededor del mundo, existen catorce montañas que se elevan por encima de los 8.000 m (casi 5 mi) por encima del nivel del mar. Cuarenta y dos personas dicen haber alcanzado la cima de las catorce, pero, ¿lo hicieron de verdad? Damien Gildea, un escalador y escritor australiano, no está tan seguro. Él está provocando un revuelo en el mundo del montañismo porque, junto con un equipo de investigadores, está buscando verificar los ascensos. Él equipara las palabras de los montañistas con imágenes y reportes de noticieros de sus aventuras, así como indicadores de GPS. Algunos de los escaladores llegaron cerca de la cima, pero los últimos metros fueron demasiado peligrosos. Otros tomaron rutas que volvieron difícil saber exactamente en dónde estaba la cima. Algunos se detuvieron en lo que parecía el punto más alto, pero no lo era. Uno de los cuarenta y cuatro ya ha dado de baja su postulación.

«Nadie está intentando rebajar el hecho de que han llegado muy arriba en una montaña muy alta —dijo Gildea a ABC News—. Sé lo difícil que puede ser. Y todos nosotros cometemos errores, en particular cuando tenemos frío o estamos cansados y a gran altura. Pero estas personas están basando su reputación […] en una afirmación; la afirmación de haber ascendido a la cumbre de la montaña».[12]

Si usted es como yo, leer esto molesta su consciencia. Como cristianos, ¿nos presentamos a veces bajo una luz falsa o manipulamos la verdad? ¿Con cuánta frecuencia exageramos? ¿Cuántas mentiras blancas tenemos flotando en nuestro mundo?

No solo queremos evitar la deshonestidad, sino que también queremos introducir la verdad (Verdad con *V* mayúscula) en cada situación. Queremos despertar cada mañana y decir: «Señor, hoy haré muchas cosas. Ayúdame a llevarte conmigo a dondequiera que vaya. Y ayúdame a llevar a Jesús y Su verdad y transparencia y honestidad a cada situación, con bondad y amor».

Castlefields Church en el centro de Derby, Inglaterra, tiene una sección en su sitio web para que los miembros puedan compartir cómo encontraron la luz de Cristo. Amanda creció sin un trasfondo cristiano, excepto por su tía abuela quien hablaba del Señor y repartía Biblias. Cuando Amanda tenía veinticinco años, estaba estudiando en la universidad, estaba deprimida y tenía problemas para encontrar un empleo. Al caminar a casa en una fría noche de febrero, escuchó a alguien cantando detrás de ella. Estaba cantando fuerte. Amanda se volteó y le preguntó: «¿Por qué está usted tan feliz?».

Dijo: «Estoy alabando al Señor; él me hace feliz». Resultó que el hombre era un evangelista nigeriano. Con el tiempo, contestó sus preguntas, le dio algunos folletos y le señaló pasajes de la Escritura. Explicó el evangelio de manera tan sencilla que ella lo entendió. Una noche, ella dijo: «Algo sobrenatural sucedió; una luz se encendió y creí que Jesús había muerto en la cruz por mis pecados. Todo se volvió tan personal. Le entregué mi vida a Jesús esa noche de febrero de 1998. Jesús se volvió mi Señor y Salvador».[13]

Observe esa misma frase: *una luz se encendió.*

Cuando leí esa historia, casi podía escuchar al evangelista nigeriano cantando mientras caminaba por las oscuras calles de Derby en esa noche fría de febrero. Su fe iluminaba la acera y estaba llevando a cabo con su vida las palabras de Cristo: «Vosotros sois la luz del mundo; una ciudad asentada sobre un monte no se puede esconder» (Mt 5:14). Estaba proclamando «las virtudes de aquel que os llamó de las tinieblas a su luz admirable» (1 P 2:9).

Revele la oscuridad que observa

El pasaje de Efesios dice algo más: «Y no participéis en las obras infructuosas de las tinieblas, sino más bien reprendedlas; porque vergonzoso es aun hablar de lo que ellos hacen en secreto. Mas todas las cosas, cuando son puestas en evidencia por la luz, son hechas manifiestas; porque la luz es lo que manifiesta todo. Por lo cual dice: Despiértate, tú que duermes, y levántate de los muertos, y te alumbrará Cristo» (Ef 5:11-14).

Levante una roca grande en un día soleado y verá un mundo entero de insectos y de alimañas huyendo en todas las direcciones. Esas criaturas prefieren la oscuridad y la luz las ahuyenta. De la misma manera, el mundo puede incomodarse cuando andamos en la luz y buscamos, con nuestra vida, revelar la santidad de Cristo.

¿Se dio cuenta de cómo sucedió esto de manera natural después de entregarle su vida a Cristo? De pronto, la gente a su alrededor comenzó a verlo diferente. *¿Qué le pasa a él? Ya no se ríe de mis chistes vulgares. ¿Qué le pasa a ella? Ya no le gusta salir a fiestas los fines de semana.*

Respondemos: «Bien, ¿sabes qué? Ahora soy un hijo de luz y no puedo participar en las obras infructuosas de las tinieblas». Algunos simplemente nos darán la espalda. Algunos seguirán siendo nuestros amigos, pero nuestras actividades juntos serán diferentes. Y, algunos seguirán nuestros pasos de luz y encontrarán a Cristo.

La palabra *participéis* en Efesios 5:11 se traduce del término griego *sunkoinoneo*. La última parte de la palabra significa *comunión*, pero el prefijo, *sun*, es la palabra griega para *con*. Significa ser partícipe con alguien en hacer algo. Este pasaje nos dice que, una vez que nos volvemos hijos de luz, ya no podemos participar con aquellos que están llevando a cabo las obras de las tinieblas.

Eso no significa que rechacemos a esas personas ni que las dejemos de amar ni que las excluyamos de nuestra vida. Significa que no podemos participar con ellos en cosas que son indignas de nuestro andar con Cristo. Seguimos *en* el mundo, pero ya no somos *del* mundo. Somos luminares en el mundo. Jesús nos advirtió que algunos aman más las tinieblas que la luz. Dijo: «Porque todo aquel que hace lo malo, aborrece la luz y no viene a la luz, para que sus obras no sean reprendidas. Mas el que practica la verdad viene a la luz, para que sea manifiesto que sus obras son hechas en Dios» (Jn 3:20-21).

He ido al mismo peluquero durante años. Un día, cuando fui a cortarme el cabello, el hombre en la silla a mi lado comenzó a hablar de manera cada vez más vulgar y sucia. Yo podía ver a mi amigo en el espejo. Él estaba tratando de callarlo con señas y de intervenir. Él no estaba cómodo con el tipo de palabras que volaban por el aire mientras yo estaba presente.

¿Por qué? Yo soy solo otro individuo. Soy uno de entre docenas que visitan el lugar cada semana. Pero, eso no es del todo cierto, ¿no es así? Usted y yo somos hijos de luz. No queremos ser ofensivos, hacer que otros se sientan incómodos ni alejarlos. Aún así, no podemos dejar de ser luces en medio de las tinieblas adondequiera que vayamos. Y esa luz deja ver sus rayos en dondequiera que estemos.

Cuando el Dios Todopoderoso entra en nuestra vida, nos cambia, ¿no es así? Él nos convierte en agentes de cambio. Nos da una nueva descripción: ahora somos hijos de luz. Tenemos un nuevo deseo: buscar la voluntad de Dios para nuestra vida. Tenemos una nueva distinción: ya no caminamos según las obras infructuosas de las tinieblas. Y tenemos una nueva tarea: esparcir luz.

Todos anhelan algo de luz. El mundo y sus tinieblas nos envuelven. En cambio, ¡cuando Jesucristo entra en nuestra vida, enciende una luz que nunca puede ser apagada!

Eso me lleva de vuelta a Shon Hopwood, a quien vimos por última vez ingresando a una prisión federal a la edad de veintitrés. A medida que pasó el tiempo, Shon consiguió trabajo en la librería de la prisión donde comenzó a leer libros de derecho. A medida que aprendía sobre derecho, comenzó a hacerse cargo de casos para otros reclusos y redactaba peticiones que ellos luego utilizaban en la corte. Lo llamaban el «abogado de la cárcel». Shon también comenzó a escribirse con una amiga llamada Annie, su amor secreto de la preparatoria. De la misma manera, sus padres le hacían saber que continuaban orando por él y su madre le enviaba libros cristianos.

Un día, Robert, un amigo de Shon en la prisión, tuvo una experiencia con Jesucristo que transformó su vida. Mientras Shon asimilaba todo esto, encontraba cada vez más difícil racionalizar su vida entenebrecida. Después de que Shon fuera liberado en 2009, él y Annie se comprometieron. Le pidieron al pastor Marty Barnhart que oficiara su ceremonia de bodas, pero Barnhart quería hablar con ellos primero. Les preguntó qué creían en cuanto a Jesús y les dijo que podían ser perdonados por la sangre derramada de Cristo. Las palabras exactas del pastor fueron: «Sí, incluso a ti, Shon». Shon describió lo que sucedió después:

> El día siguiente, no podía escapar del sentimiento de que Dios había estado persiguiéndome durante y mucho tiempo y de que, si tan solo abandonaba mi necedad y mi egoísmo y lo entregaba todo a él, encontraría la redención.
>
> ¿Qué significa ser redimido? ¿Y cómo puedes redimirte a ti mismo tras robar cinco bancos? La respuesta es: no puedes. La respuesta es: necesitas ayuda.
>
> En Efesios 1:7-8, Pablo escribe que, en Cristo, «tenemos redención por su sangre, el perdón de pecados según las riquezas de su gracia, que hizo sobreabundar para con nosotros». En otras palabras: por causa de nuestros pecados, ninguno de nosotros (y ciertamente ningún exconvicto como yo) puede redimirse a sí mismo. Necesitamos el evangelio de la gracia, que dice que cada uno de nosotros importa y tiene valor porque hemos sido hechos a la imagen de Dios. La gracia dice que nuestros fracasos y fallas no nos definen, sino un amor sin condición que no merecemos.
>
> La gracia de Dios fue suficiente para redimirme.

Shon y Annie le pidieron a Cristo que entrara en su vida, se casaron, se bautizaron y se mudaron a Seattle para que Shon pudiera asistir a la facultad de derecho de la University of Washington. Hoy, Shon es profesor de derecho en la Georgetown University en Washington D. C., donde esparce luz cada día.[14]

Vivimos en un mundo arruinado lleno de gente egoísta, egocéntrica y autoindulgente. La Biblia nos advierte que, en los últimos días, vendrían tiempos peligrosos. La sociedad iría de mal en peor. Sin embargo, recuerde que la ciudad de Éfeso también era un lugar de tinieblas en la época de Pablo y que, no obstante, él veía a los cristianos ahí como hijos de luz. Su presencia iluminaba las calles con el resplandor de Jesús.

Incluso en una época oscura, usted puede experimentar la gracia de Dios, irradiar Su resplandor y exhibir Su santidad. Así que, ¡anímese! Dios quiere que Su pueblo sea como antorchas andantes.

En un mundo cada vez más dominado por personas de los últimos tiempos, Él le ha dado a usted Su poder para brillar.

Una de las grandes ironías de nuestra época es que, aunque vivimos en un tiempo cuando casi cualquier comportamiento es celebrado, sin importar qué tan pecaminoso sea, al mismo tiempo vivimos en un mundo en donde cualquier paso en falso, público o privado, podría ser el catalizador de nuestra propia ruina social y económica.

Este es el fenómeno en donde una persona pudo haber hecho un comentario inocuo o incluso una afirmación verdadera, solo para ser asaltado por un populacho en línea y obligado a disculparse, dimitir, renunciar. Algunas personas pierden su empleo; otros hasta reciben amenazas de muerte. Si la persona atacada hizo o no algo mal es irrelevante, como también lo es si se disculpa o no. Incluso aunque su inocencia se pruebe después en la corte, el daño ya está hecho.

Diversos escritores del Nuevo Testamento profetizaron sobre un incremento en este tipo de quebranto en los últimos tiempos. ¡Lo que profetizaron en cuanto al mañana está ocurriendo cada vez más hoy!

Capítulo 7

Una profecía política: La cultura de la cancelación

Muchos tropezarán entonces, y se entregarán
unos a otros, y unos a otros se aborrecerán.
Y muchos falsos profetas se levantarán, y
engañarán a muchos; y por haberse multiplicado
la maldad, el amor de muchos se enfriará.

MATEO 24:10-12

Además de 1968 con sus revueltas y asesinatos, no puedo recordar un año más retador para Estados Unidos que 2020. Entre la pandemia, los destellos de tensiones raciales tras la muerte de George Floyd, una economía tambaleante, tasas disparadas de asesinatos y el intento de destitución del presidente Donald Trump, había mucho para discutir entre la gente. Por supuesto, las elecciones presidenciales en Estados Unidos agregaron más leña al fuego.

En medio de esta tensión y animosidad, el pastor Chris Hodges de Birmingham, Alabama, ingresó a su cuenta de Instagram un día y pulsó «me gusta» en un pequeño número de publicaciones de un autor y conferencista conservador. ¿Podía alguien imaginarse que algo tan inocuo causara problemas? Bien, lo hizo.

Una maestra de inglés de preparatoria que vivía en Birmingham vio lo que había hecho el pastor Hodges y se sintió incómoda. Creó una publicación de Facebook para expresar esa incomodidad e incluyó una imagen del nombre de Hodges junto con los «me gusta» en cuestión. Más tarde, le dijo de manera irónica a los reporteros: «Me molestaría que se sintiera que lo estoy juzgando [...]. No estoy diciendo que sea racista. Estoy diciendo que le da "me gusta" a alguien que publica cosas que no me parecen culturalmente prudentes».

En menos de dos semanas, las autoridades del sector inmobiliario de Birmingham votaron a favor de cortar relaciones con el pastor Hodges y con la iglesia de Highlands y negarse a permitir a la iglesia rentar espacio para uno de sus campuses. Las autoridades inmobiliarias también cortaron relaciones con el Christ Health Center, un ministerio independiente fundado por la iglesia de Highlands para brindar servicios de salud gratuitos para los residentes de viviendas públicas.

Ahora, detengámonos y pensemos en eso. ¡Un gobierno local clausura una clínica gratuita para los pobres en medio de una crisis sanitaria! ¿Por qué? En sus propias palabras: «Las creencias del pastor Hodges no reflejan las creencias de la organización ni de sus residentes».[1]

Allí no terminó el asunto. El comité educativo de Birmingham también votó a favor de cortar relaciones con la iglesia de Highlands tras el llamado escándalo. Durante varios años, la iglesia había rentado dos auditorios en un colegio para funcionar como campuses adicionales los domingos por la mañana y habían pagado más de 800.000 dólares por ese privilegio. No más. Los contratos de renta fueron cancelados inmediatamente.[2]

Ed Stetzer rápidamente señaló la triste ironía de estas decisiones, dadas todas las maneras en que Hodges y su iglesia habían contribuido a la comunidad de Birmingham y más allá. Escribió:

[Chris] ha [...] llevado a su iglesia a ser la iglesia diversa más grande en Alabama, a conectar con los pobres y con los marginados y a ministrar amplia y correctamente en su comunidad. Él y la iglesia que lidera han servido a los pobres, han tratado enfermos, han sido voluntarios en escuelas y más. Durante la pandemia, la iglesia de Highlands ha servido miles de comidas, ha fabricado cubrebocas, ha organizado campañas de donación de sangre y ha ayudado a otras iglesias con servicios en línea. También le dio «me gusta» a algunas publicaciones. Agarren sus horquetas.[3]

A final de cuentas, el pastor Hodges fue «cancelado» porque le dio «me gusta» a algunas publicaciones de un crítico conservador popular.

La palabra *cancelar* alguna vez describió lo que hacíamos con nuestras suscripciones de revistas o de periódicos o lo que le sucedía a un programa de televisión que perdía popularidad. Ahora, es lo que hacemos a las personas. En nuestra sociedad, cancelar a alguien es un castigo por hacer algo, decir algo o incluso pensar algo que viola un conjunto de leyes no escritas que actualmente están de moda en una gran parte del mundo liberal. Estos castigos típicamente se aplican en tres etapas:

1. Existe un intento por humillar públicamente a una persona al exponer de manera flagrante el supuesto mal que cometió.
2. Una vez que la persona ha sido expuesta, se le presiona de manera brutal a confesar y a disculparse. Si la persona hizo o no algo digno de vergüenza es irrelevante. El simple hecho de ser acusado significa una retracción y se espera una disculpa.
3. Sin importar si el acusado se disculpa o no, se hacen intentos por remover a la persona de la vida pública y de cualquier conversación pública para siempre. Como resultado, se les despide, escarnece, amenaza, censura y descalifica de todas las maneras posibles.

El profesor Evan Gerstmann dijo: «No existe una única definición aceptada para la cultura de la cancelación, pero, en su peor instancia, se trata de grupos que no le rinden cuentas a nadie que aplican presión para castigar a alguien por opiniones percibidas como incorrectas. La víctima termina perdiendo su empleo o es lastimada de manera significativa mucho más allá de la incomodidad de saber que su opinión no corresponde con la de la mayoría».[4]

¿Qué se necesita para que una persona sea cancelada? Quisiéramos saberlo, porque la mayoría de nosotros preferiría evitar la experiencia. Sin embargo, nadie sabe qué provoca ser cancelado. Al menos, no de manera específica. Como lo dije antes, las fronteras de lo que gobierna este nuevo estilo de vida, lo que muchos llaman la «cultura de la cancelación», son poco claras. No hay reglas escritas, lo que me recuerda a un automóvil conducido por un borracho, que se mueve entre carriles. Lo mejor es mantenerse fuera del camino, si es posible.

Sin embargo, no siempre es posible. Hay personas que han sido canceladas por ofensas que varían ampliamente en tipo, desde ser acusado de violación hasta votar de manera incorrecta o expresar opiniones poco populares. Incluso, por darle «me gusta» a publicaciones en redes sociales que hacen que otros se sientan «incómodos».

Uno de los aspectos más aterradores de la cultura de la cancelación es que sus tentáculos se extienden incluso hasta miembros normales de la sociedad. Uno no tiene que ser famoso para ser cancelado. Por ejemplo, Mary Purdie es una artista local que fue acusada de plagio cuando una pieza diseñada por ella se popularizó. Las acusaciones eran falsas, pero eso no importó para los centenares de personas que publicaron comentarios de odio en su cuenta de Instagram y que encontraron otras maneras de acosarla. Ella, incluso, intentó disculparse por algún posible malentendido, pero, en sus propias palabras, la disculpa fue «hecha añicos».

«He sobrevivido a cinco abortos naturales y a un cáncer de mama —Purdie le dijo a *Good Morning America*—, y, aun así, esto es lo peor que me ha sucedido».[5]

Si esta cultura le parece irracional, incluso antibíblica, usted está en lo correcto. Cuando le pidieron a Jesús que identificara el mandamiento más importante de la Biblia, respondió con un combo dos por uno: «Amarás al Señor tu Dios con todo tu corazón, y con toda tu alma, y con toda tu mente. Este es el primero y grande mandamiento. Y el segundo es semejante: Amarás a tu prójimo como a ti mismo» (Mt 22:37-39).

Puedo pensar en pocas cosas menos amorosas que crucificar públicamente a alguna persona aleatoria, incluso intentar que lo despidan, que lo avergüencen y que lo callen, todo por el pecado de atreverse a estar en desacuerdo con alguna opinión prevalente. Sin embargo, eso es lo que demanda la cultura de la cancelación.

Es de notar que Jesús pasó mucho tiempo con personas de Su época que habían sido canceladas, por decir algo. ¿Recuerda usted a la mujer en el pozo? Las mujeres eran consideradas ciudadanas de segunda clase en el mundo antiguo y los samaritanos eran menospreciados. Incluso su propio pueblo la despreciaba; por eso salía sola a sacar agua del pozo comunitario durante las horas de calor del día. Sin embargo, Jesús se le acercó y le habló con amabilidad. Incluso, le ofreció el agua viva, diciéndole: «Cualquiera que bebiere de esta agua, volverá a tener sed; mas el que bebiere del agua que yo le daré, no tendrá sed jamás; sino que el agua que yo le daré será en él una fuente de agua que salte para vida eterna» (Jn 4:13-14).

Jesús tocó a leprosos que eran intocables según la ley. Dio la bienvenida a pecadores que eran despreciados. Bendijo a los niños cuando otros trataron de alejarlos. Expresó compasión por una mujer sorprendida en adulterio y aceptó adoración de una mujer que fue criticada por verter perfume en Sus pies. Tocó los ojos de los ciegos y los oídos de los sordos. Expulsó demonios de los violentos. Durante Sus últimas horas, consoló a un criminal que estaba clavado en la cruz a Su lado. Después de Su resurrección, tranquilizó a un discípulo escéptico y reafirmó a otro que lo había negado.

Jesús no tenía lugar en Su corazón para la cultura de la cancelación, sino que demostraba el amor de Dios y Su gracia a todos de manera maravillosa. Y todavía lo hace.

¿Qué significa esto?

Sería agradable pensar que la cultura de la cancelación es una fase temporal que nuestro mundo atraviesa. No obstante, la sociedad se está volviendo más intolerante y polarizada cada día y no estoy seguro de que veremos una reversión de estas tendencias. Los elementos más insidiosos de la cultura de la cancelación son una forma virulenta de la malicia y del egocentrismo que son comunes a toda la naturaleza humana. Sin embargo, lo que estamos viendo hoy me recuerda lo que Jesús describió en Mateo 24, el sermón de nuestro Señor sobre los últimos días y la gran tribulación.

Jesús advirtió de un período venidero de aflicción mundial y dijo: «Porque habrá entonces gran tribulación, cual no la ha habido desde el principio del mundo hasta ahora, ni la habrá. Y si aquellos días no fuesen acortados, nadie sería salvo; mas por causa de los escogidos, aquellos días serán acortados» (24:21-22).

Tal como aprendimos en el capítulo 3, Jesús predijo una serie de señales que presagiarán el final de la historia. Él habló de guerras y rumores de guerras, de hambrunas, de terremotos y de pestilencias. Entonces dijo: «Y todo esto será principio de dolores. [...] Muchos tropezarán [tb. se ofenderán, NKJV] entonces, y se entregarán unos a otros, y unos a otros se aborrecerán. Y muchos falsos profetas se levantarán, y engañarán a muchos; y por haberse multiplicado la maldad, el amor de muchos se enfriará» (vv. 8-12).

Lea eso de nuevo, porque existen varios términos en esos versículos que representan el espíritu de la cultura de la cancelación.

Una cultura de desprecio

Primero, Jesús habla de qué tan fácilmente se ofenderán las personas en los días cercanos a la tribulación. ¡Vaya, si eso es verdad hoy! Recientemente, Aaron Rodgers, estrella de la NFL, causó un revuelo cuando apareció con una camiseta negra con las palabras: «Estoy ofendido». El mundo deportivo se preguntaba si significaba algo o no.

Muchas personas parecen andar por ahí con una actitud de «Estoy ofendido». ¿Cuántos grupos o productos han tenido que cambiar su nombre, su logotipo o su mascota por miedo a «causar ofensa»? Nadie quiere ser ofensivo, pero ¿no le parece que las personas en todos lados se ofenden con demasiada facilidad? ¿Cuánto tiempo pasará antes de que alguien nos vea leyendo la Biblia en un avión y se sienta «incómodo»? ¿Cuándo se ofenderá alguien cuando llevemos una camiseta con el eslogan «Juan 3:16» grabado? ¿Qué tal por llevar una cruz de collar?

Jesús vinculó el ser ofendido fácilmente con odiarse unos a otros y traicionarse unos a otros. La palabra griega que se traduce como «traicionar» es importante. No significa traición en el sentido de decir cosas negativas sobre algún compañero de trabajo para lograr un puesto en lugar de él. Tampoco significa traicionar en términos de engañar a otro y de voltearse en contra de alguien que solía ser un amigo; apuñalarlo por la espalda.

En cambio, el texto está hablando de traición en el sentido de revelar de manera intencional o exponer algo que estaba oculto. Es la misma idea que traicionar un secreto, como los que revelaban la identidad de un vecino a la policía secreta durante la persecución contra los judíos que precedió a la Segunda Guerra Mundial.

En otras palabras, Jesús dijo que, mientras nos acercamos a esos últimos tiempos, la sociedad estaría caracterizada por personas que de manera activa destapan, exponen y traicionan a aquellos a su alrededor. ¿No diríamos que ese tipo de traición es común en nuestro mundo moderno? Lo es. ¿No diríamos que ese tipo de traición constituye un ingrediente esencial del potaje tóxico que llamamos la cultura de la cancelación? Sí, lo es.

De muchas maneras, la cultura de la cancelación depende de la traición. Todos hemos cometido errores en el pasado que desearíamos olvidar. Todos nosotros hemos tomado decisiones que lamentamos y que quisiéramos corregir o volver a tomar si tuviéramos la posibilidad. Sin embargo, en un mundo conducido por la cultura de la cancelación, tales errores no quedan en el pasado. Las personas intencionalmente escarban por la historia y la biografía y las publicaciones en redes sociales de otros, incluso de aquellos que consideran como amigos, para sacar a la luz esos errores y llevarlos al presente.

Lizzie Troughton es una abogada en Londres que se especializa en proteger la vida familiar y la libertad religiosa. Su labor ha incluido consultas legales con el Ministerio de justicia del Reino Unido y con la Organización Mundial de la Salud. Su reciente artículo: «Cancelling Christians» [«Cancelación de cristianos»] es un estudio fascinante sobre nuestra sociedad actual. Comienza con un recuento de la influencia de Billy Graham en Inglaterra. En 1954, más de dos millones de personas se juntaron en la Harringay Arena y miles más asistieron a su última cruzada en Gran Bretaña en 1989.

Troughton escribió: «Si Billy estuviera vivo hoy, parece poco probable que tuviera las mismas oportunidades. El coqueteo del Reino Unido con la cultura de la cancelación está negando rápidamente a los predicadores cristianos la posibilidad de predicar en las calles, de rentar inmuebles privados e incluso de recibir publicidad indirecta en público. No solo estamos frente a una crisis de libertad de expresión. Estamos cancelando a los *cristianos*».

El artículo termina con estas palabras: «El cristianismo ha sido una influencia positiva durante demasiado tiempo en nuestra tierra para que sea cancelado ilegalmente por personas que se ofenden por él o a quienes simplemente no les gusta».[6]

Otra voz de la razón es Diana Graber. En 2010, la hija de Diana asistía a la Journey School en California. Los estudiantes y trabajadores allí intentaban enfrentar un incidente grave de intimidación cibernética, el primero de la escuela. Todos hicieron su mejor esfuerzo por entender la situación y por descifrar la mejor manera de responder, pero existía mucha incertidumbre. Este era un terreno inexplorado.

Diana acababa de terminar su maestría en un nuevo ramo llamado Psicología mediática y cambio social. Ella tenía experiencia académica en ayudar a la gente a ajustarse al nuevo mundo del Internet y de las redes sociales y estaba deseosa por poner en práctica esa experiencia. Junto con la Journey School, Diana creó una nueva materia titulada «Cívica cibernética». El objetivo era enseñar a los estudiantes lo que ella llamó «ciudadanía digital», una manera de ayudarlos a darle sentido a los retos que presenta un mundo digital, a obtener un mejor entendimiento de la ética y de la moralidad, a pensar de manera crítica en lugar de superficial, a construir su reputación digital, a valorar su privacidad y a rechazar todo tipo de intimación, persecución y acoso cibernético.[7]

El veneno que encontramos en las redes sociales hoy es evidencia de algo nuevo. Algo tanto sencillo como perturbador. Nuestros hijos necesitan aprender a no destruirse unos a otros solo porque son criados en una cultura que glorifica el odio. Y el abuso. Y la explotación.

Vivimos en una cultura de desprecio.

Una cultura de engaño

En Su gran sermón sobre los últimos tiempos, Jesús también advirtió sobre el surgimiento de muchos falsos profetas que engañarían a multitudes (Mt 24:11). Eso nunca ha sido más fácil que hoy, gracias a las redes sociales. Los adultos mayores son quienes están en más riesgo y perdieron cerca de mil millones de dólares en 2020 por fraudes en línea. Un total de 105.301 personas de más de sesenta y cinco años fueron estafadas. La persona promedio perdió más de 9.000 dólares y casi 2.000 adultos mayores perdieron más de 100.000 dólares.[8]

Thomas Mulligan, de ochenta y cinco años, es un médico cirujano retirado y un cristiano devoto. Un día, recibió una llamada en su teléfono de casa de parte de representantes de ciberseguridad de Amazon, quienes le dijeron que necesitaban de su ayuda para detener a un hacker. Mulligan estaba deseoso de ayudar, sin saber que estaba en línea con los mismos criminales que él pensaba estar ayudando a atrapar. Estaba siendo estafado por dos hermanos en India, llamados Karan y Arjun Mishra.

Los hermanos le pidieron a Mulligan que descargara un programa que ayudaría a «atrapar a los criminales». El programa proporcionó a los hermanos un control absoluto de la computadora de Mulligan, incluyendo todos sus registros y cuentas. Su meta era vaciar todas las cuentas bancarias de Mulligan y llevarse hasta su último centavo, incluyendo todos sus ahorros para el retiro.

Afortunadamente, ese no es el fin de la historia. Mientras Mulligan estaba en el teléfono con los criminales, su teléfono celular comenzó a vibrar. Era un hombre que dijo llamarse Jim Browning. Él es un «hacker ético», una especie de vigilante cibernético que se dedica a ayudar a víctimas. Browning dijo: «Por favor, no lo diga en voz alta, pero creo que está en una llamada con personas que están intentando robarle su dinero».

Browning, con su destreza como hacker, había rastreado a los hermanos Mishra y había logrado grabar en vídeo toda su conversación. Con la ayuda de Browning, Mulligan logró recuperar casi todo, aunque no todo, su dinero. Browning explicó que él mismo fue estafado en una ocasión y que ahora utiliza sus habilidades para ayudar a víctimas, a veces hasta veinte por semana.

En cuanto a Thomas Mulligan, le dijo a un periodista: «Yo me consideraba una persona inteligente y demasiado lista como para ser engañado, pero pronto descubrí que las personas pueden aprovecharse de la naturaleza bondadosa de uno para estafarlo. Simplemente, pareció tan creíble que me engañaron».[9]

Personas falsas, reseñas falsas, productos falsos, noticias falsas, amigos falsos; todo esto gracias al mundo de los gigantes tecnológicos. Y todo esto es parte de una creciente cultura de engaño.

Una cultura de desconexión

¿Cuál es el siguiente paso lógico? La desconexión. En una cultura caracterizada por el desprecio y el engaño, las personas desean distanciarse de la sociedad de cualquier manera posible. Jesús lo dijo de esta manera: «Y por haberse multiplicado la maldad, el amor de muchos se enfriará» (Mt 24:12).

El apologista Abdu Murray tiene esto que decir sobre la naturaleza relacionalmente aterradora de nuestra sociedad actual: «En la cultura de la cancelación, un solo error es imperdonable para siempre porque no es un simple *acto* culpable. En cambio, el error define la identidad del individuo y lo convierte en una *persona* vergonzosa: alguien digno de ser "cancelado"».[10]

La cultura previa a la tribulación y al final de la historia será caracterizada por una frialdad en nuestros sentimientos y en nuestro trato unos con otros. Será caracterizada por el aislamiento y la desconexión. La vergüenza empujará a la gente a ensimismarse. La intimidación los llevará a sentirse humillados. El odio los hará dar un paso atrás.

Conocemos bien el dolor físico y el dolor emocional, pero nuestra sociedad está sufriendo de dolor social. Según la revista *Healthline*: «El dolor social implica emociones dolorosas causadas por situaciones que incluyen a otras personas, como el sentirse rechazado, solo, excluido, devaluado, abandonado o desconectado».[11]

La pandemia de COVID-19 agravó el problema al sacar a las personas de sus escuelas y lugares de trabajo y forzar a muchos a vivir aislados. Sin embargo, la causa principal de la desconexión es de naturaleza espiritual. Cuando estamos desconectados de Dios, no tenemos amor, gozo, paz, paciencia ni benignidad para con otros. Nos hemos aislado en nuestro propio egocentrismo.

Vemos estas realidades en juego en la cultura de la cancelación de nuestro mundo moderno. No es difícil entender por qué tal sociedad conduce a la indiferencia relacional y al aislamiento. Después de todo, las relaciones son riesgosas. Una buena relación requiere que seamos vulnerables, pero ¿por qué quisiera hacerme vulnerable con otra persona cuando esta pudiera utilizar mis fallas para cancelarme?

Estamos presenciando de primera mano las consecuencias de esta desconexión. De hecho, el aislamiento se había convertido en un problema tan grande en nuestro mundo que, en 2018, antes de la pandemia de COVID-19, el Reino Unido creó un nuevo cargo en su gobierno titulado: «ministro de soledad». Tracey Crouch fue la primera persona en tomar el nuevo cargo y el primer ministro proclamó en una rueda de prensa: «Para demasiadas personas, la soledad es una triste realidad en la vida moderna».[12]

El Reino Unido no es el único lugar que lucha contra una pandemia de desconexión. Japón nombró a su propio ministro de soledad en

2021 para combatir un incremento tremendo en la tasa de suicidios. Y el doctor Vivek Murthy, dos veces cirujano general de los Estados Unidos, escribió un libro llamado *Together* [Juntos], donde daba ideas sobre cómo luchar contra la soledad a una escala nacional. Su investigación reveló que la soledad «está asociada con un incremento en riesgo de enfermedades vasculares, demencia, depresión, ansiedad, desórdenes de sueño e incluso muerte prematura».[13]

De manera sorprendente, un estudio reciente reveló que casi la mitad de los estadounidenses no han hecho un nuevo amigo en los últimos cinco años. A medida que incrementa el odio y el engaño, el amor en nuestro mundo ha disminuido. Nuestras relaciones se han enfriado.

¿Hacia dónde vamos ahora?

Ahora que entendemos más de la cultura de la cancelación y de los peligros que presenta, ¿qué podemos hacer al respecto? ¿Qué implica vivir en un mundo así? Aquí está una pregunta aún más importante. ¿Qué requiere vivir para Cristo? ¿Qué requiere crear un tipo diferente de cultura en nuestro hogar? ¿En el trabajo? ¿En la iglesia?

La respuesta corta es: ¡mucho! No es fácil vivir como miembros del reino de Dios en un mundo que es cada vez más hostil a Sus valores. Esta es la experiencia compartida de cada generación de cristianos desde la primera, así que hemos tenido dos mil años para prepararnos para estos días. Sabemos una cosa: las recompensas de seguir a Cristo valen la pena.

Así que, exploremos cuatro características incancelables que podemos incorporar en nuestra vida para reclamar esas recompensas.

Requiere sabiduría

Jesús nos dijo: «He aquí, yo os envío como a ovejas en medio de lobos; sed, pues, prudentes como serpientes, y sencillos como palomas» (Mt 10:16).

Sabiduría es una palabra que confunda a la gente moderna. Muchos creen que sabiduría es sinónima con frases célebres y memorables, como en las galletas de la suerte. Otros creen que sabiduría significa hablar y actuar de acuerdo con un grupo más grande. Esa es la «sabiduría de los grupos».

En un nivel práctico y bíblico, la sabiduría es muy diferente de esas dos cosas. La verdadera sabiduría es la habilidad para discernir lo correcto, lo bueno, lo justo y lo adecuado. La sabiduría también transmite ese discernimiento a otros con tanta prudencia como sea posible. Me asusta ver a cristianos que pierden la calma mientras intentan compartir la verdad. No podemos evitar las guerras culturales, pero el tono de nuestra conversación es crítico.

Colosenses 4:6 dice: «Su conversación debe ser siempre agradable y de buen gusto, y deben saber también cómo contestar a cada uno» (DHH).

El doctor Barry H. Corey, presidente de la Biola University, recuerda estar sentado junto al lecho de muerte de su padre. «Lo que recuerdo —dijo Corey—, no fue su valentía de cara a la muerte. Fue su amabilidad en vida. Nunca pensé con seriedad sobre el poder revolucionario de la amabilidad hasta que mi padre murió. Entonces fue que comencé a prestar atención a las historias que otros compartían sobre él. No fue olvidado rápidamente. Su influencia cordial provocó olas que continúan hasta hoy. Las historias no trataban de su fuerte liderazgo ni de su reconocida posición. No comenzó una empresa, ni ganó mucho dinero, ni salió en las noticias, ni obtuvo cargos oficiales ni escribió un libro. Nadie escribiría su página de Wikipedia. Las historias trataban de su espíritu de amabilidad».

El doctor Corey continúa: «Apenas comienzo a entender qué tan poco común es la amabilidad. El ejemplo de mi padre no parece caracterizar el tono de las conversaciones que muchos cristianos tienen en la plaza pública».[14]

No tenemos que pelearnos con los que está en desacuerdo con nosotros. Por otro lado, no tenemos que quedarnos callados cuando nuestra fe es retada. Existen momentos cuando la sabiduría sugiere que escuchemos y que aprendamos, en lugar de hablar y equivocarnos. Como lo dijo Salomón: «Aun el necio, cuando calla, es contado por sabio; el que cierra sus labios es entendido» (Prov 17:28).

Existen también momentos cuando los seguidores de Jesús necesitan levantarse firmes y defender la verdad. Eso nos incluye a usted y a mí. Y, cuando esos momentos lleguen, espero que usted se levante y hable, escriba, enseñe y cree con la misma valentía que Esteban demostró ante sus acusadores en el Sanedrín. Que se diga de nosotros, como se dijo de él, que los que escuchan nuestras palabras fueron «aserrados en sus corazones» (ver nota al pie en Hch 7:54, LBLA).

Saber qué decir, cuándo decirlo y cómo decirlo; ¡eso es sabiduría! Y ¡eso es lo que necesitamos!

El libro de Santiago contrasta la sabiduría mundana con la sabiduría de lo alto. La sabiduría mundana es «terrenal, animal, diabólica. Porque donde hay celos y contención, allí hay perturbación y toda obra perversa. Pero la sabiduría que es de lo alto es primeramente pura, después pacífica, amable, benigna, llena de misericordia y de buenos frutos, sin incertidumbre ni hipocresía» (Stg 3:15-17).

Observe que Santiago contrasta la sabiduría del mundo con la sensualidad, el pensamiento diabólico, los celos, la contención, la perturbación y toda obra perversa. Esos son los frutos de la cultura de la cancelación. En cambio, la sabiduría verdadera viene de lo alto. Es un regalo de Dios, disponible para todos los que se lo piden. Santiago dijo: «Si alguno de vosotros tiene falta de sabiduría, pídala a Dios, el cual da a todos abundantemente y sin reproche, y le será dada» (1:5).

Este es mi reto para usted a medida que busca navegar por las aguas tempestuosas de la cultura de la cancelación. No se frustre. No se enoje. No se permita enfrascarse en argumentos tontos ni en conflictos que son cada vez más comunes. En cambio, pídale a Dios que lo llene de Su sabiduría. Pida en fe, creyendo la verdad de Su Palabra. Pida por discernimiento y Él se lo dará.

Requiere valentía

La Biblia dice: «Esforzaos y cobrad ánimo; no temáis, ni tengáis miedo de ellos, porque Jehová tu Dios es el que va contigo; no te dejará, ni te desamparará» (Dt 31:6).

Usted y yo necesitamos obedecer esos mandamientos si queremos vivir como verdaderos seguidores de Jesús en un mundo influenciado por la cultura de la cancelación. Necesitamos valentía porque, como lo mencioné antes, vendrán tiempos en que mantenerse cerca de Cristo significará dar la cara por Él.

Y es probable que esa posición venga con un precio.

John Piper ofrece este recordatorio: «La valentía cristiana es la disposición para decir y hacer lo correcto sin importar el precio terrenal, porque Dios promete ayudarnos y salvarnos por causa de Cristo. Un acto de valentía probablemente será doloroso. El dolor puede ser físico, como en la guerra o en una operación de rescate. O el dolor puede ser mental, como en una confrontación o controversia».

De cualquier manera, según Piper: «La valentía es indispensable tanto para promulgar como para preservar la verdad de Cristo».[15]

La palabra *denuedo* ocurre en repetidas ocasiones en el libro de Hechos para describir la actitud de los primeros cristianos que fueron llenos de valentía por el Espíritu Santo. Uno de mis versículos favoritos es Hechos 4:31: «Cuando hubieron orado, el lugar en que estaban congregados tembló; y todos fueron llenos del Espíritu Santo, y hablaban con denuedo la palabra de Dios».

Iman era un ladrón y drogadicto en Irán. Después de convertirse a Cristo, se volvió evidente que tenía el don de evangelista. Un día, fue arrestado y su primer pensamiento fue: «Si estoy en la cárcel, debe ser porque alguien aquí necesita escuchar sobre Jesús». No se resistió al arresto ni luchó contra los guardias. Fue amable. Cuando llegó a su celda, compartió un sermón de quince minutos con los otros presos allí y dos de ellos se arrodillaron para recibir a Cristo como Salvador.

Iman dijo más tarde: «Solo tuve esos quince minutos para compartir el evangelio, porque, inmediatamente después de hacerlo, vino el policía y me dijo: "Usted ha sido muy bueno y no debe estar aquí. Usted ha sido muy amable con nosotros y queremos dejarlo libre"».

Cuando los guardias abrieron las puertas, los dos convertidos lo abrazaron y los tres comenzaron a llorar. El carcelero estaba asombrado. «¡Tiene tan solo quince minutos de conocer a estas personas y ya actúan como si fuera un miembro de la familia!».[16]

La valentía es un rasgo de carácter dado por Dios que resulta crucial en momentos críticos. Vemos este rasgo en la vida de Jeremías, el profeta del Antiguo Testamento. Él permaneció comprometido con Dios y con su labor profética incluso en medio de una crítica extrema. Jeremías fue fiel a su ministerio, incluso cuando los ataques venían de los de su propio pueblo. Él declaró las palabras del Señor durante un período especialmente difícil de la historia de Israel y no flaqueó cuando las cosas a su alrededor empeoraron.

Sus oidores trataron de cancelarlo. Dijeron: «Venid y maquinemos contra Jeremías; porque la ley no faltará al sacerdote, ni el consejo al sabio, ni la palabra al profeta. Venid e hirámoslo de lengua, y no atendamos a ninguna de sus palabras» (Jer 18:18). Sin embargo, él persistió en su ministerio. Continuó hablando la verdad como representante del Dios Todopoderoso.

Usted y yo necesitamos una pizca de la testarudez santificada de Jeremías en estos tiempos difíciles. Las turbas se burlarán de nosotros y nos calumniarán. La sociedad nos avergonzará y nos difamará. Las asociaciones nos intimidarán y nos atacarán. Tal vez, las multitudes querrán matarnos. En medio de todo esto, debemos ser valientes. Debemos escoger ser valientes. Gracias a Dios, esa es una decisión que no tenemos que tomar solos, ni es una posición que debemos defender nosotros solos. Dios estará con nosotros. Salmos 27:14 dice: «Aguarda a Jehová; esfuérzate, y aliéntese tu corazón».

Y, recuerde, la valentía es contagiosa. Su valentía se extenderá a otros.

Mike Nappa escribió: «El verdadero cristianismo, el cristianismo valiente, del tipo que los apóstoles Pablo y Pedro y miles de otros practicaron, no es para debiluchos. No es para cobardes, tibios, medio comprometidos ni para el asistente ocasional a la iglesia. Es para los apasionados, para los que tienen el valor para decir: "Creo en Dios y dedicaré cada hora de mi vida a caminar hacia Su propósito, sin importar el precio"».[17]

Requiere perdón

En un mundo donde los errores del pasado son un blanco para el presente, no existe espacio para el perdón ni para la redención. En cambio, los que son cancelados siempre reciben trato como si merecieran desprecio, ira y juicio.

Afortunadamente, la Biblia ofrece otro camino.

Efesios 4:32 dice: «Antes sed benignos unos con otros, misericordiosos, perdonándoos unos a otros, como Dios también os perdonó a vosotros en Cristo».

Colosenses 3:12-13 añade: «Vestíos, pues, como escogidos de Dios, santos y amados, de entrañable misericordia, de benignidad, de humildad, de mansedumbre, de paciencia; Soportándoos unos a otros, y perdonándoos unos a otros si alguno tuviere queja contra otro. De la manera que Cristo os perdonó, así también hacedlo vosotros».

Cuando perdonamos el mal que otro nos ha perpetrado, lo liberamos, pero también nos liberamos a nosotros mismos. La amargura en nuestro corazón es como un veneno que carcome continuamente nuestro gozo y nuestra felicidad. En cambio, cuando perdonamos, liberamos al otro y nos liberamos a nosotros mismos.

Erik Fitzgerald es un gran ejemplo de esto. Un día, June, la esposa de Erik que estaba embarazada, iba en el auto con su hijita, Faith. Otro auto se metió en su carril y tanto June como el bebé en su vientre fallecieron. Afortunadamente, Faith sobrevivió la colisión. El conductor del otro auto era Matt Swatzell, un joven bombero que acababa de terminar su turno de veinticuatro horas y se hallaba exhausto. A unos cuantos kilómetros de casa, se durmió al volante.

El dolor de Erik fue inmenso; también el de Matt Swatzell. El bombero sobrevivió a la colisión, pero quedó devastado por el dolor y el desastre que su descuido momentáneo provocó. Ese dolor pudo haberlo destruido, si no hubiera sido por Erik.

Como pastor, Erik había estado enseñando sobre la necesidad de perdonar durante años y sabía que tenía que poner en práctica lo que predicaba. Erik presionó al sistema judicial para que redujera el castigo de Matt. Los dos hombres comenzaron a juntarse para desayunar varias veces al mes en un restaurante local. Erik ayudó a Matt a superar su dolor y a volver a ponerse de pie.

«Uno perdona tal como ha sido perdonado», Erik dijo después a los reporteros. «No era una opción. Si uno ha sido perdonado, tiene que ofrecer también ese perdón».[18]

Paul Meyer, quien se volvió millonario en sus veintes gracias a sus habilidades como empresario es otra persona que también descubrió el poder del perdón. Paul creció en un hogar interesante. Su padre nunca perdonó a nadie. Si alguna vez alguien lo hacía enojar o lo ofendía, recordaba esa ofensa durante toda la vida y hasta la tumba. Simplemente, nunca perdonó a nadie, ni siquiera a miembros de su propia familia. Su vida estaba llena de relaciones rotas.

En cambio, Paul dice que su madre «perdonaba absolutamente a todos». Paul dijo que ella fundamentaba su espíritu perdonador en la Palabra de Dios, porque prefería vivir con perdón que sin perdón. Como resultado, gozaba de una paz y de un gozo que fluía de su vida.

«Allí estaba yo, atrapado entre dos polos opuestos. Amaba a ambos de mis padres y sigo en deuda con ellos por lo que me enseñaron, pero, en esta área, sabía que tenía que escoger el perdón o rechazarlo. ¿Cuál era la mejor oferta? Cuando tenía alrededor de dieciséis, tomé una decisión consciente de comenzar a perdonar a la gente y de vivir una vida de perdón. Ya había observado a mis padres y sabía quién de los dos tenía más paz y más gozo. La diferencia no era difícil de ver».[19]

Requiere amor

Y eso me lleva a la última lección: vivir para Jesús en un mundo caracterizado por la cultura de la cancelación requiere amor.

¿Recuerda usted el pasaje en los Evangelios donde Jesús «canceló» a una joven? Él estaba enseñando en uno de los atrios del templo cuando un grupo de fariseos le trajo por la fuerza a una jovencita. Ellos la habían atrapado en el acto de adulterio. «¡Apedréenla! —declaró Jesús—. Ese es el castigo que ordena la ley. Ella es culpable de pecado, debe ser removida de manera permanente. Deben cancelarla».

Espere un momento, ¿no recuerda a Jesús diciendo algo así? Tampoco yo. En lugar de cancelar a la joven, Jesús dijo a sus acusadores: «El que de vosotros esté sin pecado sea el primero en arrojar la piedra contra ella» (Jn 8:7). Entonces, después de que todos se habían ido, avergonzados, Jesús le habló bondadosamente a la chica y le dijo: «Ni yo te condeno; vete, y no peques más» (v. 11).

Como lo hemos visto, la cultura de la cancelación está enfocada al cien por ciento en el juicio, la acusación y el castigo. La meta de los que cancelan a otros es proclamar de principio a fin los pecados del otro y nunca permitir que sean removidos ni olvidados. La meta de Cristo, por otra parte, es amor, misericordia y gracia. En palabras de la Escritura: «Y ante todo, tened entre vosotros ferviente amor; porque el amor cubrirá multitud de pecados» (1 P 4:8).

Daylan McLee no era un gran fanático de los oficiales de policía. ¿Quién podría culparlo, tras haber sido acusado falsamente de apuntar una pistola hacia un oficial? McLee pasó un año entero en la cárcel antes de ser exonerado. «Definitivamente, mucho resentimiento», dijo McLee cuando le pidieron que describiera cómo se sentía respecto a la policía. «Es decir, si veo a uno, quiero irme hacia el otro lado».

Entonces, un día mientras daba vuelta hacia una calle en su ciudad natal de Uniontown, Pennsylvania, McLee escuchó un estruendo. Fue un accidente vial que implicaba a una patrulla. A medida que McLee se acercaba, vio a un oficial intentando desesperadamente abrir una de las puertas traseras. Otro oficial estaba atrapado adentro y el tanque de gasolina se había fracturado. Las llamas se estaban acercando ya a la cabina. Sin pensarlo dos veces, Daylan McLee corrió para asistir. Ayudó a arrancar la puerta y a sacar al oficial justo antes de que el auto se incendiara por completo.

«Es increíble cuando existe un amor verdadero en una persona y te rescata de algo como esto —dijo Jay Hanley, el oficial rescatado—, sin importar quién eres ni de dónde vienes». Luego, hablando de McLee, añadió: «Debería haber más personas como él».[20]

Sí, debería. A veces, quisiera cancelar la cultura de la cancelación, ¿usted no? Me gustaría cancelar todo el odio y la división, los crímenes y la ilegalidad, la petulancia y el esnobismo de los críticos y de los burócratas. Quisiera cancelar la violencia y el veneno.

Un día, Jesús lo hará.

Sin embargo, por ahora, existe una forma de la cultura de la cancelación que sí acepto y que quiero recomendarle a usted. ¡Esta es la cancelación que necesitamos!

La Biblia dice: «Y cuando estabais muertos en vuestros delitos [...] os dio vida juntamente con Él, habiéndonos perdonado todos los delitos, habiendo cancelado el documento de deuda que consistía en decretos contra nosotros y que nos era adverso, y lo ha quitado de en medio, clavándolo en la cruz» (Col 2:13-14, LBLA).

Cuando venimos a Jesucristo, Él cancela nuestros pecados y nos da la bienvenida a Su familia. En lugar de desprecio, engaño y desconexión, nos da amor, verdad y un lugar a Su lado. Nos llena de sabiduría, de valentía y de compasión. Nos comisiona para enfrentar la cultura de la cancelación con el poder de la cruz, que nunca puede ser cancelado, revocado ni anulado, ni en este tiempo ni en la eternidad. Podemos ir a la cama hoy sabiendo con todo nuestro corazón que nada ni nadie puede jamás cancelar a Aquel que canceló nuestros pecados.

El profeta Isaías describió con precisión nuestra generación cuando escribió: «La verdad tropezó en la plaza» (Is 59:14). Por todas partes, hacemos oídos sordos a la verdad mientras buscamos con desesperación el sentido y la plenitud en todos los lugares equivocados. Al buscar la verdad, en realidad nos alejamos de ella.

Mientras tanto, la verdad pasa de ser algo que se enseña en la plaza pública a algo que se tolera, y de algo que se cree en nuestras escuelas públicas a algo que se prohíbe. Lo que antes era la norma de la fe y la práctica en nuestra cultura ha quedado relegado: ahora es un ícono negativo que se utiliza para ilustrar la «mente cerrada» de nuestros padres fundadores. Mientras nosotros nos alejamos de la verdad, la verdad se aleja de nosotros.

Estamos en medio de una hambruna. «no hambre de pan, ni sed de agua, sino de oír la palabra de Jehová» (Amós 8:11).

Capítulo 8

Una profecía espiritual: la hambruna espiritual

He aquí vienen días, dice Jehová el Señor,
en los cuales enviaré hambre a la tierra.

Amós 8:11

Cuando el autor Benedict Cumberbatch asumió el papel de Greville Wynne en la película *The Courier* [Ironbark / El espía inglés], se enfrentó a algunas escenas para las que debió sufrir una severa pérdida de peso. La película está inspirada en hechos reales. Wynne es un empresario inglés que el MI6 y la CIA contratan para que espíe a Rusia durante la Guerra Fría. Cuando los soviéticos capturan a Wynne, el espía pasa algunos años encerrado. Su dieta hace que esté famélico y lo reduce a piel y huesos.

Durante unas cuatro escenas de la película, Cumberbatch tuvo que replicar el aspecto de un hombre casi muerto de hambre.

El equipo que trabajaba en la película se tomó un descanso del rodaje mientras Cumberbatch hacía una dura dieta para verse demacrado durante esta parte del filme. Fue una experiencia atroz. «Te desorientas mucho —Cumberbatch recordó—. Te sientes deshidratado y hambriento todo el tiempo. Te sientes muy vulnerable emocional y físicamente... Es horrible. Me sentía... inestable mentalmente».[1]

¿Alguna vez se ha preguntado por qué nuestro mundo pareciera estar hambriento todo el tiempo? ¿Por qué estamos sedientos de manera perpetua? ¿Por qué tantas personas son vulnerables emocional y físicamente, se sienten horrible y parecieran estar inestables mentalmente?

La respuesta es que nuestra generación está famélica. Morimos de hambre de la verdad, estamos hambrientos de la esperanza y sedientos del mensaje de la Escritura dado por Dios.

La Biblia enseña que habrá una hambruna de la verdad en los últimos días. La predicación bíblica más vívida al respecto viene del robusto profeta Amós, que no era un predicador preparado ni un teólogo instruido. Era un pastor que pasaba la mayor parte del tiempo evitando que sus ovejas se extraviaran. Además, recogía fruta durante la temporada de cosecha.

Aun así, Amós se movió con coraje y habló con convicción. Su mensaje popular era directo: «Prepárate para venir al encuentro de tu Dios, oh Israel» (Amós 4:12).

Cada vez que leo estas palabras, recuerdo haberlas visto pintadas sobre rocas y letreros junto a las carreteras cuando era niño. Ahora casi han desaparecido de nuestra consciencia. La gente se ofende por este mensaje en el mundo moderno.

Y también lo hacían en la época de Amós. Los sacerdotes y los políticos intentaban alejarlo. «Vidente, vete —le gritaron—, huye a tierra de Judá, y come allá tu pan, y profetiza allá; y no profetices más en Bet-el, porque es santuario del rey, y capital del reino» (Amós 7:12-13).

¡No sabían con quién estaban lidiando! Este granjero sureño no se dejaría amedrentar ni intimidar. Más bien, Amós respondió a sus amenazas con esta predicación penetrante:

> Ciertamente se acerca la hora —dice el Señor Soberano—
>   cuando enviaré hambre a la tierra;

no será hambre de pan ni sed de agua,
sino hambre de oír las palabras del Señor.
La gente deambulará de mar a mar
y vagará de frontera a frontera
en busca de la palabra del Señor,
pero no la encontrarán.

8:11-12

Amós estaba describiendo un tipo de hambruna particularmente mortal: un problema de los oídos, no del estómago. Bien podríamos estar en los primeros estadios de una «hambruna auditiva» en nuestra generación mientras se despliega otra capa de la profecía bíblica.

Esta no es la única vez que encontramos predicaciones así en las páginas de la Palabra de Dios.

El profeta Ezequiel declaró: «Quebrantamiento vendrá sobre quebrantamiento, y habrá rumor sobre rumor; y buscarán respuesta del profeta, mas la ley se alejará del sacerdote, y de los ancianos el consejo» (Ez 7:26).

El profeta Miqueas advirtió: «Por tanto, de la profecía se os hará noche, y oscuridad del adivinar; y sobre los profetas se pondrá el sol, y el día se entenebrecerá sobre ellos» (Miq 3:6).

En el Nuevo Testamento, el apóstol Pablo afirmó: «También debes saber esto: que en los postreros días vendrán tiempos peligrosos. Porque habrá hombres… [que] siempre están aprendiendo, y nunca pueden llegar al conocimiento de la verdad» (2 Ti 3:1-2, 7).

¿Acaso no se siente como si esos días estuvieran por llegar? Mire a su alrededor. A donde sea que mire, hay una hambruna emocional generalizada, una calamidad sobre otra, un rumor sobre otro, tiempos peligrosos y una aceleración del aprendizaje sin la capacidad de absorber la verdad. La gente corre de un lado a otro, en búsqueda del significado y la satisfacción. Sin embargo, han perdido su apetito por la verdad objetiva e infalible de la Palabra de Dios.

El salmista se lamentó: «No vemos ya nuestras señales; No hay más profeta, ni entre nosotros hay quien sepa hasta cuándo» (Sal 74:9).

No es la ausencia de la Palabra de Dios lo que es inquietante. Hay Biblias en abundancia en la mayor parte del mundo y un ejército virtual de traductores de la Biblia trabaja día y noche para que la Escritura llegue a cada lengua. Hemos hecho grandes progresos. Más de 1.500 idiomas ya tienen acceso al Nuevo Testamento y, actualmente, se está trabajando para traducir el resto. Las sociedades misioneras y de traductores se centran ahora en los 1.500 millones de personas que no tienen la Biblia completa en su idioma y trabajan con afán para satisfacer esa necesidad.[2]

Esto significa que unos 6.000 millones de los 7.600 millones de personas que hay en la tierra ahora tienen acceso a la Biblia completa, tanto al Antiguo como al Nuevo Testamento. La Palabra de Dios nunca ha sido más accesible. En muchos lugares del mundo, está solo a la distancia de un clic de un teléfono inteligente o de un ordenador portátil.

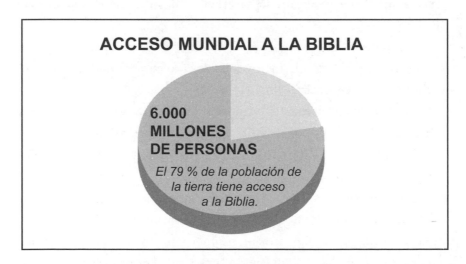

ACCESO MUNDIAL A LA BIBLIA

6.000
MILLONES
DE PERSONAS

*El 79 % de la población de
la tierra tiene acceso
a la Biblia.*

¿De qué está hablando Amós, entonces? Las advertencias del profeta se referían a una pérdida de *hambre* por Dios y Su verdad. Esta es una hambruna infligida a uno mismo.

W. Tozer escribió: «El gran pueblo de la Biblia y de la historia cristiana ha tenido un hambre insaciable por Dios. Él quiere que lo quieran. Qué lástima que con muchos de nosotros espere tanto tiempo en vano».[3]

Me acuerdo de recibir, cuando era un joven predicador, un ejemplar de *Hudson Taylor's Spiritual Secret* [El secreto espiritual de Hudson Taylor]. Se trata de un libro escrito por un hombre que era un gran misionero y habla de las cosas que lo distinguían de los demás. Siempre recordaré haber copiado esta pequeña declaración de ese libro y escribirla en la Biblia que utilizaba en ese entonces: «Le vi y le busqué, le tenía y le ansiaba».[4]

Así es como él se sentía sobre Dios. ¡No es de extrañar que haya dado vuelta su mundo por el Señor!

La Escritura está llena de recordatorios sobre la importancia de tener hambre espiritual por Dios:

- «Una cosa he demandado a Jehová, ésta buscaré; que esté yo en la casa de Jehová todos los días de mi vida, para contemplar la hermosura de Jehová, y para inquirir en su templo» (Sal 27:4).
- «Como el ciervo brama por las corrientes de las aguas, así clama por ti, oh Dios, el alma mía. Mi alma tiene sed de Dios, del Dios vivo; ¿Cuándo vendré, y me presentaré delante de Dios?» (42:1-2).
- «Dios, Dios mío eres tú; de madrugada te buscaré; mi alma tiene sed de ti, mi carne te anhela, en tierra seca y árida donde no hay aguas, para ver tu poder y tu gloria, así como te he mirado en el santuario» (63:1-2).

Nunca olvidaré el impacto que otro librito tuvo en mi vida algunos años atrás. Este fue escrito por Sherwood Eliot Wirt. *A Thirst for God* [Sed de Dios] era, básicamente, un comentario del Salmo 42. Según Wirt, uno de los problemas que tenemos cuando hablamos el hambre espiritual es que pensamos que el hambre espiritual y el hambre física son exactamente iguales. Sin embargo, no podrían diferir más la una de la otra.

El hambre espiritual [...] funciona justo al revés que el hambre física. Cuando estamos hambrientos físicamente, comemos y satisfacemos nuestros apetitos y dejamos de estar hambrientos. En cambio, cuando estamos desnutridos espiritualmente y se nos da un banquete o un buen alimento espiritual, eso nos hace estar más hambrientos que nunca. Por tanto, cuanto más aprendemos del amor de Dios, más queremos saber; nunca es suficiente.

Lo contrario [...] es cierto también. Cuando estamos hambrientos físicamente y nos perdemos una comida, nuestro apetito se vuelve voraz. Sin embargo, si el tiempo pasa y no recibimos ningún alimento espiritual, puede que perdamos el apetito. La malnutrición se asienta y nos deja de importar.[5]

La realidad es que nuestro corazón se aleja con facilidad de Dios y de Su Palabra. Los seres humanos tienen el hábito terrible de perder su apetito de la verdad de Dios.

El doctor D. A. Carson escribió:

Exceptuando el esfuerzo promovido por la gracia, el hombre no gravita hacia la piedad, la oración, la obediencia a la Escritura, la fe y el deleite en el Señor. Nos desviamos hacia la transigencia y la llamamos tolerancia; hacia la desobediencia y la llamamos libertad; hacia la superstición y la llamamos fe. Amamos la indisciplina del dominio propio perdido y decimos que es relajación; dejamos de orar y nos engañamos creyendo que nos hemos escapado del legalismo; nos resbalamos alejándonos de Dios y nos convencemos de que nos hemos liberado.[6]

¿Qué significa esto?

Sé que podría haber, entre los lectores de estas páginas, quienes cuestionen la inclusión de un capítulo sobre la hambruna espiritual. Después de todo, puede que muchos de los otros temas discutidos en

este libro parezcan ser más cataclísmicos o apocalípticos por natu-raleza: la pandemia de la COVID-19, la amenaza del socialismo, el peligro económico preparado para aplastar toda resistencia durante la tribulación y más.

Sin embargo, lo que vemos profetizado en el libro de Amós y en otros pasajes de la Escritura no es más que un hambre espiritual. Es una crisis que no afecta nuestro cuerpo, sino nuestra alma.

Para apreciar la gravedad de esta hambruna espiritual que se ave-cina, es necesario que profundicemos un poco más en sus repercusiones. ¿Qué significa para los últimos días? ¿Qué significa para nuestras vidas ahora?

He aquí cuatro formas en que nuestra cultura está actualmente ame-nazada por la malnutrición espiritual.

Estamos perdiendo nuestra heredad

El salmista afirmó: «Me has dado la heredad de los que temen tu nombre» (Sal 61:5). No es solo el conocimiento de la Biblia lo que se está perdiendo en la cultura actual. Es la totalidad de nuestra historia cris-tiana. Los historiadores revisionistas han eliminado todo rastro de una influencia bíblica sana de los registros de Estados Unidos y Europa y, en cambio, han llenado nuestros libros de texto con las contribuciones cuestionables de todos los demás.

¿Cuántos niños en edad escolar saben qué fue lo primero que hizo George Washington tras jurar su cargo como el primer presidente de Estados Unidos? Se inclinó y besó la Biblia sobre la que acababa de posar su mano.

¿Cuántos alumnos saben que la campana de la Libertad tiene ins-critas a su alrededor las palabras de Levítico 25:10? ¿Que los primeros disparos de la guerra de independencia de Estados Unidos estuvie-ron dirigidos a un pastor y los miembros de su iglesia en Lexington, Massachusetts? ¿Que el primer estadounidense asesinado por la libertad de prensa fue un abolicionista cristiano llamado Elijah Lovejoy? ¿Que la

cima del monumento a Washington está coronada por una exclamación de alabanza a Dios?

Sin embargo, ¡espera! No son solo las instituciones seculares de nuestra sociedad las que están desnutridas espiritualmente.

¿Cuántos niños en la escuela dominical saben algo de los 2.000 años de historia cristiana? ¿Dónde están las historias de misioneros? ¿Qué ha sucedido con los héroes y los mártires y los fieles del pasado, cuyo coraje trajo el evangelio hasta nosotros? ¿Cuántos niños crecen aprendiendo el Salmo 23 y el padrenuestro? ¿Y qué ha pasado con nuestros himnos clásicos?

Nuestra heredad espiritual está desvaneciéndose.

Nuestra teología se está debilitando

También debemos proteger nuestra teología. Es fácil que las iglesias pasen a estar malnutridas en los tiempos de hambruna espiritual. George Barna y sus investigadores publicaron un informe en el 2020 en el que advirtieron: «Los cristianos estadounidenses están sufriendo una "reforma poscristiana"».

«La ironía de la remodelación del paisaje espiritual en Estados Unidos es que representa una reforma poscristiana impulsada por personas que buscan mantener una identidad cristiana —afirmó Barna—. Lo más sorprendente de lo que nos dimos cuenta [...] es cuántas personas de iglesias evangélicas están adoptando creencias que no son bíblicas».

El informé siguió diciendo: «Tradicionalmente, los evangélicos han hecho énfasis en la importancia de ver la Biblia como la Palabra infalible e inerrante de Dios. Ahora, sin embargo, el 52 % no cree en la verdad moral objetiva».[7]

Los investigadores concluyeron: «Lo que antes eran verdades básicas y conocidas universalmente sobre el cristianismo ahora son misterios desconocidos para una parte cada vez más grande de los estadounidenses, en especial para los adultos jóvenes».[8]

HAMBRUNA ESPIRITUAL EN ESTADOS UNIDOS

Cinco de cada diez cristianos <u>no creen</u> en la verdad moral objetiva

Cuatro de cada diez cristianos <u>no leen</u> la Biblia

Como pastor, me preocupan en gran manera las tendencias a desviarse de la teología que se dan en las iglesias en todos lados. No solo las antiguas denominaciones protestantes más comunes están aplacando sus doctrinas. Son las iglesias evangélicas que, en el afán de alcanzar un público resistente, llevan las transigencias de la verdad bíblica demasiado lejos.

Durante siglos, la Palabra de Dios ha estado en el centro de las prédicas cristianas. Hoy en día, cuestionar la autoridad bíblica está de moda, incluso en ciertas comunidades de fe. Los oradores populares abogan por procesar la Palabra de Dios a través de filtros culturales en lugar de hacerlo al revés.

Recuerde, nosotros no juzgamos la Biblia. La Biblia nos juzga a nosotros. Cuando le damos la espalda a Dios y a Su Palabra, puede que Dios nos dé la espalda a nosotros. El libro de Romanos habla de cómo Dios entrega a las personas a sus voluntades pecaminosas (1:18-32). Me temo que muchos en nuestra sociedad sufrirán consecuencias no deseadas debido a sus deseos de distanciarse de la Palabra de Dios.

Se están ignorando nuestras Biblias

Mark Twain definió una vez a los clásicos de la literatura como «libros que la gente alaba y no lee». Por desgracia, eso describe la relación que mucha gente en la sociedad moderna tiene con la Biblia.

Según el doctor Jeremiah Johnston, la vivienda estadounidense promedio tiene entre tres y diez Biblias. Sin embargo, el 42 % de los cristianos estadounidenses están demasiado ocupados para leerlas. «Como cristianos, necesitamos comprender la realidad del analfabetismo bíblico, primero en nuestras propias vidas y familias, pero también en la iglesia».[9]

No ayuda que las culturas alrededor del mundo intenten minimizar la lectura de la Biblia. China acaba de bloquear las aplicaciones de la Biblia y las cuentas cristianas públicas de WeChat. Los ejemplares en papel de la Biblia también dejaron de estar disponibles para la venta en línea dentro del país.[10] Y, por supuesto, las naciones islámicas han restringido la exposición de los ciudadanos a las Escrituras por décadas. Incluso por siglos.

En Estados Unidos y en Occidente, los Gedeones se están metiendo en problemas por dejar sus Biblias en muchas habitaciones de hoteles. Un estudio reciente mostró que el porcentaje de hoteles que está dispuesto a ofrecer Biblias en sus habitaciones bajó del 95 % al 48 %. Los hoteles descubren que los viajeros más jóvenes son «menos devotos que sus padres o abuelos» y no quieren ofender a los ateos o a quienes tienen otra fe religiosa.

Un grupo ateo creó calcomanías para que sus miembros las pegaran en toda Biblia de los Gedeones que encontraran en las habitaciones de los hoteles. En las pegatinas se leía: «Advertencia: creer de manera literal en este libro podría poner en peligro su salud y su vida».[11]

¡Yo llamaría a eso una hambruna espiritual! Es posible que algún día, quienes no toman en cuenta la Biblia consigan lo que quieren: una sociedad en la que la Biblia ya no se lee ni se proclama y en la que son libres para pecar sin que sus consciencias deban hacerle frente a la Escritura. Sin embargo, puede que obtengan más de lo que esperaban: una sociedad sin el compás moral de la Escritura se autodestruirá por el declive y la decadencia moral.

Se está arruinando nuestro apetito

Esto nos lleva a mi próxima idea. La razón por la que estamos enfrentando una hambruna espiritual es que se está arruinando nuestro apetito por la verdad de Dios. Un niño que se atiborra de comida chatarra y dulces por la tarde no tendrá mucho apetito para la carne y las patatas en la cena.

Tim Carman es escritor y columnista gastronómico del *Washington Post*. Toda su carrera y gran parte de su vida gira en torno a la comida. Cuando apareció la COVID-19, leyó sobre personas que habían perdido el sentido del olfato y del gusto. Carman se hizo todo lo que podía para protegerse, pues sabía que algunas personas esperaron meses para recuperar sus sentidos olfativos y sus papilas gustativas. Si eso le ocurría a él, pondría en peligro su medio de vida.

Sin embargo, a Carman sí le dio COVID. Aunque nunca perdió los sentidos del gusto y el olfato, sucedió algo peor. Perdió el apetito. «Es una posición cruel para un crítico gastronómico —comentó—. Puedes oler los aromas de una sopa casera de tomate, de unas galletas de chispas de chocolate, del arroz persa, de un café recién hecho, de un ramen tonkotsu… y nada te atrae».[12]

En estos últimos días, pareciera como si Satanás hubiera desplegado un virus espiritual invisible que le roba a la gente su apetito por la Palabra de Dios. Sin embargo, es algo aún peor, pues no es solo una pérdida de apetito. Es un desagrado total por la Biblia. La gente toma un puñado de la Escritura, le da un mordisco, lo encuentra desagradable y lo escupe como un niño que escupe zanahorias. Lo más probable es que lo califiquen de «discurso de odio» y ataquen a cualquiera que ofrezca un bocado a los demás.

A menudo, Dios responderá a nuestra falta de apetito espiritual con silencio. Él no hace que Sus palabras entren a nuestros oídos por la fuerza y es posible que se retire por un tiempo si dejamos de apreciar el privilegio de Su voz.

Quizás el silencio de Dios sea apenas perceptible al principio. Tal vez todavía recuerde tiempos en los que Dios le habló, pero, de manera gradual, se dé cuenta de que no ha escuchado Su voz por mucho tiempo. Si descubre que está en una sequía, busque a Dios inmediatamente y pregúntele qué ajustes es necesario hacer en su vida para que, otra vez, pueda disfrutar de la comunión con Él.

Tal vez desobedeció las últimas instrucciones que le dio. Quizás esté esperando a que sea obediente antes de darle una indicación nueva. Si hay pecado sin confesar en su vida o si tiene una relación dañada, corríjalo ahora mismo.

Por la gracia, podemos permanecer sanos aun durante una hambruna espiritual a gran escala. Pablo nos pide que nos nutramos «con las palabras de la fe y de la buena doctrina» (1 Ti 4:6). El salmista describió la Escritura como más dulce que la miel (Sal 19:10). Y el profeta Jeremías afirmó: «Fueron halladas tus palabras, y yo las comí; y tu palabra me fue por gozo y por alegría de mi corazón» (Jer 15:16).

Todo lo que contiene la Biblia es especial. Es el regalo de Dios para la raza humana: pan para el alma, miel para el corazón, nutrientes para los nervios y sabiduría para la mente. Cada sílaba representa los propios pensamientos de Dios transmitidos por medio de escritores humanos inspirados que registraron el mensaje infalible para el mundo. En este sentido, el Señor nos dio un libro que contiene todo lo que en verdad necesitamos para la vida y la eternidad. Nos hace sabios para la salvación mediante la fe en Cristo. Es portátil; podemos llevarlo a cualquier parte. Es sencillo; perfecto para los niños. Es profundo; ha captado la atención de por vida de los eruditos más grandes de la tierra.

¡Y es tuyo! Jesús afirmó: «No sólo de pan vivirá el hombre, sino de toda palabra que sale de la boca de Dios» (Mt 4:4).

¿Hacia dónde vamos ahora?

Entonces, ¿qué deberíamos hacer cuando nuestra tierra está famélica espiritualmente? Con base en todo lo que hemos aprendido, ¿hacia dónde vamos ahora? ¿Cuál es nuestra llamada a la acción?

Cerca del final de la Biblia, el apóstol Pedro escribió dos cartas a las iglesias de su tiempo. A la última la escribió poco antes de morir de forma horripilante en una cruz invertida. Mientras escribía estas últimas palabras, había una cosa en su mente: asegurarse de que nadie se olvidara del mensaje del evangelio o de las enseñanzas de la Escritura.

Escribió:

- «Yo no dejaré de recordaros siempre estas cosas, aunque vosotros las sepáis, y estéis confirmados en la verdad presente» (2 P 1:12).
- «Procuraré con diligencia que después de mi partida vosotros podáis en todo momento tener memoria de estas cosas» (v. 15).
- «Amados, esta es la segunda carta que os escribo, y en ambas despierto con exhortación vuestro limpio entendimiento, para que tengáis memoria de las palabras que antes han sido dichas por los santos profetas, y del mandamiento del Señor y Salvador dado por vuestros apóstoles; sabiendo primero esto, que en los postreros días vendrán burladores» (3:1-3).

Aunque Pedro dejaba el mundo, quería que su mensaje permaneciera, que no fuera olvidado y que fuera transmitido por generaciones hasta que Jesús regresara. Anhelaba que el evangelio se expandiera, que estallara por toda la tierra. Quería repeler la hambruna espiritual.

Ese mismo celo debe apoderarse de usted y de mí. Debe consumir la iglesia de hoy mientras nos enfrentamos al mundo de mañana. Debe convertirse no tanto en lo que hacemos como seguidores de Jesús, sino en lo que somos.

Con base en las palabras de Pedro, permítame compartirle cuatro cosas para poner en práctica durante los tiempos de hambruna espiritual.

Lleven una carga

Pedro habló como un hombre que llevaba una carga profunda y que quería asegurarse de que sus lectores estuvieran devorando la Palabra y compartiéndola con otras personas. Estaba dispuesto a hacer todo lo posible mientras viviera.

El apóstol Pedro también nos dio otro ejemplo de lo que es llevar la carga de una sociedad que enfrenta una hambruna espiritual. Describió a Lot, quien vivió en Sodoma, como un hombre justo «abrumado por la nefanda conducta de los malvados (porque este justo, que moraba entre ellos, afligía cada día su alma justa, viendo y oyendo los hechos inicuos de ellos)» (2 P 2:7-8).

De manera similar, mientras el apóstol Pablo caminaba por Atenas, «su espíritu se enardecía viendo la ciudad entregada a la idolatría» (Hch 17:16).

Jesús sintió la misma carga por Su ciudad y clamó: «¡Jerusalén, Jerusalén, que matas a los profetas, y apedreas a los que te son enviados! ¡Cuántas veces quise juntar a tus hijos, como la gallina junta sus polluelos debajo de las alas, y no quisiste!» (Mt 23:37).

No podemos hacer mucho para aliviar la hambruna espiritual que nos rodea hasta que tengamos una preocupación similar dentro de nosotros.

Bob Pierce era un predicador de *Youth for Christ* [Juventud por Cristo] que partió hacia China en 1947, aunque solo tenía dinero suficiente para el boleto hasta Honolulu. Cuando por fin llegó a China, vio a miles de personas venir a Cristo. Sin embargo, vio algo más que lo persiguió por el resto de su vida. Visitó un cementerio en el que vivían más de 100 hombres, mujeres y niños que luchaban por sobrevivir. «Estaban hambrientos, desnudos y morían sin ninguna intervención médica. Y lo más desgarrador de todo era que sus bebés sanos morían junto a ellos».

Pierce nunca volvió a ser el mismo hombre luego de ver esto. Lo abrumaba el peso de quienes morían de hambre física y espiritual en el mundo. Como resultado, casi destrozó su vida por intentar ayudar a otras personas. Sin embargo, en el proceso fundó dos grandes organizaciones humanitarias: *World Vision* [Visión del mundo] y *Samaritan's Purse* [El bolso del samaritano].[13]

No queremos destrozar nuestra vida, pero necesitamos que el amor cautivador de Cristo arda como un fuego en nuestro corazón por un mundo hambriento. Necesitamos una nueva visión del mundo. Necesitamos ser el buen samaritano en la vida de alguien más.

Sean estudiantes

En segundo lugar, Pedro insiste en que nos convirtamos en estudiantes personales de la Escritura y en que devoremos su verdad. Escribió: «... desead, como niños recién nacidos, la leche espiritual no adulterada, para que por ella crezcáis para salvación, si es que habéis gustado la benignidad del Señor» (1 P 2:2-3).

Incluso nos dijo cómo estudiar la Biblia. Hemos de indagar la Escritura «diligentemente», así como los profetas de antaño la estudiaron, buscando con ahínco todo lo que pudieran encontrar allí sobre el Señor (1 P 1:10).

¿Estudia usted la Biblia «diligentemente»? Cumplir este mandamiento significa no solo leer, sino someternos a la Escritura. Significa que vemos la Palabra de Dios no como a algo pensado para que encaje dentro de nuestros días cuando tengamos tiempo, sino como el fundamento mismo de nuestra vida.

Pedro también nos dijo cómo es que estudiar la Palabra de Dios nos afectará. Al estudiar las «preciosas y grandísimas promesas», seremos «participantes de la naturaleza divina, habiendo huido de la corrupción que hay en el mundo a causa de la concupiscencia» (2 P 1:4).

Charles Swindoll escribió:

Recuerda, que haya hambruna no significa que algo está ausente, sino que escasea. Puede que escasee el alimento espiritual en nuestra vida: en nuestro matrimonio, en nuestro hogar. Seguir una dieta regular de la verdad no adulterada de Dios es una experiencia rara. Lamentablemente, nuestra cultura cristiana nos ofrece la sensación falsa de que estamos llenos espiritualmente cuando accedemos con facilidad a bocadillos espirituales de «comida rápida». Los pódcast, las fracciones de la verdad que se ofrecen en servicios atenuados de la iglesia, los fragmentos de radio y los devocionales de autoayuda contribuyen a una cultura de malnutrición espiritual. Lo que se necesita es una ingesta sustancial de alimento espiritual. Eso solo llega cuando nos sentamos a la mesa (a menudo) para recibir las verdades nutritivas y que transforman la vida de la Palabra de Dios.[14]

Alguien dijo que la mejor manera de enseñarles a los niños a comer bien es permitiéndoles ver a sus padres disfrutar por completo de una comida sana. ¿Cómo podemos esperar que se despierte un apetito por la Escritura en el mundo si nosotros mismos nunca nos convertimos en estudiantes diligentes de la Biblia?

El maestro de la Biblia Warren Wiersbe se convirtió durante una reunión de Juventud por Cristo en la secundaria. Wiersbe no tardó en devorarse su Biblia. «Creo que estudiar la Biblia es una de las cosas más emocionantes que hago —afirmó—. He vivido junto a la Biblia desde que fui salvado aquella noche en la reunión de Juventud por Cristo. [...] Al estudiar la Palabra, siempre me dice algo. Siento pena por quienes la leen y vuelven a dejarla en el estante y la olvidan».

Afirmó: «En todas las conferencias que he dado durante mi ministerio, he intentado hacer que la gente se entusiasme con la Biblia. Hay tanto allí que las personas ignoran y no deberían hacerlo. Veo que cuando sigo las referencias cruzadas, cuando me tomo un tiempo para orar y meditar, Dios me dice algo. Luego puedo compartirlo con los demás. Así, la alegría de estudiar la Biblia no está en aprender algo abstracto, sino en ver tu vida cambiada».[15]

Yo digo: «¡Amén!».

¡Empiece hoy! Aprenda a leer la Biblia de forma sistemática, estúdiela con diligencia, aplíquela de la manera correcta y compártala con audacia. Jesús dijo: «Bienaventurados los que tienen hambre y sed de justicia, porque ellos serán saciados» (Mt 5:6).

Sean pastores

Pedro tenía unas instrucciones especiales para los pastores y los maestros de la Biblia: «Apacentad la grey de Dios que está entre vosotros, cuidando de ella, no por fuerza, sino voluntariamente» (1 P 5:2). Al usar el término *apacentad*, sin duda estaba pensando en su propia experiencia años antes cuando Jesús caminó con él en la costa de Galilea. El Señor le preguntó tres veces: «¿Me amas?».

«¡Sí, sí y sí!», respondió Pedro.

Jesús le dijo: «Apacienta mis corderos» (Jn 21:15-17).

Si pudiera hacer una cosa para influenciar a las iglesias evangélicas alrededor del mundo de hoy en día, les llamaría la atención para que vuelvan a enseñar verdades bíblicas sólidas en el púlpito: para que den sermones sustanciales a partir de textos bíblicos, interpretados de la manera correcta y aplicados con sabiduría. Muchos sermones de hoy en día son poco más que charlas TED. Demasiados pastores están compartiendo sus propios pensamientos con algunos versículos entre medio para hacer que todo el mensaje suene más bíblico de lo que es en realidad.

Yo nos recordaría qué hacían los maestros en el tiempo de Esdras: «Y leían en el libro de la ley de Dios claramente, y ponían el sentido, de modo que entendiesen la lectura» (Neh 8:8). Si siguiéramos ese patrón, la hambruna espiritual de hoy en día se aliviaría en gran manera.

Y ya que estamos, permítame recordarle que los mayores pastores de la actualidad son los padres cristianos, quienes con diligencia deben apacentar los corderos que les fueron confiados con la Palabra de Dios.

La idea de que haya niños malnutridos espiritualmente, en especial dentro de familias tradicionalmente cristianas, me preocupa en gran manera. Si bien hay muchos devocionales familiares disponibles, nada es más rico que el hábito frecuente de compartir con sus hijos lo que usted mismo descubrió en Su Palabra ese día. La Biblia nos manda a compartir la Escritura con nuestros hijos cuando nos levantamos y cuando nos acostamos, cuando nos sentamos en casa y cuando viajamos por la carretera. Incluso se nos manda a escribirla en carteles y a pegarla en las paredes de nuestra casa (Dt 6:9).

Matt Brown es un predicador que atribuye a sus padres el haberle inculcado el amor por la Palabra de Dios. Hay un versículo bíblico que es especialmente memorable: Proverbios 22:29, que dice: «¿Has visto hombre solícito en su trabajo? Delante de los reyes estará; no estará delante de los de baja condición».

«Este versículo ha estado en un cartel sobre el escritorio de mi papá durante los últimos años —relató Matt—. Mi mamá le hizo ese cartel para recordarle que debía ser solícito en su trabajo. No es que mi papá necesitara que se lo recordaran; es un trabajador muy dedicado. De hecho, mi papá ha trabajado duro toda su vida: crio cuatro hijos y pagó sus estudios universitarios mientras trabajaba 60 horas por semana como ingeniero en computación y participaba activamente en nuestra iglesia».

Hace unos años, el padre de Matt emprendió un negocio paralelo en el que hace instalaciones acústicas y producciones de eventos. Hace poco, Matt recibió una llamada de su padre, quien acababa de conseguir un contrato con la Casa Blanca para ayudar a montar un evento.

«Mi papá me habló de la experiencia de colocar la cortina en el cristal antibalas que rodea al presidente mientras habla y de sentarse a unas pocas filas de distancia de donde habló durante la reunión. ¡Qué increíble ver a mi papá experimentar en tiempo real ese pequeño versículo!».[16]

Me encanta esa historia y también esa última frase. Esta hambruna espiritual enviada por el diablo no tiene lugar en la vida de quienes experimentan los pequeños versículos de la Biblia en tiempo real frente a sus hijos.

Ah, tener el corazón de pastor de Pedro y afirmar: «Por esto, yo no dejaré de recordaros siempre estas cosas, aunque vosotros las sepáis, y estéis confirmados en la verdad presente. Pues tengo por justo, en tanto que estoy en este cuerpo, el despertaros con amonestación» (2 P 1:12-13).

Evangelicen

Por último, para aliviar la hambruna espiritual del mundo actual, debemos repartir el Pan de Vida con severidad. Pedro nos recuerda que somos «renacidos, no de simiente corruptible, sino de incorruptible, por la palabra de Dios que vive y permanece para siempre. [...] Y esta es la palabra que por el evangelio os ha sido anunciada» (1 P 1:23, 25).

El mejor método para evangelizar que alguna vez leí es la estrategia que tenía Pedro para ganar a los perdidos: «Santificad a Dios el Señor en vuestros corazones, y estad siempre preparados para presentar defensa con mansedumbre y reverencia ante todo el que os demande razón de la esperanza que hay en vosotros» (3:15).

Si usted hubiera abierto los periódicos de Phoenix el 11 de junio del 2015, habría visto la imagen de un joven inmigrante armenio de 24 años llamado Vrouyr Manoukian, serio y con la mirada baja. En el titular se leía: «Un hombre de Phoenix recibe una condena de cuatro años y medio por un caso de cuerpo calcinado».[17]

Manoukian había dejado que un compañero de clase se quedara a dormir en su apartamento. Sin embargo, el amigo, ebrio, se puso violento. Cuando sacó un cuchillo, Manoukian lo golpeó en la cabeza con una silla de patio y lo mató. Para empeorar la situación, Manoukian y un amigo llevaron el cuerpo y los muebles ensangrentados al desierto y los quemaron. No obstante, fueron vistos por un transeúnte.

En su primera noche en la cárcel, un sentimiento de desesperación se apoderó del joven inmigrante. Sin embargo, en ese momento, recordó el hábito de su abuela de leer la Biblia. Cayó de rodillas y le pidió ayuda a Dios.

Dos días después, otro preso le dio a Manoukian un ejemplar de la Biblia. Alguien también le dio un ejemplar andrajoso de una revista de la prisión en la que se relataba la historia de salvación de otro armenio, Roger Munchian.

«Le escribí a Roger y me sorprendí cuando vino a visitarme a mi celda en la cárcel —contó Manoukian—. Me habló del amor inquebrantable de Jesús por mí. Dios me amaba tanto, me dijo, que no permitiría que hiciera este recorrido solo. [...] Poco después le pedí a Jesucristo que fuera mi Señor y mi Salvador. Las semillas que había plantado mi abuela cuando era chico empezaron a germinar. A medida que crecía mi fe, Dios me dio amor y compasión por los que me rodeaban. Quería llegar por lo menos a una persona por Cristo».

Pronto, Manoukian pudo llevar a otro preso, Joey, a la fe en Cristo. Hoy Manoukian es un mecánico, dueño de un taller cristiano. Tiene una esposa hermosa y dos «perros tontos». Explicó: «También dedico algo de tiempo a restaurar autos. Me encanta transformar el acero retorcido y desechado de Detroit en algo hermoso dentro de mi taller, tal como Dios transformó mi vida retorcida en Su taller llamado cárcel».[18]

¡Qué interesante! Una abuela, un compañero de prisión y un escritor de un artículo en una revista: todos fueron utilizados por Dios para llevar a un prisionero al Señor. Y tan pronto como Manoukian vino a Cristo, anheló alcanzar a «al menos una persona».

La manera de acabar con la hambruna espiritual en el mundo es alcanzando a una persona a la vez. Cambiamos el curso de las cosas cuando compartimos el evangelio de Cristo con audacia, dispuestos a responder a todo el que demande razón de la esperanza que hay en nosotros.

Esta es la única esperanza del mundo en estos últimos días, pero es la única esperanza que necesitamos. Es una esperanza sólida, bíblica, verdadera y eterna. Es una esperanza segura en un Salvador resucitado, que es Él mismo el «pan de vida». Si bien Dios nos ha advertido de los días que vendrán de hambruna espiritual, también nos ha dado pan de vida para compartir con el mundo.

Creo que está resumido mejor en Juan 6:27, 32-35, donde Jesús dice:

> Trabajad, no por la comida que perece, sino por la comida que a vida eterna permanece, [...] mi Padre os da el verdadero pan del cielo. Porque el pan de Dios es aquel que descendió del cielo y da vida al mundo. Le dijeron: Señor, danos siempre este pan. Jesús les dijo: Yo soy el pan de vida; el que a mí viene, nunca tendrá hambre; y el que en mí cree, no tendrá sed jamás.

Que Dios nos abra el apetito por este Pan y que nos utilice para que brindemos nuestra ayuda en estos días de sequía espiritual y de hambre interior.

Es posible que ningún lugar del planeta haya sido tan venerado, disputado o trastocado como Jerusalén. Como centro de tres de las religiones principales del mundo y como punto de fricción para las maniobras políticas internacionales, Jerusalén ha sido un lugar de peregrinación y saqueos, milagros y tumultos. Sin embargo, también ha sido, y sigue siendo, la ciudad más importante de la tierra.

La Biblia menciona Jerusalén más del doble de veces que la siguiente ciudad más mencionada, y el propio Señor declaró que Jerusalén era su ciudad especial sobre la que había puesto su nombre.

Entonces, ¿por qué se ha derramado tanta sangre y por qué se ha escrito tanto sobre este lugar? ¿Qué importancia tiene en la Escritura, en la historia y en la profecía?

¿Y por qué es tan importante que oremos para que haya paz y prosperidad en Jerusalén hoy?

Una profecía geográfica: Jerusalén

*Así ha dicho Jehová el Señor: Esta es Jerusalén;
la puse en medio de las naciones y de
las tierras alrededor de ella.*

Ezequiel 5:5

La historia zumbaba en el aire como la electricidad el 14 de mayo del 2018, mientras un grupo de personas distinguidas se reunía frente a la nueva embajada estadounidense en Jerusalén. El suceso coincidía con el septuagésimo aniversario del renacimiento del Estado de Israel. El día estaba templado y soleado y la galería estaba llena de lentes de sol y sonrisas.

Tras años de vacilación, Estados Unidos trasladaba oficialmente a su embajador y personal diplomático a la verdadera capital del Estado judío: Jerusalén.

Entre los 800 invitados que asistieron ese día se encontraban miembros del Congreso de Estados Unidos, el secretario de Estado de Estados Unidos, miembros de la familia Trump, el embajador de Estados Unidos en Israel, el enviado especial para Oriente Medio, representantes de otros 33 países, pastores y rabinos y, por supuesto, el presidente y el primer ministro de Israel.

De pie, bajo el sol, ante las banderas gigantes de Estados Unidos y de Israel, el emocionado primer ministro Benjamin Netanyahu golpeó el podio con el dedo y exclamó: «¡Qué día glorioso! ¡Recuerden este momento! ¡Esto es historia!».

Declaró: «En Jerusalén, Abraham pasó la mayor prueba de fe y obtuvo el derecho de convertirse en el padre de nuestra nación. En Jerusalén, el rey David estableció nuestra capital hace 3.000 años. En Jerusalén, el rey Salomón edificó nuestro templo, que se mantuvo en pie por varios siglos [...]. Estamos en Jerusalén y estamos aquí para quedarnos».

Luego Netanyahu citó un pasaje profético del Antiguo Testamento y afirmó: «El profeta Zacarías declaró hace más de 2.500 años: "Así dice Jehová: Yo he restaurado a Sion, y moraré en medio de Jerusalén; y Jerusalén se llamará Ciudad de la Verdad"».[1]

¡No puede decirse lo mismo de ninguna otra ciudad en la tierra! Jerusalén está entretejida como un hilo de oro en el tapiz de la historia bíblica y la profecía futura. La ciudad de Jerusalén es una de las más antiguas de la tierra, el lugar donde Melquisedec conoció a Abraham, donde Abraham ofreció a Isaac, donde Salomón conoció a la reina de Sabá. Su historia se siente en el aire.

He tenido el privilegio de visitar esta ciudad varias veces y cada ocasión ha sido memorable. Cuando uno llega en automóvil desde el este, la vista lo deja sin aliento. Uno sale de un túnel y su atención se desvía hacia la izquierda. Allí, brillando bajo la luz del sol, está el monte del Templo, la reluciente cúpula de la Roca, la mezquita de Al-Aqsa, el monte de los Olivos y la iglesia del Santo Sepulcro. Las murallas alrededor de la ciudad vieja reflejan un tono dorado y, por las noches, se ven resplandecientes por el brillo de los grandes focos. A muchos viajeros se les llenan los ojos de lágrimas cuando ven esto de día o de noche.

Al mudar la embajada estadounidense a esta ciudad sagrada, Estados Unidos dio un mensaje histórico de apoyo a Israel, pues ilustró una unión

única entre dos de las mayores democracias de la tierra. Desde entonces, otras naciones han trasladado sus embajadas a Jerusalén, aunque al
hacerlo toman una decisión controversial. De hecho, varios políticos y
expertos proclamaron que la medida hará que haya nuevos conflictos en
la región. Incluso una guerra.

¿Por qué? ¿Por qué hay emociones tan profundas por un trozo de
tierra? ¿Por qué tanto amor y odio por una sola ciudad?

El encanto de la ciudad santa

Una respuesta es que Jerusalén está estrechamente vinculada a las profecías del Dios Todopoderoso. Casi no puedo creer que el renacimiento del
Estado de Israel haya ocurrido en el curso de mi vida. Y ahora he tenido
el privilegio de ver caer otra pieza de dominó profética con otra elevación
de Jerusalén.

Como exclamó un escritor:

> Tan solo piénsalo: si estás convencido de que la repatriación del pueblo
> judío al Estado de Israel es parte de la secuencia de sucesos que deben
> ocurrir que preceden al retorno de Cristo, es inmensamente emocio-
> nante pensar que la mayor superpotencia del mundo está reconociendo
> la legitimidad absoluta del derecho que tiene Israel a este suelo santo.[2]

En las palabras del escritor profético Randall Price, Jerusalén se convertirá ahora en «el escenario de Dios para el espectáculo final».[3]

Jerusalén es una ciudad central

La ciudad de Jerusalén, sagrada para el cristianismo, el judaísmo y el
islam, es posiblemente (y sin duda proféticamente) la ciudad más importante del mundo. Jerusalén se menciona en la Biblia 811 veces, mientras
que Babilonia es la siguiente ciudad más mencionada: 287 veces.

«Jerusalén [...] aparece en unos dos tercios de los libros del Antiguo Testamento y casi en la mitad de los libros del Nuevo».[4]

Jerusalén ha recibido más de 70 nombres a lo largo de su historia.[5] Los más importantes están en la Biblia:

- La ciudad de David (2 S 5:7, 9)
- Sion (Sal 87:2)
- La Ciudad de justicia (Is 1:26)
- La ciudad del gran Rey (Sal 48:2)
- La santa ciudad (Is 48:2; 52:1; Ap 21:2).

¿Se da cuenta de que Jerusalén es tan célebre que más de 30 localidades han adoptado ese nombre? Hay 11 lugares en Estados Unidos llamados *Jerusalem* [Jerusalén]. Por ejemplo, Jerusalem, Nueva York, es un pueblo de unos 4.000 habitantes en el distrito de los lagos Finger de ese estado.

La población de Jerusalén, la capital de Israel, está aproximándose al millón de personas. En la época de nuestro Señor era bastante más pequeña. Las estimaciones de los arqueólogos varían mucho, desde 20.000 hasta 200.000. Aunque es probable que la población real de Jerusalén fuera de unos 75.000 habitantes en la época de Cristo, la población aumentaba en cientos de miles para las fiestas judías, como la pascua.[6]

Intente imaginar las multitudes (Jesús habría estado entre ellas) bloqueando los caminos y subiendo los montes hacia Jerusalén. Escúchelos cantar los antiguos salmos de los peregrinos. Uno siempre «subía» a Jerusalén. Al igual que Roma, Jerusalén es una ciudad situada en los montes (tiene una elevación de más de 280 m [2.575 ft]). El salmista escribió que Jerusalén es «[hermosa] en su elevación, el gozo de toda la tierra» (Sal 48:2, LBLA).

Según la Biblia, nacer en Jerusalén es una bendición distintiva de Dios: «Y de Sion se dirá: Este y aquél han nacido en ella, y el Altísimo mismo la establecerá. Jehová contará al inscribir a los pueblos» (87:56).

Aunque Jesús nació en las cercanías de Belén y fue criado en Nazaret, visitó Jerusalén varias veces. Cuando nuestro Señor tenía solo unos días de vida, Sus padres lo trajeron al templo y lo presentaron al Señor (Lc 2:21-40). Se quedó en Jerusalén a los doce años: pasó tres noches solo en sus calles oscuras y tres días conversando con los maestros en el templo (vv. 41-50). Luego del bautismo de Jesús, Satanás lo llevó a Jerusalén, al pináculo del templo (4:9-12). Juan registró cuatro visitas de Jesús a Jerusalén (Juan 2:13–3:21; 5:1-47; 7–10; 12–20). Los otros Evangelios añaden detalles importantes, sobre todo respecto a los sucesos de la semana santa. La muerte, la resurrección y la ascensión de Jesús ocurrieron en la ciudad de Jerusalén y sus alrededores.[7]

Jesús amaba Jerusalén y se lamentaba por su incredulidad: «¡Jerusalén, Jerusalén, que matas a los profetas, y apedreas a los que te son enviados! ¡Cuántas veces quise juntar a tus hijos, como la gallina junta sus polluelos debajo de las alas, y no quisiste!» (Mt 23:37).

Jerusalén es el centro de Israel, así como nuestro corazón es el centro de nuestro cuerpo. Ninguna ciudad de la tierra ha captado la atención del mundo a lo largo de los siglos como Jerusalén. En Ezequiel 5:5 leemos: «Esta es Jerusalén; la puse en medio de las naciones y de las tierras alrededor de ella».

Randall Price escribió: «Jerusalén es la ciudad del centro. Es el centro de las esperanzas de la humanidad y de los propósitos de Dios. Dios la ama, Satanás la odia, Jesús lloró por ella, el Espíritu Santo descendió sobre ella, las naciones son atraídas a ella y Jesús regresará y reinará en ella. Es más, el destino del mundo está ligado al futuro de Jerusalén».[8]

Jerusalén es una ciudad escogida

Dios escogió específicamente a Jerusalén para que desempeñara un papel en la historia de Israel, en la vida de Jesús y en los sucesos de Su regreso. Según 1 Reyes 8:44, Jerusalén es la ciudad que Dios eligió. Con esto se cumple la predicción de cinco partes de Moisés de Deuteronomio 12, según la cual Dios escogerá una ciudad para que sea la morada de Su gran nombre después de que los hijos de Israel posean su tierra prometida (vv. 5, 11, 14, 18, 21).

Permítame mostrarle cuatro pasajes más que vinculan de una forma única a Jerusalén con el Dios Todopoderoso.

- «Desde el día que saqué a mi pueblo de la tierra de Egipto, ninguna ciudad he elegido de todas las tribus de Israel para edificar casa donde estuviese mi nombre, ni he escogido varón que fuese príncipe sobre mi pueblo Israel. Mas a Jerusalén he elegido para que en ella esté mi nombre, y a David he elegido para que esté sobre mi pueblo Israel» (2 Cr 6:5-6).
- «Porque Jehová ha elegido a Sion; La quiso por habitación para sí. Este es para siempre el lugar de mi reposo; aquí habitaré, porque la he querido» (Sal 132:13-14).
- «Ama Jehová las puertas de Sion más que todas las moradas de Jacob. Cosas gloriosas se han dicho de ti, Ciudad de Dios» (87:2-3).
- «Desechó la tienda de José, y no escogió la tribu de Efraín, sino que escogió la tribu de Judá, el monte de Sion, al cual amó» (78:67-68).

Estos versículos explican los sentimientos que me invaden cada vez que visito Jerusalén. En esos momentos, es como si pusiera un pie en el pasado y otro en el futuro. Las paredes y las construcciones están hechas de un tipo de piedra caliza de color dorado pálido que ha tomado el nombre de su ciudad: piedra de Jerusalén. Siempre hay un aire a tensión en esta ciudad porque todos saben que el suelo bajo sus pies es el polvorín del planeta. Sin embargo, no me siento inseguro allí. ¡Qué mezcla extraña de sentimientos!

Paseo conmovido por las calles polvorientas… miro las antiguas tiendas con sus baldes con especias y con las hordas de seres humanos que vienen y van… estoy de pie ante el muro de las Lamentaciones y observo cómo los soldados israelíes, antes de irse a la guerra, oran para que haya paz… oigo las evocadoras campanas de las iglesias que se mezclan con los lúgubres llamados de las mezquitas a orar… huelo los faláfeles de garbanzo fritos del puesto de la esquina… miro a los rabinos jasídicos con sus rizos laterales en el cabello… camino por la Vía Dolorosa y sus históricas estaciones del Viacrucis. Son tantas cosas que casi no puedo asimilarlas.

En algunos lugares de Jerusalén, camino, literalmente, por donde Jesús caminó. Sabemos cuáles son algunos de los lugares en los que hizo milagros, debatió con sus enemigos y se enfrentó a su ejecución. Sobre todo, me encanta ir al jardín de la tumba, tan tranquilo y hermoso, y visualizar cómo debió de ser el día de la resurrección.

Como me pasé la vida estudiando y enseñando la Biblia, cuando estoy en Jerusalén es como si saltara a través de sus páginas y me transportara a los escenarios mismos donde ocurrió la acción. Espero haberle dado una idea de la sensación especial que me asalta cuando visito la ciudad santa.

Sin embargo, mientras investigaba para escribir este libro, descubrí algo que va más allá de las emociones y el disfrute. Como nunca antes, me di cuenta de que Jerusalén le pertenece a Dios como ninguna otra ciudad lo ha hecho o lo hará jamás. Hay un sentido bíblico en el que Jerusalén es eterna. ¡Nunca morirá! Jerusalén es la única ciudad eterna de Dios. Esta verdad, más que ninguna otra, me explica lo maravillosa que es la ciudad santa.

Jerusalén es una ciudad capital

Jerusalén se convirtió en la capital de Israel por decreto del rey David hace más de 3.000 años. No ha dejado de serlo desde entonces. Si bien otras naciones han conquistado y se han establecido en la tierra de Israel, ninguna tomó a Jerusalén como su capital. Durante los últimos 2.000 años, incluso en tiempos de ocupación y persecución, ha habido una comunidad judía residiendo en Jerusalén y manteniéndola como su «capital eterna».

En 1948, cuando Estados Unidos, bajo la dirección del presidente Harry Truman, reconoció al Estado de Israel renacido, la nueva nación reafirmó que Jerusalén era su capital. Allí es donde vive el primer ministro, donde se alojan los organismos gubernamentales, donde se reúne la Knéset (el parlamento israelí) y donde la Corte Suprema preside.

Durante la guerra de la Independencia de 1948, las fuerzas jordanas conquistaron y ocuparon la parte oriental de Jerusalén, que contiene el histórico barrio judío, el monte del Templo y el muro de las Lamentaciones, la Universidad Hebrea y el hospital Hadassah. No obstante, en la guerra de los seis días de 1967, Israel retomó estas áreas y Jerusalén se reunificó. Desde entonces, cada primer ministro ha declarado que la ciudad es «la capital eterna e indivisible del Estado judío».

Winston Churchill fue uno de los primeros en abogar por el reconocimiento de Jerusalén como la capital moderna de Israel. Le comentó al diplomático británico Evelyn Shuckburgh: «Debería dejar que los judíos se quedaran con Jerusalén; al fin y al cabo, fueron ellos quienes la hicieron famosa».[9]

Por muchos años, la opinión pública estadounidense se pronunció a favor de trasladar la embajada de Estados Unidos de Tel Aviv a Jerusalén, y los políticos estuvieron de acuerdo. Los candidatos presidenciales prometieron hacerlo. En octubre de 1955, el Congreso estadounidense exigió que el traslado ocurriera en 1999, durante mayo. Sin embargo, nuestros presidentes estadounidenses, uno tras otro, lo fueron aplazando, alegando consideraciones de seguridad nacional.

En junio del 2017, el Senado estadounidense aprobó por unanimidad una resolución (900) en la que se reafirmaba la decisión del congreso de 1995 y se le exigía al presidente implementarla. Seis meses después, el presidente Trump reconoció a Jerusalén como la capital de Israel y trasladó la embajada desde Tel Aviv. Hubo quienes criticaron el hecho y se quejaron diciendo que Trump debería haber aprovechado y negociado con los palestinos. Sin embargo, en poco tiempo, la embajada se trasladó a un área en Jerusalén Oeste sobre la que Israel ejerce una soberanía incuestionable.[10]

Y creo que, con este acontecimiento, se ha girado otra llave en la gran cerradura de la profecía bíblica.

¿Qué significa esto?

Miremos hacia adelante: ¿Cuáles son las consecuencias del lugar que ocupan Jerusalén e Israel? Aun mientras escribo estas palabras, hay misiles cruzándose entre zonas de Israel y objetivos de Gaza. ¿Cuántos titulares en el mundo contienen hoy mismo las palabras «Oriente Medio», «Israel» o «Jerusalén»?

Bueno, he aquí la verdad en diez palabras: la segunda venida de Cristo no puede suceder sin Jerusalén.

Casi todos los sucesos centrados en Cristo en el futuro tendrán lugar en Jerusalén. Sin Jerusalén, sería imposible que estos sucesos ocurran. Si yo viviera en Jerusalén hoy en día, hallaría consuelo en estas profecías, que dan por segura la existencia continua de esta ciudad mística, cosa que pareciera no concordar con las amenazas a las que la ciudad se enfrenta de manera constante.

En cada visita que hice a Jerusalén, tuve la oportunidad de predicar en las escaleras de la parte sur del templo, un lugar que Jesús atravesó hace mucho tiempo. A mi derecha está el monte de los Olivos, la cima desde donde Jesús ascendió al cielo al final de Su ministerio del evangelio. A ese preciso lugar regresará.

En su libro *The End* [El fin], Mark Hitchcock menciona tres pasajes de la Escritura que sitúan a Jesús en Jerusalén durante Su segunda venida:

Primero, Zacarías 14:1 trata de la segunda venida de Cristo: «Y se afirmarán sus pies en aquel día sobre el monte de los Olivos, que está enfrente de Jerusalén al oriente...».

Segundo, fue en el monte de los Olivos que Jesús dio su gran discurso profético, que incluía señales de Su venida (Mt 24–25).

Tercero, cuando Jesús ascendió al cielo desde el monte de los Olivos (Hch 1:9-11), los ángeles dijeron que regresaría tal como se había ido. Jesús regresará al monte de los Olivos, donde hará un perfecto aterrizaje de dos puntos.[11]

Cristo no solo regresará a Jerusalén durante Su segunda venida, sino que también, como aprendimos en el capítulo 2, esa ciudad será la sede desde la que reinará sobre la tierra durante el milenio (el período de 1.000 años durante el cual Cristo gobernará la tierra).

En Apocalipsis 20, se hace referencia seis veces a un reinado de mil años de Cristo. Sin embargo, el milenio en sí se describe de manera extensa en la Biblia, en especial en los escritos de los profetas del Antiguo Testamento. Según el doctor J. Dwight Pentecost, «Una porción grande de las Escrituras se dedica a la profecía más que a cualquier otro asunto».[12]

Pentecost escribió: «La llegada del Milenio no será un proceso gradual e imperceptible, sino más bien algo repentino, sobrenatural y visible para el mundo entero. Será precedido por una serie de acontecimientos catastróficos alrededor del mundo: guerras, plagas, hambrunas y perturbaciones cósmicas. Marcará el comienzo de una manifestación especial de Dios y Su gloria; «toda carne juntamente la verá» (Is 40:5).[13]

La Biblia utiliza varios términos para identificar este período de mil años. Se le llama «el reino de los cielos» (Mt 3:2; 8:11); «el reino de Dios» (Mr 1:15); «tiempos de refrigerio» (Hch 3:19); «los tiempos de la restauración» (v. 21); «el día de Jesucristo» (Flm 1:6); «el cumplimiento de los tiempos» (Ef 1:10) y «el mundo venidero» (Heb 2:5).

El Salmo 2:68 sitúa a Jesús en Jerusalén (Sion) durante el milenio: «Pero yo he puesto mi rey Sobre Sion, mi santo monte. Yo publicaré el decreto; Jehová me ha dicho: Mi hijo eres tú; Yo te engendré hoy. Pídeme, y te daré por herencia las naciones, y como posesión tuya los confines de la tierra».

El profeta Jeremías añadió: «En aquel tiempo llamarán a Jerusalén: Trono de Jehová, y todas las naciones vendrán a ella en el nombre de Jehová en Jerusalén; ni andarán más tras la dureza de su malvado corazón» (Jer 3:17).

El Evangelio de Lucas dice sobre Jesús en esta era: «Este será grande, y será llamado Hijo del Altísimo; y el Señor Dios le dará el trono de David su padre; y reinará sobre la casa de Jacob para siempre, y su reino no tendrá fin» (Lc 1:32-33).

Jerusalén será la capital milenaria del Mesías (Zac 14:20-21) y el hogar de un templo en el que los sacrificios serán conmemorativos.

Sin embargo, ese es solo el comienzo. La capital eterna de Jesús a lo largo de la eternidad será Jerusalén (la que a menudo llamamos «la nueva Jerusalén»). La Jerusalén terrenal, a la que Jesús regresará y desde donde reinará por mil años, es el preludio de otra Jerusalén: una ciudad que tiene fundamentos, cuyo arquitecto y constructor es Dios (Heb 11:10). La nueva Jerusalén es la ciudad Celestial, que hoy existe en el cielo más alto y que descenderá a su legítimo lugar en la nueva tierra al principio de la eternidad.

Muchos teólogos se refieren a la nueva Jerusalén como «la corona de la nueva creación». Juan, en una visión gloriosa del estado eterno, vio «la santa ciudad, la nueva Jerusalén, descender del cielo, de Dios» (Ap 21:2).

Esta es la ciudad que Abraham anticipó (Heb 11:16), que Cristo prometió (Jn 14:2-3) y que los santos esperaron (Heb 13:14). Esta es «la ciudad del Dios vivo, Jerusalén la celestial» (12:22). Es la «Jerusalén de arriba» (Gá 4:26).

«Como el hogar final y eterno de la humanidad redimida, la nueva Jerusalén brillará con la gloria de Dios. A diferencia de las ciudades construidas por el ser humano, que solo exhiben logros humanos, esta ciudad celestial, que vendrá a la tierra, resplandecerá de luz, la luz de la gloria de Dios. Por fin, Jerusalén recibirá el nombre que merece: la ciudad santa».[14]

¡Y se trata de una ciudad *real*! Los dos capítulos finales de la Biblia utilizan la palabra *ciudad* trece veces para describir nuestro hogar eterno. Y no es una figura retórica; es un lugar físico verdadero. Como nuestros cuerpos resucitados serán cuerpos físicos, tan reales y tangibles como el de Cristo, necesitarán de un lugar real y un hogar verdadero. Necesitarán una ubicación física.

Aquí, en el libro de Apocalipsis, podemos vislumbrar de la manera más completa los detalles de esta ciudad, comenzando con esta promesa de los labios del Cristo glorificado: «Al que venciere, yo lo haré columna en el templo de mi Dios, y nunca más saldrá de allí; y escribiré sobre él el nombre de mi Dios, y el nombre de la ciudad de mi Dios, la nueva Jerusalén, la cual desciende del cielo, de mi Dios, y mi nombre nuevo» (Ap 3:12).

Escuche cómo Juan escribió, asombrado:

> Vi un cielo nuevo y una tierra nueva; porque el primer cielo y la primera tierra pasaron, y el mar ya no existía más. Y yo Juan vi la santa ciudad, la nueva Jerusalén, descender del cielo, de Dios, dispuesta como una esposa ataviada para su marido. Y oí una gran voz del cielo que decía: He aquí el tabernáculo de Dios con los hombres, y él morará con ellos; y ellos serán su pueblo, y Dios mismo estará con ellos como su Dios. Enjugará Dios toda lágrima de los ojos de ellos; y ya no habrá muerte, ni habrá más llanto, ni clamor, ni dolor; porque las primeras cosas pasaron. Y el que estaba sentado en el trono dijo: He aquí, yo hago nuevas todas las cosas. Y me dijo: Escribe; porque estas palabras son fieles y verdaderas. (21:15)

Esta descripción da a entender que la ciudad santa fue diseñada, construida y preparada para la nueva tierra. Juan no vio la nueva Jerusalén creada. Como dije, ¡existe ahora! ¡Allí viven mis padres! Tengo otros seres queridos allí, como también usted. Es el hogar actual y eterno para todos los redimidos de todas las edades.

Anthony Hoekema escribió: «La nueva Jerusalén […] no está en el cielo, en el lejano espacio, sino que baja a la tierra renovada. Allí, los redimidos pasarán la eternidad en cuerpos resucitados. Por tanto, el cielo y la tierra, que ahora están separados, se fusionarán: la tierra nueva será también el cielo, pues Dios morará allí con Su pueblo. Los cristianos glorificados, en otras palabras, seguirán estando en el cielo mientras habitan la tierra nueva».[15]

Esta ciudad, la nueva Jerusalén, es el lugar que Jesús está preparando para nosotros (Jn 14:1-6) y la Biblia, para terminar, describe de una forma impresionante sus dimensiones, sus características, sus calles, su vasto río, su maravilloso trono, su oro traslúcido, su luz resplandeciente.

Intente hacer este ejercicio. Piense en el lugar más hermoso que alguna vez haya visto en la tierra.

En mi caso, es una isla en el mar Egeo llamada Santorini. Hace varios años, Donna y yo visitamos Grecia y Turquía. Recuerdo que, mientras navegábamos hacia esta isla, le dije a Donna que parecía que estábamos navegando hacia el cielo. Santorini es una isla volcánica de solo unos 75 km² (30 mi²) de superficie. Desde la cubierta del barco, mirábamos la pequeña ciudad de un blanco cegador con sus techos redondeados y de una pintoresca sencillez que se elevaba junto a los acantilados por sobre el mar azul y se proyectaba hacia el cielo azul. Casi parecía estar suspendida en el espacio.

Sin embargo, por más impresionante que sea, Santorini ni se acerca a la belleza de la nueva Jerusalén.

En libros anteriores, he dedicado capítulos enteros a la descripción de la nueva Jerusalén. Aunque no puedo ahondar en esos detalles ahora, permítame compartirle tres puntos para reflexionar.

Quedará encantado con su belleza

La Biblia describe la nueva Jerusalén como una ciudad construida sobre cimientos de piedras preciosas. La entrada a la ciudad será a través de puertas de perla y las calles estarán pavimentadas con oro. La luz de la ciudad emanará del Cordero de Dios.

Cerca del centro de la ciudad encontraremos el árbol de la vida, que nos ha faltado desde el jardín del Edén. Los habitantes de la ciudad podrán comer las hojas del árbol y esas hojas, de algún modo, nos darán un sentido de bienestar más profundo en el cielo.

En el corazón mismo de la ciudad, el río de la vida brotará desde debajo del trono, fluirá por el paisaje y deleitará a toda la tierra (Ap 22:1). Creo que este es el mismo río que menciona el salmista: «Del río sus corrientes alegran la ciudad de Dios, El santuario de las moradas del Altísimo» (Sal 46:4).

La belleza de la nueva Jerusalén se verá amplificada por su tamaño. Crecí en una pequeña aldea en Ohio y, hasta que no me inscribí en el seminario de Dallas, no supe nada de la vida de ciudad. A lo largo de los años, Donna y yo hemos tenido la bendición de viajar por todo el mundo y de visitar algunas de las ciudades más hermosas de la tierra. Me encantan las ciudades y, a veces, descubrimos hechos fascinantes en el camino.

Por ejemplo, ¿sabe usted el nombre de la ciudad más grande de Estados Unidos, en cuanto a las millas cuadradas? No es Nueva York ni Los Ángeles ni Jacksonville (Florida). Es un lugar que quizás no conozca a menos que haya viajado con nosotros en uno de nuestros cruceros de enseñanza bíblica de Alaska. Sitka, Alaska, con una población menor a 10.000 personas, cubre un área de 12.470 km^2 (4.815 mi^2), es decir, tiene una superficie mayor que la de Rhode Island, Delaware y el Distrito de Columbia combinados. ¡Y qué hermosa es!

Sin embargo, Sitka no se puede comparar en tamaño con la nueva Jerusalén. Los límites de la ciudad celestial exceden todo lo que alguna vez concibieron los ingenieros humanos. A veces la gente me pregunta: «¿Cómo es que el cielo puede tener el tamaño suficiente como para albergar a todos los redimidos de todos los tiempos?». Bueno, en primer lugar, tendremos a nuestra disposición una tierra nueva de grandes dimensiones. No obstante, considere las dimensiones de la ciudad en sí. Es una ciudad establecida en un cuadro: 2.400 km (1.500 mi) de largo, 2.400 km de ancho y 2.400 km de alto. Steven Lawson nos ayuda a entender esto:

Imagine una ciudad en el occidente de Estados Unidos entre la costa del Pacífico y el río Mississippi, aproximadamente de la distancia entre Los Ángeles y San Luis o entre Nueva York y Denver... Esos serían unos 5.760.000 km^2 (2.250.000 mi^2) de terreno. ¡Y de ahí son 2.400 km hacia arriba! ¡Aguarde! ¿Está listo para esto? ¡Esos serían 13.824.000.000 km^3 (3.375.000.000 mi^3)! ¡Habría espacio suficiente para alojar con comodidad a 100 billones de personas!

Se estima que, aproximadamente, han vivido 30.000 millones de personas a lo largo de la historia del planeta. Incluso si cada persona que vivió hubiera sido salvada (que no es el caso), aun así, habría lugar para que cada persona disponga de más de 500 km^2 (200 mi^2) solo de

EL TAMAÑO DE LA NUEVA JERUSALÉN

2.400 km (1.500 mi)

2.400 km (1.500 mi)

- - - - - - **Estados Unidos de América**
——— **La nueva Jerusalén**

terreno. Habrá espacio en abundancia para cada persona que llegue al cielo. ¡Y eso es solo en la ciudad![16]

E. J. Fortman sugirió que cuando la ciudad santa tenga una ubicación permanente, estará centrada, como es lógico, en Jerusalén: «Si la realidad de la "nueva Jerusalén" es más que simbólica, ¿por qué no habría de estar en la "tierra santa"? ¿Por qué no habría de ser, durante la eternidad, allí donde estuvo la "vieja Jerusalén" y donde nuestro Redentor enseñó, sufrió y murió el lugar en el que hemos de vivir una vida de gloria y felicidad en espacio infinito de la eternidad? ¿Qué mejor sitio podría haber para este eterno centro cósmico religioso que la *antigua Jerusalén*?».[17]

Quedará encantado con su santidad

Tres veces, en Apocalipsis 21 y 22, Juan llamó a la nueva Jerusalén una ciudad «santa».

- «Y yo Juan vi *la santa ciudad*, la nueva Jerusalén» (21:2).

- «Y me llevó en el Espíritu a un monte grande y alto, y me mostró la gran *ciudad santa de Jerusalén*, que descendía del cielo, de Dios» (v. 10).
- «Y si alguno quitare de las palabras del libro de esta profecía, Dios quitará su parte del libro de la vida, y de *la santa ciudad*» (22:19).

Como dije antes, Donna y yo hemos visitado algunas de las ciudades más hermosas del mundo. Sin embargo, ninguna ha sido santa. Vivimos en San Diego, California, una ciudad hermosa con un clima casi perfecto, ubicada como una gema entre las montañas desoladas y el Pacífico impetuoso. Nos encanta este lugar. Sin embargo, créame, no es un lugar santo. A mi pesar, es un pozo séptico de crimen y corrupción. Todas las grandes ciudades del mundo tienen un lado oscuro de su belleza. Todas están contaminadas, corrompidas, llenas de vicio, desbordantes de inmoralidad, impregnadas de crimen, plagadas de muerte y enfermedad y en una lucha con todos los pecados conocidos.

¡No pasa lo mismo con la nueva Jerusalén! Es una ciudad santa. En el *Wycliffe Bible Commentary* [Comentario bíblico Moody], leemos: «Una ciudad santa será tal que en ella no se dirá una mentira por un millón de años, nunca se pronunciará una palabra mala, no se tratarán negocios turbios, no se exhibirán fotografías inmorales, no se manifestará ninguna corrupción. Será santa porque todo lo que haya en ella será santo».[18]

¡Guau! ¡Yo quiero un apartamento en esa ciudad! Juan la describió de esta manera: «No entrará en ella ninguna cosa inmunda, o que hace abominación y mentira, sino solamente los que están inscritos en el libro de la vida del Cordero» (21:27).

Juan enumeró ocho tipos de personas que nunca pondrán pie en las puertas de la nueva Jerusalén: «Pero los cobardes e incrédulos, los abominables y homicidas, los fornicarios y hechiceros, los idólatras y todos los mentirosos tendrán su parte en el lago que arde con fuego y azufre, que es la muerte segunda» (v. 8).

Esta es una advertencia crítica para todos nosotros. Lo único que puede impedirnos entrar al cielo es no confiar en Cristo como nuestro Salvador y Señor.

El escritor de Hebreos se esforzó en describir a los habitantes de la ciudad: «Sino que os habéis acercado al monte de Sion, a la ciudad del Dios vivo, Jerusalén la celestial, a la compañía de muchos millares de ángeles, a la congregación de los primogénitos que están inscritos en los cielos, a Dios el Juez de todos, a los espíritus de los justos hechos perfectos» (Heb 12:22-23).

El doctor Pentecost escribió: «Parece, entonces, que el escritor a los hebreos nos está mostrando un cuadro de la ciudad celestial, lugar en el cual estarán reunidos con Cristo los ángeles que no cayeron, los santos resucitados y arrebatados de la era de la Iglesia, y todos los santos del Antiguo Testamento y los de la tribulación».[19]

Frederick Buechner escribió: «Ya no queda nada de lo que alguna vez hizo que Jerusalén fuera, como todas las ciudades, un lugar destrozado, peligroso, desgarrador, sórdido. Ahora caminas por las calles en paz. Los niños pequeños juegan sin supervisión en los parques. No pasa ningún extraño a tu lado a quien no puedas considerar un amigo íntimo».[20]

Quedará encantado con su Salvador

Aunque hay mucho para anticipar sobre el cielo, hay una cosa que es prioritaria por sobre todas las demás: ver al Señor Jesucristo. Eso incluye ver Su rostro, entrever Su sonrisa, disfrutar de Su comunión y adorar Su gloria. En Apocalipsis 22:4 leemos: «… y verán su rostro, y su nombre estará en sus frentes».

La compositora de himnos ciega Fanny Crosby escribió de manera conmovedora sobre esto. Quedó ciega de niña a causa de un doctor que le dio la medicina incorrecta para sus ojos. En 1894, escribió un himno desde lo más profundo de su corazón. Lo llamó *My Savior First of All* [Mi salvador antes que nada]. Afirmó que al terminar la obra de su vida y abrir los ojos en el cielo, «Su sonrisa será lo primero en darme la bienvenida. ¡Lo conoceré! ¡Lo conoceré! Y a su lado, redimido estaré».

En este himno, la señorita Crosby escribió sobre la mansión preparada para ella, de los seres queridos a quienes anhelaba ver, de las puertas hermosas y del río brillante. Sin embargo, afirmó, «antes que nada, anhelo conocer a mi Salvador».

¡Yo también! ¡Y espero que usted también!

¿Hacia dónde vamos ahora?

¿En qué se relaciona todo esto con nosotros hoy? ¿Cómo es que estas profecías sobre el mañana explican los problemas que tenemos hoy? Para responder estas preguntas, quiero terminar este capítulo con algunos llamados a la acción.

Ore por Israel con fervor

El salmista escribió: «Pedid por la paz de Jerusalén; sean prosperados los que te aman. Sea la paz dentro de tus muros, y el descanso dentro de tus palacios. Por amor de mis hermanos y mis compañeros diré yo: La paz sea contigo. Por amor a la casa de Jehová nuestro Dios buscaré tu bien» (Sal 122:6-9).

Debemos orar por la paz interna de Israel. Un escritor preguntó: «¿Qué hacemos con una ciudad a la que llaman "santa" 1.000 millones de católicos, 1.000 millones de musulmanes, 400 millones de cristianos ortodoxos, 400 millones de protestantes e incontables miembros de numerosas sectas? Ninguna ciudad puede dividirse en paz para que satisfaga de una vez por todas las demandas y los reclamos religiosos de tantos grupos diversos y conflictivos».[21]

Si visita Jerusalén y camina por la ciudad vieja de una punta a otra, se encontrará con un laberinto de lenguas, culturas y pasiones. Solo Jesucristo puede traer unidad a tal maraña de idiomas y temperamentos. Necesitamos orar por los judíos, los palestinos, los cristianos y todas las otras personas que hacen de esta tierra su hogar.

En segundo lugar, ore con fervor por la seguridad internacional de Israel y Jerusalén. El Estado de Israel moderno se ha visto obligado a permanecer en estado de guerra a lo largo de los años. Alguien dijo que era como vivir en una casa muy linda en un barrio muy malo. Israel está en una lucha por su propia supervivencia y no todo el mundo es comprensivo.

El título de un artículo del grupo de noticias *WORLD* escrito por el jefe de redacción Marvin Olasky resume de manera sucinta el dilema de la nación: *Slammed if you do, dead if you don't* [Te atacan si lo haces, te mueres si no lo haces]. Cuando los israelíes toman medidas estrictas, pero también necesarias para defenderse a sí mismos, reciben críticas de la censura mundial. Si no toman esas medidas, quedan vulnerables a vecinos hostiles.[22]

Si tiene dudas sobre la hostilidad del mundo hacia la nación judía, le impactará esta estadística de las Naciones Unidas. Israel ha sido el Estado más discriminado de la ONU. «Desde 2012 hasta 2019, la Asamblea General de la ONU ha adoptado 202 resoluciones que condenan países. Israel ha sido el objeto de 163, lo que equivale al 81 % de todas las resoluciones».[23]

Ponga un mapa de Israel en su diario de oración o, con un clip, sujete un mapa de este país a la página del final de su Biblia. Recuerde orar por el lugar de Israel entre las naciones.

Permanezca fiel en su servicio y ministerio

Tanto el cristianismo como el judaísmo nos animan a concentrarnos en ser personas piadosas y en hacer actos de bondad para participar de la venida del Mesías. Al hacerlo, aceleraremos el final y le daremos inicio a nuestro nuevo comienzo. Como Pedro nos instruyó en la Biblia: «Puesto que todas estas cosas han de ser deshechas, ¡cómo no debéis vosotros andar en santa y piadosa manera de vivir, esperando y apresurándoos para la venida del día de Dios!» (2 P 3:11-12).

Creo que eso es lo que estaba pensando Isaías cuando escribió: «¿No es que partas tu pan con el hambriento, y a los pobres errantes albergues en casa; que cuando veas al desnudo, lo cubras, y no te escondas de tu hermano?» (Is 58:7).

Sé que Jerusalén está lejos de muchas de las personas que leerán este libro. En algunos casos está, literalmente, del otro lado del mundo. Muchos no tendrán el privilegio de visitar esa ciudad de este lado de la eternidad.

Sin embargo, como hemos visto, todos aquellos que confíen en Cristo como su Señor y Salvador conocerán la nueva Jerusalén. Incluso hoy, usted y yo estamos avanzando hacia esa maravillosa ciudad. Es nuestro destino eterno. ¡Es nuestro hogar!

Por estas razones y más, vivamos ahora mismo como ciudadanos de la nueva Jerusalén. Aunque no estemos alojados de manera física en esa ciudad eterna, nuestro servicio fiel reflejará su luz y revelará su bondad aun mientras permanezcamos aquí.

Concéntrese en Israel y Jerusalén

Hoy en día, el país más poblado del mundo es China, con 1.500 millones de habitantes. De los 193 países del mundo, Israel está entre la mitad inferior en lo que respecta al número de ciudadanos, con una población de nueve millones de habitantes. Eso es menos del 1 % de la ingente multitud china.

Sin embargo, la influencia internacional de Israel sobrepasa con creces el número de personas que viven allí. Según el *New York Times*, Israel es el séptimo país que más se menciona en su periódico, justo después de Rusia, Inglaterra y Alemania y antes de países mucho más grandes como Japón, India e Italia.[24]

Al presenciar el traslado de la embajada estadounidense a Jerusalén y al maravillarse con los Acuerdos de Abraham (las alianzas nuevas que Israel conformó con Emiratos Árabes Unidos, Baréin, Marruecos y Sudán), está siendo testigo de un cambio de suma importancia en el panorama geopolítico de Oriente Medio.

Poco a poco, a lo largo de la última década, las grietas se han ido trasladando. Hasta hace poco, en Oriente Medio eran «todos contra Israel».

Israel era el enemigo público número uno ante los ojos de sus vecinos. Sin embargo, a medida que Irán se ha golpeado el pecho y blandido su espada, se ha vuelto evidente que la mayor amenaza a la existencia de Oriente Medio ya no es la pequeña nación de Israel. Es la agresiva nación terrorista islámica radical de Irán.

Irán no solo representa el islam *radical*. Representa el islam *apocalíptico* y proyecta escenarios del fin del mundo.

Aunque la controversia por Palestina aún existe, está pasando a un segundo plano a medida que las naciones se coaligan con Israel para defenderse de Irán. Según la revista *U.S. News and World Report*, Israel es la décima nación más poderosa del mundo y, con toda certeza, la fuerza militar más poderosa de Oriente Medio. No obstante, hay conspiraciones entre los dirigentes iraníes y el vecindario está nervioso.

Paradójicamente, también quiero decirle que los informes recientes sobre el número de iraníes que están encontrándose con Cristo nos emocionan. El Señor está obrando allí. Sin embargo, los líderes de la nación aún son agresivos. Las otras naciones árabes jamás podrían sobrevivir a un conflicto con Irán, por lo que están volviéndose a Israel. ¡Qué fascinante! No podríamos haber imaginado esto hace algunos años.

Por tanto, mantenga la mirada en el tablero de ajedrez de Oriente Medio. Permanezca al corriente de las noticias de allí. Conviértase en un experto de la tierra que Dios marcó como el punto en el que culmina la profecía.

Hablando de expertos, muchas personas alrededor del mundo han disfrutado del ingenio y la personalidad de Kathie Lee Gifford, anfitriona de los programas de televisión *Regis & Kathie Lee* y *The Today Show* [El espectáculo de hoy]. Lo que mucha gente no sabe es que Kathie Lee es una estudiante dedicada de la Palabra de Dios y una gran fanática de Israel.

En sus palabras:

Mi historia de amor con la tierra de Israel comenzó en junio de 1971, en el momento en que di mi primer paso en la Tierra Prometida. Tenía

17 años y el regalo de mi padre por haberme graduado del secundario fue un viaje para mí y mi madre para que asistiéramos a la primera Conferencia en Jerusalén sobre profecía bíblica [*Jerusalem Conference on Biblical Prophecy*]. Aunque me perdí mi ceremonia de graduación, no podía importarme menos. ¡Estaba allí donde todo sucedió! Todas las historias que había oído, todos los versículos que había estudiado desde que era una niña, *todo* lo que creía de la Palabra de Dios había ocurrido miles de años atrás en esta tierra que yo estaba viendo por primera vez. Ese pensamiento me dejó sin aliento hace tantos años. Todavía lo hace hoy.

Al igual que yo, Kathie Lee Gifford ha visitado Israel con frecuencia. Incluso escribió un libro llamado *The Rock, the Road, and the Rabbi: My Journey into the Heart of Scriptural Faith and the Land Where It All Began* [La roca, el camino y el rabino: mi viaje hacia el corazón de la fe bíblica y la tierra donde todo comenzó].

Hubo un viaje en particular que fue especialmente memorable. Fue aquel en el que el esposo de Kathie Lee, Frank Gifford, aceptó acompañarla a Israel por primera vez. Aunque Frank había crecido en la pobreza, luego se convirtió en un famoso jugador de fútbol americano y en un comentarista de la televisión. Además, era un hombre de fe, o al menos eso creía. Según Kathie Lee: «De lo que Frank no se había dado cuenta hasta que viajamos a Israel era que, durante toda su vida, había tenido una *religión*, pero nunca había tenido una *relación* con el Dios viviente».

Durante ese viaje, el grupo visitó el valle de Ela, donde David luchó contra Goliat. El líder explicó que el milagro de esa historia no era la victoria de David por sobre el gigante. Después de todo, David ya había vencido a un león y a un oso. Más bien, el milagro de esa historia era la relación genuina y personal de David con el Dios Todopoderoso.

Luego, el líder les indicó a todos los miembros del grupo que bajaran al mismo arroyo que David había visitado y escogieran una piedra. Les preguntó: «¿Cuál es *tu* piedra? ¿A dónde la vas a lanzar?». En las palabras de Kathie Lee: «Nunca olvidaré la mirada de Frank cuando este hombre que estaba en seis salones de la fama se agachó en obediencia y eligió su piedra, al igual que el joven pastor lo había hecho 3.000 años atrás».

Añadió:

Esta experiencia me llenó de entusiasmo y satisfizo un anhelo profundo en el alma de Frank. Aunque el resto del viaje fue profundamente emotivo y esclarecedor, fue esta verdad que aprendió en el valle de Ela (que la religión no es nada sin una relación) la que le dio a Frank un fuerte sentido de paz hasta el día en que murió. Por fin, a los 82 años de edad, había encontrado su piedra.[25]

Jesús dijo: «Y será predicado este evangelio del reino en todo el mundo, para testimonio a todas las naciones; y entonces vendrá el fin» (Mt 24:14). Esta es la profecía final: el triunfo del evangelio.

Podemos tener un gozo inquebrantable, incluso en estos últimos tiempos, porque el evangelio triunfa, y Jesús triunfa. Nada puede detenerlo, y nadie puede detener su obra en la tierra. Como dijo el apóstol Pablo: «Mas a Dios gracias, el cual nos lleva siempre en triunfo en Cristo Jesús...» (2 Co 2:14).

¿Hacia dónde vamos ahora? ¡Vamos al evangelio de Jesucristo! Es este mensaje el que triunfará sobre todo lo que enfrentamos en esta hora crítica. ¡Prediquemos el evangelio desde nuestros púlpitos y compartámoslo con todos los que nos encontremos!

Capítulo 10

La profecía final:
El triunfo del evangelio

Y será predicado este evangelio del reino
en todo el mundo, para testimonio a todas
las naciones; y entonces vendrá el fin.

Mateo 24:14

En 2018, cuando se acercaba el tiempo de la Pascua, la compañía de radio SiriusXM se unió a la organización Billy Graham para reproducir los mensajes del doctor Graham las veinticuatro horas del día, los siete días de la semana mientras durara la Pascua. Esto se anunció como un acuerdo por tiempo limitado y, cuando terminó el período de la Pascua, dejaron de reproducir los mensajes.

Bueno, la respuesta a la predicación del gran evangelista debe haber sido muy positiva porque está de vuelta en SiriusXM. Esta vez es un acuerdo permanente a tiempo completo, todos los días, las veinticuatro horas del día. Ahora usted puede escuchar los mensajes del doctor Graham en el canal 460 en todo momento.

Y yo he estado escuchando.

Cada mensaje que se presenta dice la fecha en que fue predicado. Algunos de los mensajes fueron grabados en vivo en los grandes eventos que realizaba en los estadios, y algunos de ellos son la repetición de su programa de radio semanal de treinta minutos. Todos valen su tiempo.

Billy Graham predicó el evangelio durante más de siete décadas. Predicó en tiempos de guerra. Predicó en tiempos de paz. Predicó en tiempos de disturbios raciales. Predicó cuando nuestra nación atravesaba graves crisis financieras. Predicó después del asesinato del presidente Kennedy y cuando nuestros astronautas aterrizaron en la luna. Predicó durante las administraciones de doce presidentes estadounidenses (Truman, Eisenhower, Kennedy, Johnson, Nixon, Ford, Carter, Reagan, Bush padre, Clinton, Bush hijo y Obama). Predicó durante los terribles días que rodearon el 11 de septiembre. Predicó cuando sus hijos estaban creciendo y cuando murió su esposa. No importaba lo que estaba sucediendo en nuestro mundo o en su mundo, Billy Graham predicaba.

No le estoy diciendo algo que usted aún no sepa. Es posible que lo haya escuchado y quizás incluso que haya asistido a uno de sus muchos eventos. En realidad, le estoy recordando el alcance de la predicación del doctor Graham porque quiero hablarle sobre el tema de su predicación.

No puedo empezar a decirle cómo se ha conmovido mi corazón durante estas últimas semanas al escuchar sus sermones. A pesar del sinnúmero de problemas que tenía ante él, los enfrentó a todos con una sola cosa: el evangelio de Jesucristo. Nunca titubeó, nunca cambió, nunca se disculpó y parecía volverse más fuerte y mejor a medida que envejecía. Mientras lo escuchaba, me encontré pensando en las palabras de Pablo: «Pues me propuse no saber entre vosotros cosa alguna sino a Jesucristo, y a éste crucificado» (1 Co 2:2).

Mientras escuchaba, me convencí de la respuesta a la pregunta de la portada de este libro: ¿hacia dónde vamos ahora? Vamos al evangelio de Jesucristo. Creo que solo el evangelio puede triunfar sobre los muchos desafíos que enfrentamos en nuestra cultura y en nuestro mundo en este momento.

Eso es lo que se me confirmó al escuchar al gran evangelista en la radio. Él sabía que el evangelio era la respuesta a cualquier pregunta y predicó ese evangelio como si fuera nuestra única esperanza.

¡Porque lo es!

Tengo un gozo inquebrantable, incluso en estos últimos tiempos, porque el evangelio triunfa, y Jesús triunfa. Nada puede detenerlo, y nadie puede detener su obra en la tierra.

En los primeros días de la iglesia, los altos funcionarios judíos de Jerusalén no sabían qué hacer con los apóstoles. Durante una reunión para discutir el tema, el rabino más respetado de Israel, Gamaliel, se levantó para hablar y les dijo a los oficiales: «Y ahora os digo: Apartaos de estos hombres, y dejadlos; porque si este consejo o esta obra es de los hombres, se desvanecerá; mas si es de Dios, no la podréis destruir; no seáis tal vez hallados luchando contra Dios» (Hch 5:38-39).

Hasta donde sabemos, el rabino Gamaliel no era cristiano. No obstante, en esta ocasión, él habló con verdadera sabiduría, y sus palabras se han mantenido verdaderas durante dos mil años. Son verdaderas para usted. Su influencia, su trabajo y su servicio al Maestro no pueden detenerse.

La vida en triunfo

En *¿Hacia dónde vamos ahora?*, hemos aprendido sobre algunos de los problemas clave que enfrenta actualmente nuestra cultura, todos ellos anticipados por la profecía bíblica. Hemos pasado por todos los temas, de la apostasía a Sión, analizando la confusión que nos rodea. Hemos sentido que la guerra espiritual es real y se vuelve más intensa a medida que el tiempo se acorta.

Sin embargo, con cada golpe en mi teclado, he sentido una sensación de anticipación, porque Cristo está sentado en el trono a la diestra de Dios. Él está allí en este mismo momento, gobernando y dominando. ¡No podemos desanimarnos, ni un poquito! No hay lugar en estos días para los cristianos derrotados. La Biblia dice: «Mas a Dios gracias, el cual nos lleva siempre en *triunfo* en Cristo Jesús, y por medio de nosotros manifiesta en todo lugar el olor de su conocimiento» (2 Co 2:14, énfasis añadido).

¿No le gusta la palabra *triunfo*? Intente decirla en voz alta. Es una palabra bíblica poderosa.

Moisés escribió: «Cantaré al Señor, porque ha *triunfado* gloriosamente…» (Éx 15:1; NTV).

El salmista nos dijo: «¡Griten *triunfantes* alabanzas al Señor!» (Sal 47:1, NBV).

Según el libro de Apocalipsis, esta es la máxima consumación de la profecía bíblica: «He aquí que el León de la tribu de Judá, la raíz de David, ha vencido [*triunfado*]» (5:5).

Como de costumbre, el apóstol Pablo lo expresó de maravillas: «… y despojando a los principados y a las potestades, [Jesús] los exhibió públicamente, *triunfando* sobre ellos en la cruz (Col 2:15).

Dejé esa referencia para el final porque quiero centrarme en Colosenses en este capítulo. Creo que la gente de Colosas se sentiría como en casa en nuestro mundo. Se enfrentaban a lo que nos enfrentamos nosotros. Estaban rodeados de una cultura vil y pagana, y también estaban en peligro desde adentro por los falsos maestros y la doctrina debilitada. Como señalé en la *Jeremiah Study Bible* [la Biblia de estudio de Jeremiah], el apóstol Pablo probablemente nunca puso un pie en la ciudad de Colosas, que estaba situada en el valle de Lycos, a unos 160 km (unas 100 millas) al este de Éfeso. Un hombre llamado Epafras, un nativo de Colosas que se había convertido bajo el ministerio de Pablo, comenzó una iglesia en este pequeño pueblo.

Las cosas salieron bien al principio, pero luego aparecieron falsos maestros. A su alrededor había una cultura romana pagana, y los falsos maestros amenazaban con erosionar su base interna de fe. Epafras estaba tan alarmado que buscó a Pablo, que estaba preso en Roma, y le pidió que le escribiera a esta pequeña congregación. El gran apóstol así lo hizo:

cuatro gloriosos capítulos sobre la trascendencia de Cristo y el triunfo del evangelio.

Pablo no solo le estaba escribiendo a Colosas, sino a nosotros, cuando nos exhortó a que nunca nos movamos «… de la esperanza del evangelio…» (Col 1:23).

Y siguió advirtiendo: «Mirad que nadie os engañe por medio de filosofías y huecas sutilezas, según las tradiciones de los hombres, conforme a los rudimentos del mundo, y no según Cristo. Porque en él habita corporalmente toda la plenitud de la Deidad, y vosotros estáis completos en él, que es la cabeza de todo principado y potestad» (2:8-10).

¿Quiénes son los principados y potestades sobre los que triunfó Jesús?

Son seres sobrenaturales caídos: principados, potestades, gobernadores de las tinieblas de este siglo, huestes espirituales de maldad en las regiones celestes (Ef 6:12). Son fuerzas malévolas en el reino invisible, asociados de Satanás. El diablo tiene una red oscura y demoníaca del mal, una red invisible que circunda nuestro mundo.

No hay forma de explicar la aceleración del mal en nuestros días por fuera de los principados, potestades, gobernadores de las tinieblas y las huestes espirituales de maldad. Nos están disparando como combatientes enemigos, y su intención es matar. Sin embargo, Jesucristo es el vencedor sobre toda figura sombría del universo.

Ese es el triunfo del evangelio. Nuestro Señor Jesucristo ha triunfado sobre toda potestad, todo principado, todo gobernador de las tinieblas, toda fuerza espiritual del mal en el reino invisible. Ha triunfado sobre el mundo, la carne y el diablo. Conquistó el pecado, la muerte y el infierno. Rompió el poder de quien tiene el poder de la muerte, es decir, el diablo, y liberó a los que estaban esclavizados por el miedo a la muerte (Heb 2:14-15).

En los días venideros, durante los momentos finales de la historia de la tierra, el anticristo y sus secuaces harán una última resistencia. «Ellos harán la guerra al Cordero; pero el Cordero, que es Rey de reyes y Señor de señores, los derrotará, y en su *triunfo* participarán los llamados, los elegidos y los creyentes» (Ap 17:14; BLPH).

La profecía bíblica nunca nos lleva por senderos oscuros de caos y cataclismo. Nos lleva más allá del caos y el cataclismo hacia Cristo mismo, quien tiene la victoria sobre todo.

Considere esto. Cada año, en el Domingo de Ramos cantamos y predicamos sobre la entrada triunfal de Jesús en Jerusalén al comienzo de la Semana de la Pasión. Lo vemos montando un burro mientras multitudes lo ovacionan con gritos de «¡Hosanna! ¡Bendito el que viene en el nombre del Señor!» (Mr 11:9). Al final de la semana, Jesús había sido crucificado.

Si llamamos «triunfal» a la primera venida de nuestro Señor, ¿qué podemos decir de su regreso?

¡Será un billón de veces triunfal! Por eso las señales de los tiempos nos traen canciones, no suspiros ni sollozos. Cuando vemos todo lo que sucede a nuestro alrededor, levantamos nuestra cabeza porque nuestra redención, nuestro Redentor, está cerca.

¿Qué significa esto?

Cada vez que leemos las cartas de Pablo, lo encontramos articulando el mensaje del evangelio desde diferentes puntos de vista. En Colosenses, lo expresó así: «… nos ha librado de la potestad de las tinieblas, y trasladado al reino de su amado Hijo, en quien tenemos redención por su sangre, el perdón de pecados» (Col 1:13-14).

Sin Cristo, estamos en las garras de Satanás; pero debido a su gran amor por nosotros, Jesús derramó su sangre y murió para redimirnos de nuestros pecados, y nos perdonó por completo. Resucitó de entre los muertos, ascendió al cielo y reasumió su posición de autoridad suprema. Cuando creemos y recibimos sus buenas nuevas, él instantáneamente nos traslada a su familia y a su reino. Ese es el triunfo del evangelio: la victoria de Jesús a favor nuestro.

El mensaje del evangelio es transformador

Este mensaje cambia las vidas. Instantáneamente cambió la vida de un puñado de personas en la ciudad de Colosas, arrebatándolas del poder de la oscuridad y trasladándolas al reino de la luz. Dos mil años después, el mismo evangelio sigue transformando corazones.

No es frecuente que cite un comunicado de prensa de una sociedad atea, pero justo cuando la pandemia comenzaba a desaparecer de los titulares, otra noticia me llamó la atención. Un grupo llamado «Sociedad de ateos en Kenia» en Nairobi emitió un comunicado de prensa con fecha del 30 de mayo de 2021: «Esta noche, lamentablemente, el secretario de la Sociedad de ateos en Kenia, el señor Seth Mahiga, [nos] informó que había tomado la decisión de renunciar a su cargo de secretario de la sociedad. La razón de su renuncia es que ha encontrado a Jesucristo y ya no está interesado en promover el ateísmo en Kenia. Le deseamos a Seth todo lo mejor en su recién descubierta relación con Jesucristo […]. Queda vacante el cargo de secretario de la Sociedad».[1]

No podemos imaginar cuántas personas como Seth son salvas por la sangre de Cristo todos los días en este mundo. Solo el cielo conoce esa estadística, pero cada vida es transformada radicalmente.

Pablo les dijo a los Colosenses: «habiendo oído de vuestra fe en Cristo Jesús, y del amor que tenéis a todos los santos, a causa de la esperanza que os está guardada en los cielos, de la cual ya habéis oído por la palabra verdadera del evangelio, que ha llegado hasta vosotros…» (1:4-6).

La obra del evangelio se expande

Además, la obra del evangelio se está expandiendo. Pablo continuó diciendo: «… [el evangelio] que ha llegado hasta vosotros, así como a todo el mundo, y lleva fruto…» (v. 6). Incluso en sus días, Pablo vio que el evangelio se extendía y se expandía como círculos concéntricos por todo el mundo conocido.

Jesús dijo: «Y será predicado este evangelio del reino en todo el mundo, para testimonio a todas las naciones; y entonces vendrá el fin» (Mt 24:14).

Desde mi propia experiencia, puedo decirle que nunca he visto un momento en mi vida de ministerio en el que los seguidores de Jesús lleguen a más personas, sean testigos de más conversiones y toquen a más naciones que ahora. Es difícil desanimarse con los titulares cuando se está desarrollando una historia más grande. No podemos documentarlo completamente, pero el evangelio está dando frutos sin precedentes en todo el mundo.

Sí, ya sé que hemos hablado sobre la apostasía y el declive percibido del cristianismo en occidente, pero esa no es toda la historia. El evangelio triunfante está penetrando áreas nuevas y están sucediendo cosas realmente asombrosas.

Quizás haya oído rumores sobre el crecimiento del cristianismo dentro de las fronteras de Irán. ¡Esos rumores son ciertos! Un informe dijo que el evangelio se está extendiendo por esa nación a un ritmo vertiginoso. Otro informe dijo que el Espíritu Santo está «en llamas» en Irán.[2]

Como saben, los líderes de Irán se adhieren a una forma apocalíptica del islam y están haciendo todo lo posible para desalentar este avivamiento. Cualquier persona sospechosa de ser cristiana es arrestada u oprimida. ¿Pero sabe lo que está sucediendo? ¡Hay planes para que Billy Graham predique en Irán! Sí, los sermones del doctor Graham se están doblando al farsi y se están transmitiendo en el país. Se cree que sus sermones llegarán a más de veinte millones de iraníes en la seguridad de sus propios hogares.[3] Eso es solo un dato sobre el despertar espiritual que está ocurriendo en este país que, como he indicado, tendrá un papel en el desarrollo de la tribulación.

En otro caso, hay un evangelista llamado Dr. Hormoz Shariat. En 1979, el doctor Shariat estaba en las calles de Irán gritando: «¡Muerte a Estados Unidos!». Era un musulmán fanático, pero algo le sucedió cuando comenzó a leer la Biblia y a compararla con el Corán. Él dijo: «Me di cuenta de que Jesús es el camino. Y cuando mi vida cambió tan drásticamente, supe que no debía guardármelo para mí».[4] Él utiliza la televisión por satélite para alcanzar a millones de iraníes, y sus mensajes llegan a los hogares las veinticuatro horas del día.[5]

Como seguidores de Cristo, leemos las noticias de manera diferente a otras personas.

Cuando escuche noticias sobre el acuerdo nuclear iraní o las amenazas apocalípticas del ayatolá, recuerde que hay más cosas de las que se ven a simple vista.

El Señor está trabajando detrás de los titulares, y el evangelio se está extendiendo a cada rincón de la tierra con su mensaje de triunfo.

Los seguidores del evangelio están madurando

Además, los seguidores del evangelio están madurando. El apóstol Pablo les dijo a los colosenses que estaba orando para que sean «… llenos del conocimiento de su voluntad en toda sabiduría e inteligencia espiritual, para que andéis como es digno del Señor, agradándole en todo, llevando fruto en toda buena obra…». Le pidió a Dios que los fortaleciera con todas sus fuerzas y les diera poder, paciencia y longanimidad (Col 1:9-11).

¡Cómo lo necesitamos y cómo Dios lo está haciendo! Mientras el mundo empeora, los siervos del Señor aumentan y sus iglesias avanzan. Cuando miro a los estudiantes y adultos jóvenes en mi propia iglesia y en las escuelas que apoyamos, me siento animado. Tenemos una generación joven cuyo crecimiento en celo y en piedad será probado, pero que triunfará en los años venideros.

Quizás conozca el ministerio mundial de AWANA Clubs International. Recientemente, su equipo de liderazgo se reunió para compartir sus historias de la infancia. Este fue un ejercicio de vinculación, pero rápidamente se volvió muy personal e incluso doloroso. Un miembro tras otro contaron sobre la angustia que enfrentaron cuando eran más jóvenes. Uno recordó la noche en que su padre se puso violento. Otro contó que su madre le pegaba todas las mañanas porque mojaba su cama. A medida que se revelaban las dolorosas verdades, el grupo lloró por las profundas heridas de la infancia que habían sufrido.

Sin embargo, una frase seguía repitiéndose. Uno tras otro dijeron: «Pero hubo una iglesia…».

- «Yo era el chivo expiatorio de mi madre, pero hubo una iglesia que me amó».

- «Nadie sabía lo disfuncionales que éramos y el abuso y la humillación que sufría en mi casa, pero hubo una iglesia donde las personas hicieron de padre y madre para mí».

- «Mi papá nos abandonó a mi madre y a mí…, pero hubo una iglesia que nos recibió a mi mamá y a mí en su corazón».[6]

Jesús declaró: «… edificaré mi iglesia; y las puertas del Hades no prevalecerán contra ella» (Mt 16:18). A pesar de toda la angustia y el abuso de nuestra época, el evangelio triunfará a través de la Iglesia a medida que maduremos en Cristo y demos fruto en toda buena obra. Nunca subestime el poder de su iglesia local, porque Jesús murió para plantarla en este mundo. Resucitó para darle poder para que alcanzara a cada nueva generación con su glorioso evangelio.

El Autor del evangelio es preeminente

El Autor del evangelio, nuestro Señor Jesucristo, «… es la imagen del Dios invisible, el primogénito de toda creación. Porque en él fueron creadas todas las cosas, […]. Y él es antes de todas las cosas, y todas las cosas en él subsisten; y él es la cabeza del cuerpo que es la iglesia, él que es el principio, el primogénito de entre los muertos, para que en todo tenga la preeminencia» (Col 1:15-18).

Richard Chin, el director nacional de la Comunidad Australiana de Estudiantes Evangélicos, tiene un gran ministerio con jóvenes en múltiples continentes, pero no siempre fue así. En julio de 1983, Chin era un estudiante cuya experiencia cristiana era nominal. Un día, en una conferencia, escuchó que el orador hizo una pregunta: «¿Es Jesús el número uno en su vida?».

«Sabía que era un buen número dos o tres —recordó Chin—, pero no era el número uno. En algún momento de esa semana, recibí con alegría a Jesús como mi Señor». Cuando Chin comenzó a estudiar su Biblia, se sintió atraído por el libro de Colosenses, el cual memorizó, y se asombró de la imagen triunfal de Cristo que se encontraba en sus páginas.

A medida que vemos a Jesús con mayor claridad, el evangelio se hace cada vez más grande en nuestros corazones. Su muerte se vuelve más maravillosa. Su resurrección se vuelve más asombrosa. El pecado se vuelve más repugnante y el diablo parece más malvado. La obra restauradora del Espíritu se vuelve más poderosa. La extensión global del evangelio se vuelve más importante. Las conexiones entre todo dentro de la Biblia se vuelven más claras. Nuestro anhelo por la eternidad aumenta. Y el amor de Dios se vuelve más deleitable.

«Jesús es preeminente en todo —escribió Chin—. Él gobierna todo en esta creación y él gobierna todo en la era venidera».[7]

La pregunta que cambió la vida de Richard Chin es muy importante. ¿Es Jesús verdaderamente preeminente en su vida? ¿Es el número uno? Si él es «un buen número dos o tres», no habrá nada de victorioso en su experiencia. En esta cultura que se desvía y en estos tiempos peligrosos, debemos decir como nunca antes: «Yo me rindo a él. Todo a Cristo yo me entrego».

Como alguien dijo hace un tiempo: «Solo en la vida cristiana rendirse trae la victoria».

El tema del evangelio es energizante

Otra nota triunfal en Colosenses suena como el sonido de una trompeta: «Cristo en vosotros, la esperanza de gloria» (1:27). ¡Qué eslogan y qué lema! Pero es mucho más. Cuando Charles Spurgeon predicó sobre este versículo, utilizó un esquema muy sencillo, que no puedo superar:

- La esencia del evangelio es: Cristo.
- La dulzura del evangelio es: Cristo en usted.
- La perspectiva del evangelio es: Cristo en usted, la esperanza de gloria.

Todo junto, este es el triunfo del evangelio, y puede hacerlo propio: «¡Cristo en mí, la esperanza de gloria!». En el momento en que proclamamos a Cristo como nuestro Salvador, él viene, a través de su Espíritu, a vivir y reinar dentro de nosotros. Un día lo veremos cara a cara. Un día, pronto, literalmente caminaremos y hablaremos con él como lo hicieron los discípulos hace mucho tiempo. Compartiremos su gloria y participaremos de su herencia, reinando con él sobre el cielo nuevo y la tierra nueva.

Esta esperanza es el tema del evangelio y es tan cierta como la muerte de Cristo, tan segura como su resurrección, tan emocionante como su regreso y tan real como su Espíritu que mora en nosotros. La Nueva Traducción Viviente dice: «Y el secreto es: Cristo vive en ustedes. Eso les da la seguridad de que participarán de su gloria».

¿Hacia dónde vamos ahora?

Siempre que escribo, oro por el poder de Dios en cada palabra; pero cuando cito la Palabra de Dios, sé que hay un poder ilimitado en cada sílaba. Por eso, me gustaría resaltar cinco pasajes, directamente del libro de Colosenses, que le dirán hacia dónde ir ahora.

Gracias a que Jesús es preeminente y su evangelio es triunfante, usted puede vivir y trabajar en victoria en varias áreas críticas.

Predique el evangelio con sus labios

Como seguidores de Jesús, debemos seguir predicando a Cristo y levantar la cruz. Colosenses 1:28 dice: «… a quien anunciamos…». Debemos seguir haciéndolo hasta el final.

Naomi Reed entrevistó a una cristiana asiática llamada Resham, quien le contó su historia.

Ahora tengo la enfermedad de Parkinson. Ya no puedo caminar y estoy la mayor parte del tiempo en mi cama. No puedo salir de esta

222

habitación, ir a la iglesia o visitar a las personas. Es un cambio para mí. Pasé toda mi vida adulta compartiendo el evangelio. En ese entonces, caminé por setenta y dos distritos en Nepal, predicando el evangelio [...] e iniciamos un curso bíblico por correspondencia. En total, hemos tenido 700.000 estudiantes.

Me metieron en la cárcel tres veces por mi fe y me torturaron. Pero ya no puedo caminar ni levantarme de la cama. El desafío para mí hoy es leer Colosenses 1:28-29. El apóstol Pablo dijo: «[Cristo] a quien anunciamos, amonestando a todo hombre, y enseñando a todo hombre en toda sabiduría, a fin de presentar perfecto en Cristo Jesús a todo hombre; para lo cual también trabajo, luchando según la potencia de él, la cual actúa poderosamente en mí» [...].

Quiero ser como Pablo. Sé que usó toda su energía para compartir el evangelio, hasta el final. Y yo también quiero hacer eso. Ya no tengo energía en mi cuerpo, pero todavía tengo energía en mi corazón y en mi mente. Incluso ahora, las personas me llaman a mi teléfono [...] y me preguntan por Jesús, y yo todavía les predico. Sigo recibiendo llamadas de nuestros estudiantes del curso bíblico por correspondencia. Todavía sigo usando toda mi energía, incluso mientras estoy acostada en mi cama, ¡toda la energía que Cristo me ha dado![8]

Hasta el final de la vida, hasta el final de los tiempos y hasta los confines de la tierra, usemos todas nuestras fuerzas para predicarlo a él y a su evangelio triunfante. El Señor nos ha bendecido con la oportunidad de alcanzar, creo, una de las últimas generaciones antes de que regrese por nosotros.

Ilustre el evangelio con su vida

Cuando los hermanos gemelos Brett y Alex Harris eran adolescentes, escribieron un libro titulado *Haz cosas difíciles*, en el que sugerían a los lectores que se levantaran temprano, hicieran más de lo necesario, encontraran una causa y fueran mejores que nuestra cultura.

Escribieron como cristianos. Ambos terminaron la escuela secundaria a los dieciséis años, trabajaron en la Corte Suprema de Alabama y organizaron campañas políticas. Ambos se inscribieron en Patrick Henry College, obtuvieron el primer puesto en las competencias nacionales de Moot Court, escribieron otro libro y dieron conferencias. Luego ambos se casaron. Alex y su esposa se mudaron a Massachusetts, y Alex se inscribió en Harvard.

Después de Harvard, Alex trabajó para el juez Neil Gorsuch y el juez Anthony Kennedy. Fue nombrado uno de los 30 menores de 30 de la revista Forbes en leyes y políticas. Su carrera legal se disparó, pero Alex también enfrentó dificultades. La muerte de su madre fue devastadora para él. La esposa de su hermano desarrolló una enfermedad debilitante y Brett se convirtió en su cuidador.

«En última instancia, hacemos cosas difíciles y tenemos el poder de hacer cosas difíciles —dijo Alex en una entrevista—, porque Jesucristo ha hecho lo más difícil […] él murió en la cruz venciendo el pecado y la muerte para siempre por nosotros. Y debido a eso, tenemos esta esperanza increíble, tenemos esta seguridad increíble, tenemos este entendimiento increíble de que el fracaso no es el final y nuestros propios fracasos no niegan su fidelidad. Como cristianos, la persona, la obra y la salvación de Cristo es lo que, en última instancia, nos da la capacidad de hacer tal vez algunas de las cosas más difíciles […] la capacidad de caminar fielmente a través del sufrimiento que es difícil incluso para entender la forma en que los cristianos a lo largo de la historia lo han hecho por esa esperanza, de nuevo, que tenemos en Cristo».[9]

Lo que dijo el joven Alex Harris es que cada uno de nosotros podemos usar nuestra vida para pintar un cuadro del evangelio, para ilustrar lo que Jesús logró en la cruz.

Charles Spurgeon llamó a esto «adornar el evangelio».

¿Entonces, qué es apropiado para el evangelio? Bien, la *santidad* es adecuada para el evangelio. Adornen el evangelio con una vida santa. ¡Cuán puro, cuán limpio, cuán dulce, cuán celestial es el evangelio!

Cuelguen, entonces, las joyas de la santidad alrededor de su cuello, y colóquenlas como anillos en sus manos.

El evangelio debe también ser adornado con *misericordia*. Es todo misericordia, es todo amor, no hay amor como ese: «Porque de tal manera amó Dios al mundo». Bien, entonces, adornen el evangelio con las joyas adecuadas de la misericordia y amor. [...]

El evangelio es también un evangelio de *felicidad*; es llamado: «el evangelio glorioso del Dios bendito». Una traducción más correcta sería: «el Dios feliz». Pues bien, entonces, adornen el evangelio siendo felices. [...]

Adornen el evangelio, a continuación, con *generosidad*. [...] Si quieren adornar el evangelio, tienen que amar a los otros, amarlos intensamente, y tener como objetivo de sus vidas hacer felices a otras personas, pues de esa manera estarán actuando de acuerdo al espíritu y al carácter del evangelio.[10]

Todo esto se resume en Colosenses 2:6: «Por tanto, de la manera que habéis recibido al Señor Jesucristo, andad en él».

«Andar» es un término que se usa a menudo para describir la vida cristiana. En Colosenses 2:6, la palabra está en tiempo presente, lo que indica un proceso en curso. Andar implica un esfuerzo constante y paso a paso, y un progreso hacia una meta. En otras palabras, nuestras acciones deben alinearse de manera consistente con nuestras palabras y creencias. Predicamos el evangelio con nuestros labios y lo ilustramos con nuestra vida.

Nuestro mensaje del evangelio debe ser reforzado por una experiencia creciente y dinámica del evangelio.

Reflexione sobre el evangelio con su mente

El evangelio de Jesucristo informa no solo nuestras acciones, sino también nuestros pensamientos.

Colosenses 3 comienza con algunas de las palabras más positivas jamás escritas: «Si, pues, habéis resucitado con Cristo, buscad las cosas de arriba, donde está Cristo sentado a la diestra de Dios. Poned la mira en las cosas de arriba, no en las de la tierra» (vv. 1-2).

Cuando piense en Jesús, no limite sus pensamientos a una cruz y a una tumba vacía, por más maravillosos que sean esos momentos. Piense en la gloria presente de nuestro Señor, sentado a la diestra de Dios. Juan vio al Señor Jesús glorificado y, en el primer capítulo de Apocalipsis, escribió al respecto con gran asombro: «Tenía en su diestra siete estrellas; de su boca salía una espada aguda de dos filos; y su rostro era como el sol cuando resplandece en su fuerza. Cuando le vi, caí como muerto a sus pies. Y él puso su diestra sobre mí, diciéndome: No temas; yo soy el primero y el último; y el que vivo, y estuve muerto; mas he aquí que vivo por los siglos de los siglos, amén...» (vv. 16-18).

¡Que su corazón se centre en esto! Deje que su mente se enfoque en la gloria resplandeciente de nuestro Cristo triunfante. Piense en ello a menudo. Medite en ello constantemente. El mundo con todos sus problemas es un espectáculo fugaz, pero Jesús es el mismo ayer, hoy y siempre.

Henry Ward Beecher dijo una vez: «El alma sin imaginación es como un observatorio sin telescopio». Moisés y los setenta ancianos vieron el fundamento del trono del Señor. Ezequiel e Isaías vieron el trono de Dios. Esteban vio a Jesús de pie al lado derecho del trono. Juan lo vio en el libro de Apocalipsis. Todos estos escritores describieron lo que vieron, y eso nos permite usar nuestra imaginación dada por Dios para ver, lo mejor que podamos por fe, el mismo trono de gracia, victoria y gobierno eterno.

Medite con frecuencia en el trono de Cristo y dormirá mejor por la noche y sentirá más entusiasmo durante el día. Amigo mío, concentre su corazón en las cosas de arriba, donde Cristo está sentado a la diestra de Dios.

Practique el evangelio con su amor

El gobernador de Oklahoma, Kevin Stitt, publicó una notable declaración para conmemorar el centenario de la masacre de Tulsa Race. Durante dieciocho horas entre el 31 de mayo y el 1 de junio de 1921, una horda blanca atacó un barrio predominantemente negro en Tulsa, mató a cientos de personas y dejó a miles sin hogar. Estudiar esta historia es desgarrador, pero durante décadas pocas personas la conocían. Los medios de comunicación de esos días no lo informaron.

Preste atención a lo que dijo el gobernador Stitt: «La historia de Oklahoma, como cualquier otro estado de la nación, tiene momentos de los que no estamos orgullosos. Hace cien años, actos atroces de racismo y odio dejaron una herida profunda en nuestros vecinos de Oklahoma en Greenwood. Muchos de ellos todavía sienten el dolor en la actualidad [...]. Es nuestra responsabilidad que la paz y el amor se enseñen en nuestros hogares, escuelas, lugares de trabajo e iglesias. Dios nos encomienda esto en Colosenses 3:14-15: "Y sobre todas estas cosas vestíos de amor, que es el vínculo perfecto. Y la paz de Dios gobierne en vuestros corazones, a la que asimismo fuisteis llamados en un solo cuerpo"».[11]

Como seguidores de Cristo, nunca debemos olvidar que su evangelio no es algo en lo que simplemente creemos, es algo que hacemos. Algo que debemos practicar al elegir amar a los demás.

Jesús dijo: «Un mandamiento nuevo os doy: Que os améis unos a otros; como yo os he amado, que también os améis unos a otros. En esto conocerán todos que sois mis discípulos, si tuviereis amor los unos con los otros» (Jn 13:34-35).

En su libro *The Mark of a Christian* [La marca del cristiano], el difunto Francis Schaeffer señaló que Jesús le dio al mundo el derecho de juzgar a los creyentes por su amor mutuo:

> Jesús dice: «En esto conocerán todos que sois mis discípulos, si tuviereis amor los unos con los otros». En medio del mundo, en medio de nuestra cultura actual y moribunda, Jesús le da un derecho al mundo. En su autoridad, le da al mundo el derecho de juzgar si usted y yo somos cristianos nacidos de nuevo según nuestro amor observable hacia todos los cristianos.
>
> Eso es bastante aterrador. Jesús se vuelve al mundo y dice: «Tengo algo que decirles. De acuerdo con mi autoridad, les doy un derecho:

pueden juzgar si una persona es cristiana o no según el amor que muestra a todos los cristianos».

En otras palabras, si la gente se nos acerca y nos echa en cara el juicio de que no somos cristianos porque no hemos mostrado amor hacia otros cristianos, debemos entender que solo están ejerciendo una prerrogativa que Jesús les dio.

Y no debemos enojarnos. Si la gente dice: «Ustedes no aman a otros cristianos», debemos irnos a casa, arrodillarnos y preguntarle a Dios si tienen razón o no. Y si la tienen, entonces tienen derecho a decir lo que dijeron.[12]

El evangelio nos enseña a revestirnos de amor, porque solo el amor del evangelio puede vencer el veneno del pecado en nuestro mundo. Tenemos un evangelio triunfante, pero quienes lo compartimos debemos revestirnos de amor y llevar en nuestro corazón una carga genuina por nuestros prójimos y por nuestros enemigos.

Termine bien

Hay muchas otras instrucciones para nosotros en el libro de Colosenses, exhortaciones para estos últimos tiempos que debemos tomar en serio. Pero quiero terminar con un pequeño y extraño versículo al final del libro. Es un mensaje personal, dirigido a una persona: a usted.

Bueno, en realidad, es para un hombre llamado Arquipo, pero usted puede poner su nombre en ese lugar. Dice: «Mira que cumplas el ministerio que recibiste en el Señor» (4:17). En otras palabras, termine el trabajo. Complete la tarea. Asegúrese de que al final de su vida también haya llegado al final de su tarea terrenal asignada.

Creemos que Arquipo era el hijo de Filemón. En Filemón 1:2, Pablo lo llamó «nuestro compañero de milicia». Tenía un ministerio personal que le fue asignado, tal vez bajo la dirección de Pablo. Dado que Filemón y su familia vivían en Colosas, Pablo agregó una posdata a su carta a los colosenses, diciéndole a Arquipo que se asegurara de terminar su tarea asignada.

Sí, pongamos todos nuestros propios nombres en Colosenses 4:17. Probablemente estemos viviendo en las etapas finales antes del regreso de Cristo, y Dios nos ha asignado ciertas tareas a todos. Las primeras palabras registradas de nuestro Señor cuando era joven fueron: «¿No sabíais que en los negocios de mi Padre me es necesario estar?» (Lc 2:49). Y al final de su vida natural, dijo: «Yo te he glorificado en la tierra; he acabado la obra que me diste que hiciese» (Jn 17:4).

Dios le ha dado ciertos dones para su gloria y ciertas tareas para su reino. Asegúrese de completarlas. No tenemos que salir vivos de este mundo, sino que tenemos que completar la tarea que Dios nos ha asignado.

El apóstol Pablo dijo: «Pero de ninguna cosa hago caso, ni estimo preciosa mi vida para mí mismo, con tal que acabe mi carrera con gozo, y el ministerio que recibí del Señor Jesús, para dar testimonio del evangelio de la gracia de Dios» (Hch 20:24).

No puedo pensar en nadie que haya buscado cumplir este versículo más que alguien que mencioné anteriormente en este capítulo: Billy Graham. Mientras continúo escuchando los sermones del doctor Graham otra vez, confieso que estoy más conmovido que nunca por su resonante proclamación del triunfo del evangelio. Incluso ahora, su icónica voz toca mi corazón y me inspira a ser un mejor predicador.

El 9 de enero de 1955, Billy dijo en su programa de radio *Momentos de decisión*: «Si no creyera que la Biblia y el evangelio de Jesucristo tienen la respuesta a los desconcertantes problemas de este mundo, volvería a la granja y a la vida rural que amo y pasaría mis días en tranquila soledad».[13]

El 3 de abril de 1966, Billy afirmó: «Estamos buscando una solución universal a nuestros problemas, pero la cruz se presenta en medio de nuestro dilema como nuestra única esperanza».[14]

En una conferencia de prensa en Polonia el 16 de octubre de 1978, expresó: «He leído la última página de la Biblia. Todo va a salir bien».[15]

Billy llevó a cabo más de cuatrocientas cruzadas en su vida, en más de ciento ochenta y cinco países. Su última cruzada fue en la ciudad de Nueva York en 2005, donde dijo: «Tengo un mensaje: que Jesucristo vino, murió en una cruz, resucitó y nos pidió que nos arrepintiéramos de nuestros pecados y lo recibiéramos por fe como Señor y Salvador, y si lo hacemos, tendremos perdón de todos nuestros pecados».[16]

Podría darle cita tras cita. Tuve el privilegio de conocer al doctor Graham y lo escuché predicar muchas veces. Pronunció su último sermón en una transmisión de televisión en su cumpleaños número 95, y dijo: «Nuestro país tiene una gran necesidad de un despertar espiritual. En ocasiones, he llorado mientras iba de ciudad en ciudad y he visto cuán lejos la gente se ha alejado de Dios. De todas las cosas que he visto y escuchado, solo hay un mensaje que puede cambiar la vida y el corazón de las personas. Quiero contarles a las personas sobre el significado de la cruz […]. La verdadera cruz de Cristo […]. Él lo ama y está dispuesto a perdonarle todos sus pecados».[17]

A lo largo de mi ministerio, he conocido a personas que me dijeron que fueron salvas en una cruzada de Billy Graham o cuando lo escucharon en la televisión o en la radio. Dios tocó toda la personalidad de Billy con un poder inusual.

Ninguno de nosotros es Billy Graham. Él era único. Sin embargo, todos tenemos el mismo evangelio. No pertenecía a Billy Graham. Es un regalo de Dios para todos nosotros. Son las buenas nuevas de Jesucristo tanto para usted como para cualquier persona en todo el mundo, y triunfa sobre todos los titulares de la historia. El evangelio es el único rayo de luz que brilla en este mundo oscuro, pero sus megavatios son ilimitados. Puede iluminar toda vida y disipar toda sombra.

No somos personas abatidas. No estamos contra las cuerdas. No somos una especie en peligro de extinción. A pesar del título de este libro, no somos un pueblo preocupado por saber hacia dónde vamos ahora. Sabemos hacia dónde vamos y conocemos a aquel que ha preparado el camino. Somos más que vencedores por medio de nuestro Señor Jesucristo.

Ese es el triunfo del evangelio, y espero que lo haya descubierto por usted mismo. Sea lo que sea que esté enfrentando, Cristo es su victoria. Dondequiera que vaya, él es su guía. Sin importar cómo se sienta, él es su única y sólida esperanza. Cuando se sienta preocupado por los fragmentos que caen de nuestro planeta colapsado, puede mirar hacia el cielo y ver a aquel que bajó a la tierra por usted, ¡y que pronto regresará!

Ahora somos soldados en la batalla, pero algún día seremos herederos en el reino. El mundo puede ponerse en guerra contra el Cordero, pero el Cordero triunfará porque es Señor de señores y Rey de reyes, y traerá con él a los llamados, los elegidos y los fieles. ¡Oh, que estemos todos allí! Que él sea su Cordero y su Señor mientras le decimos triunfal pero humildemente:

> Tal como soy de pecador,
> Sin otra fianza que tu amor,
> A tu llamado vengo a Ti:
> Cordero de Dios, heme aquí.[18]

Agradecimientos

Todos los días de mi vida tengo el privilegio de dedicar mi tiempo y energía a las dos únicas cosas en el mundo que son eternas: la Palabra de Dios y las personas. Soy muy bendecido de estar rodeado de un equipo que está sumamente comprometido con estas dos prioridades.

En el centro de ese equipo está mi esposa, Donna, que ha soportado la tremenda presión que acompaña a cada libro que escribo. Juntos hemos soñado, planeado y trabajado con el objetivo de influir en nuestro mundo para Cristo. Más que nunca en nuestros cincuenta y siete años juntos, hemos visto cómo nuestros sueños se hacen realidad.

Mi hijo mayor, David Michael, es ahora el presidente de Turning Point Ministries. Su labor continúa expandiéndose cada año, y gracias a que él se ha hecho cargo en gran parte del área administrativa, hoy puedo producir libros como el que usted acaba de leer.

Dianne Sutherland es mi asistente administrativa en nuestro centro de medios y coordina mi agenda, mis viajes y, básicamente, ¡mi vida! A medida que mi vida se ha vuelto más complicada, también le ha sucedido lo mismo a la de ella. Ambos estamos agradecidos de que el Señor nos haya traído a Beth Anne Hewett para ayudarnos a mantener la cordura en el torbellino que es nuestra oficina.

Beau Sager es el coordinador de investigación y edición. Él mismo realiza una investigación considerable y también trabaja con nuestro equipo para asegurar que nuestra información sea oportuna y precisa.

Durante los seis meses de creación de estos libros, Beau y yo hablamos todos los días y, a veces, muchas veces al día. Pensamos igual y hemos aprendido a trabajar juntos a la velocidad de la confianza. Beau, no quiero ni imaginarme haciendo esto sin ti. ¡Gracias por hacer este viaje conmigo!

Gracias también a Sam O'Neal, cuyo ojo y conocimiento editorial ayudó a hacer de este un libro mejor.

Hay trece ilustraciones visuales en este libro, y el creador de esas ilustraciones es un joven artista de Turning Point llamado Martin Zambrano.

Durante muchos años, Rob Morgan ha trabajado con nosotros en Turning Point. Él es pastor y uno de mis mejores amigos. No conozco a nadie que sepa tanto de todo como Rob Morgan. Él predica en mi lugar cuando tengo que ausentarme de mi iglesia, y es un placer para nosotros presentar muchos de sus libros a través del ministerio de Turning Point. Él aporta mucho a cada proyecto de escritura que hacemos. Gracias, Rob Morgan, por tu colaboración y sacrificio.

Todas las personas que acabo de mencionar participaron por completo en la creación de *¿Hacia dónde vamos ahora?* Sin embargo, hay mucho más en un libro que su simple publicación. Los esfuerzos de promoción, *marketing* y circulación tanto del autor y su equipo como de la editorial y su equipo determinan el destino del libro.

Nuestro departamento creativo, dirigido por Paul Joiner, es insuperable en el desarrollo y la utilización de las mejores y más actualizadas estrategias de *marketing* y publicidad que se usan en la actualidad. Todos los que han visto el trabajo de Paul están de acuerdo con mi evaluación. Paul Joiner es uno de los mejores regalos de Dios para Turning Point.

Y este año hemos vuelto a tener el privilegio de trabajar en conjunto con Mark Schoenwald y Thomas Nelson. Damon Reiss es nuestro editor y a quien acudimos en Thomas Nelson, y nos hemos hecho buenos amigos en los últimos libros que hemos hecho juntos. Gracias, Damon, por estar siempre ahí para responder mis preguntas y escuchar mis ideas. Es un placer trabajar contigo para asegurarnos de que nuestro mensaje llegue a la mayor cantidad de lectores posible.

Como con todos mis otros proyectos de escritura, estoy representado por Sealy Yates de Yates & Yates. Consideramos a Sealy, a toda su familia y a sus socios comerciales miembros de nuestro equipo de Turning Point. Hemos visto como Dios ha honrado esta relación durante casi treinta años.

Ninguno de nosotros merece que nuestros nombres estén en la misma página que el nombre de nuestro Señor y Salvador, Jesucristo. Este es realmente su proyecto. Más que nada, quiero expresar mi esperanza de que Dios sea glorificado a medida que contamos la historia de Sus planes para nuestro futuro.

David Jeremiah
San Diego (California)
Julio del 2021

Notas

Introducción

1. Aleksandr Solzhenitsyn, *The Gulag Archipelago* (Nueva York, NY: Harper & Row, 1974), p. 178.

Capítulo 1: Una profecía cultural: El socialismo

1. Joshua Goodman, «AP Exclusive: Imprisoned Supercop's Escape from Venezuela», Associated Press, 25 junio, 2019, https://apnews.com/article/ c45c3d6225a7423fad2b44478452b9d5.
2. Brinley Hineman, «Fact Check: Socialist Policies Alone Did Not Destroy Venezuela's Economy in Last Decade», *USA Today*, 8 agosto, 2020, https://www.usatoday.com/story/news/factcheck/2020/08/08/fact-check-socialism-alone-did-not-destroy-venezuelas-economy/3323566001/.
3. Maxim Lott, «How Socialism Turned Venezuela from the Wealthiest Country in South America into an Economic Basket Case», Fox News, 26 enero, 2019, https://www.foxnews.com/world/ how-socialism-turned-venezuela-from-the-wealthiest-country-in-south-america-into-an-economic-basket-case.
4. «U.S. Attitudes Toward Socialism, Communism, and Collectivism», Victims of Communism Memorial Foundation, octubre 2020, https:// victimsofcommunism.org/wp-content/uploads/2020/10/10.19.20-VOC-YouGov-Survey-on-U.S.-Attitudes-Toward-Socialism-Communism-and-Collectivism.pdf.
5. Felix Salmon, «Gen Z Prefers "Socialism" to "Capitalism"», *AXIOS*, 27 enero, 2019, https://www.axios.com/

socialism-capitalism-poll-generation-z-preference-1ffb8800-0ce5-4368-8a6f-de3b82662347.html.

6. Emma Green, «Bernie Sanders's Religious Test for Christians in Public Office», *The Atlantic*, 8 junio, 2017, https://www.theatlantic.com/politics/archive/2017/06/bernie-sanders-chris-van-hollen-russell-vought/529614/.

7. Paul Kengor, *The Devil and Karl Marx: Communism's Long March of Death, Deception, and Infiltration* (Gastonia, NC: TAN Books, 2020), p. 150.

8. Daily Wire News, «Survivor of Mao's China: Critical Race Theory "Is Racist", China Used "Wokeness" to Install Communism», *The Daily Wire*, 11 junio, 2021, https://www.dailywire.com/news/survivor-of-maos-china-critical-race-theory-is-racist-china-used-wokeness-to-install-communism.

9. Erwin Lutzer, *We Will Not Be Silenced: Responding Courageously to Our Culture's Assault on Christianity* (Eugene, OR: Harvest House, 2020), p. 21.

10. Robert Payne, *Marx: A Biography* (Nueva York, NY: Simon & Schuster, 1968), p. 315.

11. Richard Wurmbrand, *Marx & Satan* (Wheaton, IL: Crossway Books, 1986), p. 47.

12. Franz Mehring, *Karl Marx: The Story of His Life* (Nueva York, NY: Routledge, 1936), p. 92.

13. Karl Marx, «The Pale Maiden», *Early Works of Karl Marx: Book of Verse*, consultado 12 julio, 2021, https://www.marxists.org/archive/marx/works/1837-pre/verse/verse24.htm.

14. Karl Marx, «The Player», 1841.

15. Kengor, *The Devil and Karl Marx*, p. 72.

16. Karl Marx, carta del 20 de mayo de 1882, para Friedrich Engels, MEW, XXXV, p. 65.

17. Kengor, *The Devil and Karl Marx*, p. 123.

18. Kengor, p. 127.

19. Alexander Yakovlev, *A Century of Violence in Soviet Russia* (New Haven, CT: Yale University Press, 2002), pp. 155, 163.

20. Anne Applebaum, *Iron Curtain: The Crushing of Eastern Europe*, 1944–1956 (Nueva York, NY: Knopf Doubleday Publishing Group, 2012), edición Kindle.

21. Rod Dreher, *Live Not by Lies: A Manuel for Christian Dissidents* (Nueva York, NY: Sentinel, 2020), p. 8.

22. Kengor, *The Devil and Karl Marx*, p. xix.

23. Aleksandr Solzhenitsyn, «A World Split Apart», *American Rhetoric*, 8 junio, 1978, https://www.americanrhetoric.com/speeches/alexandersolzhenitsynharvard.htm.

24. Milan Kundera, *The Book of Laughter and Forgetting*, traducción de Michael H. Heim (Harmondsworth, Inglaterra: Penguin, 1983), p. 157.

25. Dreher, *Live Not by Lies*, pp. 8–9.

26. Lutzer, *We Will Not Be Silenced*, pp. 22–23.

27. Iain Murray in «The Temptations of Socialism: A Conversation with Economist Iain», *Thinking in Public*, 1 febrero, 2021, https://albertmohler.com/2021/02/01/iain-murray.

28. Patrick J. Buchanan, *Suicide of a Superpower* (Nueva York, NY: Thomas Dunne Books, 2011), p. 207.

29. Stephanie Pagones, «Police Defunded: Major Cities Feeling the Lossof Police Funding as Murders, Other Crimes Soar», *Fox News*, 1 abril, 2021, https://www.foxnews.com/us/police-defunded-cities-murders-crime-budget.

30. Albert Mohler, «The Coming Socialist Storm», *Decision Magazine*, 1 enero, 2021, https://decisionmagazine.com/albert-mohler-the-coming-socialist-storm/.

31. Aleksandr Solzhenitsyn, «Live Not by Lies», consultado 8 julio, 2021, https://journals.sagepub.com/doi/pdf/10.1080/03064220408537357.

32. Dreher, *Live Not by Lies*, p. 17.

33. Søren Kierkegaard, *Provocations: Spiritual Writings of Kierkegaard* (Farmington, PA: Plough Publishing, 1999), p. 88.

34. Dreher, *Live Not by Lies*, p. 174.

35. «Hillsdale High School Principal Tells Valedictorian Enough of the Religious Speech», WBCK 95.3, 1 junio, 2021, https://wbckfm.com/hillsdale-high-school-principal-valedictorian-religious-speech/.

36. Stefano Pozzebon, «Venezuela Is Quietly Quitting Socialism», CNN, 18 diciembre, 2020, https://www.cnn.com/2020/12/18/americas/venezuela-death-of-socialism-intl/index.html.

37. «Venezuela», *Human Rights Watch* (World Report, 2021), https://www.hrw.org/world-report/2021/country-chapters/venezuela.

Capítulo 2: Una profecía internacional: El globalismo

1. Jeffrey D. Sachs, *The Ages of Globalization* (Nueva York, NY: Columbia University Press, 2020), pp. v-xiii.

2. Larry Elliott, «Gordon Brown Calls for Global Government to Tackle Coronavirus», *The Guardian*, 26 marzo, 2020, https://www.theguardian.com/politics/2020/mar/26/gordon-brown-calls-for-global-government-to-tackle-coronavirus.

3. Arvind Ashta, «It Is Time to Seriously Consider the Advantages of a World Federal Government», 18 marzo, 2021, https://blogs.lse.ac.uk/europpblog/2021/03/18/it-is-time-to-seriously-consider-the-advantages-of-a-world-federal-government/.

4. Albert Mohler, «Globalization and the Christian Mission», *Tabletalk*, noviembre 2017, https://tabletalkmagazine.com/article/2017/11/globalization-christian-mission/.

5. Jason Fernando, «Globalization», *Investopedia*, 12 diciembre, 2020, https://www.investopedia.com/terms/g/globalization.asp.

6. David Jeremiah, *The Coming Economic Armageddon* (Nueva York, NY: FaithWords, 2010), pp. xvii–xviii.

7. Alexis Wichowski, *The Information Trade* (Nueva York, NY: HarperOne, 2020), p. 10.

8. Amy Webb, *The Big Nine: How the Tech Titans and Their Thinking Machines Could Warp Humanity* (Nueva York, NY: Hachette, 2019), p. 10.

9. Leigh Phillips, «We Need a World Government—But It Has to Be Democratic», *Jacobin*, 14 julio, 2020, https://jacobinmag.com/2020/07/one-world-government-democracy-covid-19.

10. Michael S. Heiser, *The Unseen Realm: Recovering the Supernatural Worldview of the Bible* (Bellingham, WA: Lexham Press, 2015), p. 111.

11. Heiser, *The Unseen Realm*, p. 111.

12. Will Durant, *Our Oriental Heritage* (Nueva York, NY: Simon and Schuster, 1954), p. 224.

13. Durant, *Our Oriental Heritage*, p. 224.

14. Philip Renner, *Worship Without Limits* (Shippensburg, PA: Destiny Image Publishers, Inc., 2019), capítulo 1.

15. Mohler, «Globalization and the Christian Mission».

16. Leah MarieAnn Klett, «Former Drug Addict Baptized at Church He Vandalized 6 Months Earlier: "God Is Real"», *The Christian Post*, 10 octubre, 2019, https://www.christianpost.com/news/former-drug-addict-baptized-at-church-he-vandalized-6-months-earlier-god-is-real.html.

17. «A Prisoner Relentlessly Pursued by God», *The Voice of the Martyrs*, consultado 5 mayo, 2021, https://www.persecution.com/2021-02-min-ji/?_source_code=EM21B1.

18. John Baillie, *Memoir of the Rev. W. H. Hewitson: Late Minister of the Free Church of Scotland, at Dirleton* (Nueva York, NY: Robert Carter & Brothers, 1851), pp. 89–90.

19. Edith Bolling Galt Wilson, *My Memoir* (Nueva York, NY: Putnam, 1939), p. 225.

Capítulo 3: Una profecía biológica: La pandemia

1. Clem Boyd, «Cedarville Stories Podcast: Trusting God's Sovereignty During COVID-19», *Cedarville University*, 10 julio, 2020, https://www.cedarville.edu/news/2020/cedarville-stories-podcast-trusting-god's-sovereignty-during-covid-19.

2. «WHO Director-General's Opening Remarks at the Media Briefing on COVID-19—11 March 2020», *World Health Organization*, 11 marzo, 2020, https://www.who.int/director-general/speeches/detail/who-director-general-s-opening-remarks-at-the-media-briefing-on-covid-19-11-march-2020.

3. «WHO Coronavirus (COVID-19) Dashboard», World Health Organization, consultado 5 julio, 2021, https://covid19.who.int.

4. «WHO Coronavirus (COVID-19) Dashboard».

5. Emily Zanotti, «India's Health Care System in "Total Collapse" as COVID Surge "Ravages" Country», *The Daily Wire*, 25 abril, 2021, https://www.dailywire.com/news/indias-health-care-system-in-total-collapse-as-covid-surge-ravages-country; Jessie Yeung, «India Is Spiraling Deeper into Covid-19 Crisis. Here's What You Need to Know», *CNN*, 11 mayo, 2021, https://www.cnn.com/2021/04/26/india/india-covid-second-wave-explainer-intl-hnk-dst/index.html.

6. Una adaptación de Joel C. Rosenberg, «What Does the Bible Teach About Pestilence, Plagues and Global Pandemics?», *The Joshua Fund*, consultado 9 julio, 2021, https://www.joshuafund.com/images/blog_uploads/FACTSHEET-BibleAndPandemics_BRANDED_v2.pdf.

7. David Jeremiah, *El libro de las señales* (Nashville, TN: Grupo Nelson, 2019), pp. 241–42.

8. Mark Hitchcock, *The End* (Carol Stream, IL: Tyndale House Publishers, Inc., 2012), p. 109

9. John MacArthur, *The Second Coming: Signs of Christ's Return and the End of the Age* (Wheaton, IL: Crossway Books, 1999), p. 89.

10. John C. Lennox, *Where Is God in a Coronavirus World?* (Reino Unido: The Good Book Company, 2020), p. 8.

11. Nicole Acevedo, «Tom Hanks and Rita Wilson Return to U.S. After Recovering from Coronavirus», *NBC News*, 28 marzo, 2020, https://www.nbcnews.com/pop-culture/celebrity/tom-hanks-rita-wilson-return-u-s-after-recovering-coronavirus-n1171236.

12. Jason Seville, «King Jehoshaphat and the Coronavirus», *The Gospel Coalition*, 6 febrero, 2020, https://www.thegospelcoalition.org/article/jehoshaphat-and-coronavirus/.

13. David Williams, «Woman Gets Part-Time Job at Nursing Home so She Can Visit Her Dad During Pandemic», *CNN*, 4 marzo, 2021, https://www.cnn.com/2021/03/04/us/daughter-nursing-home-dad-trnd/index.html.

14. Martin Luther, «Martin Luther: Whether One May Flee from a Deadly Plague», *Christianity Today*, 19 mayo, 2020, https://www.christianitytoday.com/ct/2020/may-web-only/martin-luther-plague-pandemic-coronavirus-covid-flee-letter.html.

15. Michael P. Green, ed., *Illustrations for Biblical Preaching* (Grand Rapids, MI: Baker Book House, 1989), pp. 376–77; una adaptación de Corrie Ten Boom, *The Hiding Place* (Grand Rapids, MI: Baker Publishing Book, 1984).

16. Isobel Kuhn, *In the Arena* (Singapore: OMF Books, 1960), pp. 225–32.

17. David Jeremiah, *What Are You Afraid Of?: Facing Down Your Fears with Faith* (Carol Stream, IL: Tyndale House Publishers, Inc., 2013), p. 49.

18. J. R. Miller, «Do the Next Thing», *Grace Gems*, consultado 12 mayo, 2021, https://www.gracegems.org/Miller/do_the_next_thing.htm.

19. Emily P. Freeman, *The Next Right Thing* (Grand Rapids, MI: Revell, 2019), pp. 14–15.

20. Citado por Justin Taylor, «Do the Next Thing», *The Gospel Coalition*, 25 octubre, 2017, https://www.thegospelcoalition.org/blogs/justin-taylor/do-the-next-thing/.

Capítulo 4: Una profecía financiera: El caos económico

1. Stacey Naggiar, «People Are Getting Microchipped in Sweden, and It's Pretty Normal», *Vice*, 3 mayo, 2020, https://www.vice.com/en/article/

y3madg/people-are-getting-microchipped-in-sweden-and-its
-pretty-normal.

2. Board of Governors of the Federal Reserve System, «The 2019 Federal Reserve Payments Study», FederalReserve.gov, consultado 6 mayo, 2021, https://www.federalreserve.gov/paymentsystems/2019-December-The-Federal-Reserve-Payments-Study.htm.

3. Liz Frazier, «Already Leaning Towards Digital Money, Covid-19 Pushes More People Towards Contactless Payments», *Forbes*, 21 agosto, 2020, https://www.forbes.com/sites/lizfrazierpeck/2020/08/21/already-leaning-towards-digital-money-covid-19-pushes-more-people-towards-contactless-payments/?sh=316cd5703012.

4. James Royal and Kevin Voigt, «What Is Cryptocurrency? Here's What You Should Know», *Nerd Wallet*, 9 julio, 2021, https://www.nerdwallet.com/article/investing/cryptocurrency-7-things-to-know.

5. Dondi Black, «Digital Currencies Skyrocket During Pandemic», *FIS*, 11 enero, 2021, https://www.fisglobal.com/en/insights/what-we-think/2021/january/digital-currencies-skyrocket-during-pandemic.

6. Sam Polk, «For the Love of Money», *New York Times*, 18 enero, 2014, https://www.nytimes.com/2014/01/19/opinion/sunday/for-the-love-of-money.html.

7. John Piper, «What It Means to Love Money», *Desiring God*, consultado 24 mayo, 2021, https://www.desiringgod.org/articles/what-it-means-to-love-money.

8. «Global Inequality», *Inequality.org*, consultado 6 mayo, 2021, https://inequality.org/facts/global-inequality/.

9. Jeff Cox, «CEOs See Pay Grow 1,000% in the Last 40 Years, Now Make 278 Times the Average Worker», *CNBC*, 16 agosto, 2019, https://www.cnbc.com/2019/08/16/ceos-see-pay-grow-1000percent-and-now-make-278-times-the-average-worker.html.

10. Chase Peterson-Withorn, «How Much Money America's Billionaires Have Made During the Covid-19 Pandemic», *Forbes*, 30 abril, 2021, https://www.forbes.com/sites/chasewithorn/2021/04/30/american-billionaires-have-gotten-12-trillion-richer-during-the-pandemic/?sh=4474dbf9f557.

11. Scott Simon, «Understanding NXIVM, Group Critics Call a "Cult"», *NPR*, 4 agosto, 2018, https://www.npr.org/2018/08/04/635583140/understanding-nxivm-group-critics-call-a-cult.

12. Frederick A. Tatford, *Prophecy's Last Word: An Exposition of the Revelation* (Glasgow, Escocia: Pickering & Inglis, 1947), p. 154.

13. Owen Ullmann, «"Free Solo" Alex Honnold: How I Achieved the Impossible—Scaling El Capitan», *USA Today*, 31 enero, 2019, https://www.usatoday.com/story/news/2019/01/31/free-solo-alex-honnold-how-did-impossible-scaling-el-capitan/2732945002/.

14. Stew Friedman, «Walking Away from Wall Street», *Wharton Work/Life Integration Project*, consultado 7 mayo, 2021, http://worklife.wharton.upenn.edu/2014/08/walking-away-wall-street-sam-polk/.

Capítulo 5: Una profecía teológica: La apostasía

1. Joshua Harris, *I Kissed Dating Goodbye* (Colorado Springs, CO: Multnomah Books, 2003), p. 67.

2. Caleb Parke, «Well-Known Christian Author, Purity Advocate, Renounces His Faith: "I Hope You Can Forgive Me"», *Fox News*, 29 julio, 2019, https://www.foxnews.com/faith-values/christian-author-joshua-harris-kissed-dating-goodbye-faith.

3. Ethan Renoe, «Everyone Is Leaving Christianity. Few Know Where They're Going», *Faith It*, 13 abril, 2021, https://faithit.com/everyone-is-leaving-christianity-few-know-where-theyre-going-ethan-renoe/.

4. Richard Fry, «Millennials Overtake Baby Boomers as America's Largest Generation», *Pew Research Center*, 28 abril, 2020, https://www.pewresearch.org/fact-tank/2020/04/28/millennials-overtake-baby-boomers-as-americas-largest-generation/.

5. Kelsey Dallas, «Want Some Good News About the Future of Faith? Look to Generation Z», *Deseret News*, 1 marzo, 2020, https://www.deseret.com/indepth/2020/3/1/21156465/millennial-faith-religion-generation-z-research-trends-nones-church-attendance.

6. Jeffrey M. Jones, «U.S. Church Membership Down Sharply in Past Two Decades», *Gallup*, 18 abril, 2019, https://news.gallup.com/poll/248837/churchmembership-down-sharply-past-two-decades.aspx; Jeffrey M. Jones, «U.S. Church Membership Falls Below Majority for First Time», *Gallup*, 29 marzo, 2021, https://news.gallup.com/poll/341963/church-membership-falls-below-majority-first-time.aspx.

7. Ryan J. Bell, «A Year Without God: A Former Pastor's Journey into Atheism», *Huffington Post*, 2 marzo, 2014, https://www.huffpost.com/entry/a-year-without-god_b_4512842.

8. NPR Staff, «After Year of Atheism, Former Pastor: 'I Don't Think God Exists»», *NPR*, 27 diciembre, 2014, https://www.npr.org/2014/12/27/373298310/afteryear-of-atheism-former-pastor-i-dont-think-god-exists.

9. John F. Walvoord en *The Theological Wordbook: The 200 Most Important Theological Terms and Their Relevance for Today* (Nashville, TN: Word Publishing, 2000), p. 19.

10. Michael Finnegan, «Hollywood Actor Indicted for Fake HBO and Netflix Deals», *Los Angeles Times*, 4 mayo, 2021, https://www.latimes.com/california/story/2021-05-04/actor-zachary-horwitz-indicted-ponzi-scheme.

11. Citado por Zach Bollman en «Nominal Christianity», Fellowship in Christ Christian Church, 20 enero, 2021, https://www.fellowshipinchrist.org/nominal-christianity/.

12. «I Thought I Was a Christian», *Navigators*, 29 agosto, 2012, https://www.navigators.org/i-thought-i-was-a-christian/.

13. Shannon Williams, *Autism: A Journey of Faith and Hope* (Bloomington, IN: AuthorHouse, 2013), p. 10.

14. Nancy DeMoss Wolgemuth, «Up Close and Personal: An Interview with Nancy DeMoss Wolgemuth in 2011», *Revive Our Hearts*, consultado 30 junio, 2021, https://www.reviveourhearts.com/articles/close-and-personal/.

15. Scott Davis, «LeBron James Reportedly Spends $1.5 Million Per Year to Take Care of His Body—Here's Where It Goes», *Business Insider*, 29 julio, 2018, https://www.businessinsider.com/how-lebron-james-spends-money-body-care-2018-7#lebron-james-reportedly-spends-seven-figures-a-year-on-his-body-malcolm-gladwell-once-told-bill-simmons-that-in-a-conversation-with-james-business-partner-maverick-carter-carter-said-that-cost-was-15-million-1.

16. Andrew Murray, *The Holiest of All*, consultado 27 junio, 2021, https://www.biblestudytools.com/classics/murray-holiest-of-all/the-third-warning.html.

17. AnneClaire Stapleton, «Girl, 12, Accidentally Runs Half Marathon», *CNN Health*, 27 abril, 2016, https://www.cnn.com/2016/04/27/health/12-year-old-accidentally-runs-half-marathon/index.html.

Capítulo 6: Una profecía biográfica:
La gente de los últimos tiempos

1. Shon Hopwood, «God's Hot Pursuit of an Armed Bank Robber», *Christianity Today*, 23 abril, 2014, https://www.christianitytoday.com/ct/2014/april/gods-hot-pursuit-of-armed-bank-robber.html. Ver también Shon Hopwood, *Law Man: Memoir of a Jailhouse Lawyer* (Washington, DC: Prison Professors, 2017), caps. 1–2.

2. Una adaptación de Kevin DeYoung, «The Villain with a Thousand Faces», *The Gospel Coalition*, 7 octubre, 2011, https://www.thegospelcoalition.org/blogs/kevindeyoung/the-villain-with-a-thousand-faces/.

3. Theodore Dalrymple, «The Frivolity of Evil», *City Journal*, otoño 2004, https://www.city-journal.org/html/frivolity-evil-12835.html.

4. Kevin DeYoung, «The Villain with a Thousand Faces», *The Gospel Coalition*, 7 octubre, 2011, https://www.thegospelcoalition.org/blogs/kevin-deyoung/the-villain-with-a-thousand-faces/.

5. Bill Chappell, «Asian Grandmother Who Smacked Her Attacker with A Board Donates Nearly $1 Million», *NPR*, 24 marzo, 2021, https://www.npr.org/2021/03/24/980760622/asian-grandmother-who-smacked-her-attacker-with-a-board-donates-nearly-1-million.

6. John Calvin, *The Second Epistle of Paul the Apostle to the Corinthians and the Epistles to Timothy, Titus and Philemon* (Grand Rapids, MI: W. B. Eerdmans Publishing Company, 1996), p. 322.

7. John Taylor, «The Descent to the Bottom Line», *New York Times*, 8 julio, 1990, https://www.nytimes.com/1990/07/08/books/the-descent-to-the-bottom-line.html.

8. Tony Evans, «Why Men Matter», *Tony Evans The Urban Alternative*, 1 abril, 2021, https://tonyevans.org/podcast/why-men-matter-part-1/; https://tonyevans.org/podcast/why-men-matter-part-2/.

9. «Assistant Pastor Cameron Cole», *Packsaddle Fellowship*, consultado 16 junio, 2021, https://www.packsaddle.us/?page_id=96.

10. «The Teddy Bear Ministry», *The Christian Heart*, 15 junio, 2021, https://thechristianheart.com/the-teddy-bear-ministry/.

11. R. C. Sproul, *The Holiness of God, Chosen by God, Pleasing to God* (Carol Stream, IL.: Tynedale House, 1985), pp. 3, 5.

12. Anna Kelsey-Sugg y Ann Arnold, «Doubts Cast over Mountaineers' Record Claims, with Calls for More Honesty at High Altitude»,

ABC News, 4 junio, 2021, https://www.abc.net.au/news/2021–06–05/
mountain-climbers-fourteen-highest-peaks-claims-in-doubt/100187534.

13. «Meet a Christian: Amanda», *Castlefields Church*, consultado
4 julio, 2020, https://castlefieldschurch.org.uk/meet-a-christian-amanda/.

14. Hopwood, «God's Hot Pursuit of an Armed Bank Robber».

Capítulo 7: Una profecía política: La cultura de la cancelación

1. Anna Beahm, «Birmingham Housing Authority Ends Work with
Church of the Highlands», *AL.com*, 8 junio, 2020, https://www.al.com/
news/2020/06/birminghamhousing-authority-ends-work-with-church-of-
the-highlands.html.

2. Greg Garrison, «Birmingham Schools, Housing Authority Cut Ties with
Church of the Highlands», *AL.com*, 9 junio, 2020, https://www.al.com/
news/2020/06/birmingham-schools-may-ban-church-of-the-highlands-
pastor-clinic-respond-as-housing-authority-turns-away-free-covid-
testing.html. Ver también Greg Garrison, «Pastor Chris Hodges Responds
to Social Media Controversy», *AL.com*, 14 junio, 2020, https://www.
al.com/news/2020/05/pastor-chris-hodges-responds-to-social-media-
controversy.html.

3. Ed Stetzer, «Unliked Likes: Cancelling Pastor Chris Hodges and Church
of the Highlands», *Christianity Today*, 11 junio, 2020, https://www.
christianitytoday.com/edstetzer/2020/june/chris-hodges-trump-kirk-
cancel-culture.html.

4. Evan Gerstmann, «Cancel Culture Is Only Getting Worse»,
Forbes, 13 septiembre, 2020, https://www.forbes.com/sites/
evangerstmann/2020/09/13/cancel-culture-is-only-getting-worse/.

5. Lesley Hauler, «I Was "Canceled" and It Nearly Destroyed My Life», *Good
Morning America*, 17 enero, 2020, https://www.goodmorningamerica.
com/living/story/canceled-destroyed-life-68311913.

6. Lizzie Troughton, «Cancelling Christians», *The Critic*, 14 junio, 2021,
https://thecritic.co.uk/cancelling-christianity/.

7. *CyberCivics*, https://www.cybercivics.com/cyber-civics-team, consultado
6 julio, 2021.

8. Luke Barr, «Senior Citizens Lost Almost $1 Billion in Scams Last
Year: FBI», *ABC News*, 18 junio, 2021, https://abcnews.go.com/Politics/
senior-citizens-lost-billion-scams-year-fbi/story?id=78356859.

9. Susie Coen, «The Secret Cyber Vigilante Snaring Scammers: Susie Coen Reveals How One Crusader Has Saved People Losing £4 million by Turning the Tables in Spectacular Fashion», *Daily Mail*, 18 junio, 2021, https://www.dailymail.co.uk/news/article-9702275/SUSIE-COEN-Secret-cyber-vigilante-saves-scam-victims-turning-tables-fraudsters.html.

10. Abdu Murray, «Canceled: How the Eastern Honor-Shame Mentality Traveled West», *The Gospel Coalition*, 28 mayo, 2020, https://www.thegospelcoalition.org/article/canceled-understanding-eastern-honor-shame/.

11. Cathy Cassata, «Yes, You're Probably Experiencing Social Pain Right Now: How to Cope», *Healthline*, 25 enero, 2021, https://www.healthline.com/health-news/yes-youre-probably-experiencing-social-pain-right-now-how-to-cope#1.

12. Lee Mannion, «Britain Appoints Minister for Loneliness Amid Growing Isolation», *Reuters*, 17 enero, 2018, https://www.reuters.com/article/us-britain-politics-health/britain-appoints-minister-for-loneliness-amid-growing-isolation-idUSKBN1F61I6.

13. Rachel Martin, «In "Together", Former Surgeon General Writes About Importance of Human Connection», *NPR*, 11 mayo, 2020, https://www.npr.org/sections/health-shots/2020/05/11/853308193/in-together-former-surgeon-general-writes-about-importance-of-human-connection.

14. Barry Corey, «The Radical Call of Kindness», *Biola Magazine*, 1 junio, 2016, https://www.biola.edu/blogs/biola-magazine/2016/the-radical-call-of-kindness.

15. John Piper, «Christian Courage», *Desiring God*, 11 mayo, 1999, https://www.desiringgod.org/articles/christian-courage.

16. Todd Nettleton, *When Faith Is Forbidden* (Chicago, IL: Moody Publishers, 2021), pp. 61–62.

17. Mike Nappa, *The Courage to Be Christian* (West Monroe, LA: Howard Publishing, 2001), p. 3.

18. Ryann Blackshere, «Widower Forges Friendship with Man in Crash That Killed Wife, Unborn Baby», *Today*, 3 febrero, 2014, https://www.today.com/news/mancrash-killed-woman-forges-friendship-her-widower-2D12044681.

19. Paul J. Meyer, *Forgiveness . . . the Ultimate Miracle* (Orlando, FL: Bridge-Logos, 2006), pp. xiii-xv.

20. Steve Hartman, «Man Saves Police Officer from Burning Vehicle Despite His History with Police», *CBS News*, 10 julio, 2020, https://www.cbsnews.com/news/pennsylvania-man-saves-cop-despite-history-with-police/.

Capítulo 8: Una profecía espiritual: la hambruna espiritual

1. Neeraj Chand, «Benedict Cumberbatch Recalls the Horrible Experience of Losing Weight for The Courier», *Movieweb*, 26 marzo, 2021, https://movieweb.com/thecourier-benedict-cumberbatch-weight-loss/; Jessica Napoli, «"Courier" Star Benedict Cumberbatch Talks His Dramatic Weight Loss for the Film», *Fox News*, 27 marzo, 2021, https://www.foxnews.com/entertainment/benedictcumberbatch-the-courier-weight-loss-transformation.

2. «Why Bible Translation?», *Wycliffe Bible Translators*, consultado 18 mayo, 2021, https://www.wycliffe.org/about/why.

3. A. W. Tozer, *The Pursuit of God* (Harrisburg, PA: Christian Publications, Inc., 1948), p. 17.

4. Howard Taylor, *Hudson Taylor's Spiritual Secret* (Chicago, IL: Moody Publishers, 1979), p. 22.

5. Sherwood Eliot Wirt, *A Thirst for God* (Minneapolis, MN: World Wide Publications, 1989), p. 29.

6. D. A. Carson, *For the Love of God, Vol. 2* (Wheaton, IL: Crossway Books, 2006), devocional de 23 enero.

7. Jessica Lea, «Barna: We're Experiencing Another Reformation, and Not in a Good Way», *Church Leaders*, 8 octubre, 2020, https://churchleaders.com/news/383605george-barna-another-reformation.html.

8. «Six Megathemes Emerge from Barna Group Research in 2010», *Barna*, 13 diciembre, 2010, https://www.barna.com/research/six-megathemes-emerge-from-barna-group-research-in-2010/.

9. Jeremiah J. Johnston, *Unanswered* (New Kensington, PA: Whitaker House, 2015), pp. 143, 147, 153.

10. Anugrah Kumar, «China Shuts Down Bible App, Christian WeChat as New Crackdown Policies Go into Effect», *The Christian Post*, 2 mayo, 2021, https://www.christianpost.com/news/china-shuts-down-bible-app-christian-wechat-accounts.html.

11. Hugo Martín, «More Hotels Are Checking Out of the Bible Business», *Los Angeles Times*, 4 diciembre, 2016, https://www.latimes.com/business/la-fi-hotel-bibles-20161204-story.html.

12. Tim Carman, «As a Food Writer with Covid, I Worried I'd Lose My Sense of Taste. It Turned Out to Be Much Worse», *The Washington Post*, 29 noviembre, 2020, https://www.washingtonpost.com/food/2020/11/29/food-writer-covid/.

13. Marilee Pierce Dunker, «Women Who Inspired World Vision's Founding Father», *World Vision*, 28 febrero, 2013, https://www.worldvision.org/christian-faith-news-stories/women-inspired-bob-pierce.

14. Charles R. Swindoll, *Good Morning, Lord . . . Can We Talk?* (Carol Stream, IL: Tyndale House, 2018), p. 13.

15. Jonathan Petersen, «The Joy of Bible Study Is Seeing Your Life Changed: An Interview with Warren Wiersbe», *BibleGateway Blog*, 26 marzo, 2019, https://www.biblegateway.com/blog/2019/03/the-joy-of-bible-study-is-seeing-your-life-changed-warren-wiersbe/.

16. Matt Brown, «The Skilled Man Will Serve Before Kings», *Think Eternity* (blog), consultado 19 mayo, 2021, https://thinke.org/blog/2011/2/24/he-will-serve-before-kings.html.

17. Sarah Jarvis, «Phoenix Man Gets 4.5 Years in Burned-Body Case», AZ Central, 11 junio, 2015, https://www.azcentral.com/story/news/local/phoenix/2015/06/11/phoenix-man-burn-body-dump-abrk/71073988/.

18. H. Joseph Gammage, «Transformed by God in Prison», *Victorious Living*, consultado 19 mayo, 2021, https://victoriouslivingmagazine.com/2021/05/transformed-by-god-in-prison/.

Capítulo 9: Una profecía geográfica: Jerusalén

1. «PM Netanyahu's Remarks at the Opening of the US Embassy in Jerusalem», 14 mayo, 2018, *Israel Ministry of Foreign Affairs*, https://mfa.gov.il/MFA/PressRoom/2018/Pages/PM-Netanyahu-s-remarks-at-the-opening-of-the-US-embassy-in-Jerusalem-14-May-2018.aspx.

2. Will Maule, «Here Are the Biblical Prophecies Connected to the US Embassy Opening in Jerusalem», *CBN News*, 19 mayo, 2018, https://www1.cbn.com/cbnnews/israel/2018/may/here-are-the-biblical-prophecies-connected-to-the-us-embassy-opening-in-jerusalem.

3. Randall Price, *Jerusalem in Prophecy: God's Stage for the Final Drama* (Eugene, OR: Harvest House, 1991), portada delantera.

4. Harold D. Foos, «Jerusalem in Biblical Prophecy», *Dictionary of Premillennial Theology*; ed. Mal Couch (Grand Rapids, MI: Kregel Publications, 1996), 207.

5. «Jerusalem», *Agencia Judaica*, consultado mayo 21, 2021, http://www.eitan.com.br/Nomes%20de%20Jerusalem.pdf.

6. Hershel Shanks, «Ancient Jerusalem: The Village, the Town, the City», *Biblical Archaeology Review* (mayo/junio, 2006), https://www.biblicalarchaeology.org/daily/biblical-sites-places/jerusalem/ancient-jerusalem/. Ver también «Jerusalem at Passover», *Bible History*, consultado mayo 22, 2021, https://www.bible-history.com/backd2/jerusalem.html.

7. Una adaptación de Charles Swindoll, ed., *The Theological Workbook* (Nashville, TN: Word Publishing, 2000), 196.

8. Price, *Jerusalem in Prophecy*, p. 74.

9. Simon Sebag Montefiore, *Jerusalem: The Biography* (Nueva York, NY: Knopf Doubleday Publishing Group, 2011), p. 507.

10. Eytan Gilboa, «Trump: The Most Pro-Israel President in American History», *Clingendael Spectator*, 8 julio, 2020, https://spectator.clingendael.org/en/publication/trump-most-pro-israel-president-american-history.

11. Mark Hitchcock, *The End* (Carol Stream, IL: Tyndale House Publishers, 2012), p. 385.

12. J. Dwight Pentecost, *Things to Come: A Study in Biblical Eschatology* (Grand Rapids, MI: Zondervan, 1958), p. 476.

13. Una adaptación de las notas no publicadas de Alva J. McClain, Grace Theological Seminary, Winona Lake, Indiana.

14. Swindoll, ed., *The Theological Workbook*, p. 197.

15. Anthony Hoekema, «Heaven: Not Just an Eternal Day Off», *Christianity Today*, 1 junio, 2003, https://www.christianitytoday.com/ct/2003/juneweb-only/6-2-54.0.html.

16. Steven J. Lawson, *Heaven Help Us!* (Colorado Springs, CO: Nav Press, 1995), pp. 131–32.

17. E. J. Fortman, *Everlasting Life After Death* (Nueva York, NY: Alba House, 1976), p. 318.

18. Charles F. Pfeiffer y Everett F. Harrison, eds, *The Wycliffe Bible Commentary: A Phrase by Phrase Commentary of the Bible* (Chicago, IL: Moody Publishers, 1962), p. 1522.

19. Pentecost, *Things to Come*, p. 541.

20. Frederick Buechner, citado en *A Little Bit of Heaven* (Tulsa, OK: Honor Books, 1995), p. 118.

21. Price, *Jerusalem in Prophecy*, p. 94.

22. Marvin Olasky, «Israel at Age 67: Slammed If You Do, Dead If You Don't», *World*, 21 abril, 2015, https://wng.org/articles/israel-at-age-67-slammed-if-you-do-dead-if-you-dont-1617287541.

23. Gilboa, «Trump: The Most Pro-Israel President in American History».

24. Chris Weller, «The 12 Most Important Countries of the Year, According to the New York Times», *Business Insider*, 23 diciembre, 2015, https://www.businessinsider.com/the-most-important-countries-of-the-year-2015-12.

25. Kathie Lee Gifford, *The Rock, the Road, and the Rabbi* (Nashville, TN: HarperCollins Christian Publishing, 2018), prefacio y cap. 1.

Capítulo 10: La profecía final: El triunfo del evangelio

1. Harrison Mumia, «Press Statement—Secretary Seth Mahiga Resigns», *Atheists in Kenya*, 30 mayo, 2021, https://atheistsinkenya.org/2021/05/30/press-statement-secretary-seth-mahiga-resigns/.

2. Leah Nablo Yecla, «Gospel Making Inroads in Iran Despite Strong Persecution», *Christianity Daily*, 16 noviembre, 2020, http://www.christianitydaily.com/articles/10094/20201116/gospel-making-inroads-in-iran-despite-strong-persecution.htm.

3. «Bring the Life-Changing Gospel to Iran Through Billy Graham's Sermons», *Iran Alive Ministries*, consultado 10 junio, 2021, https://iranalive.org/billy-graham.

4. Charles Gardner, «Iranian Awakening», *Israel Today*, 27 febrero, 2021, https://www.israeltoday.co.il/read/iranian-awakening/.

5. Bruce Davis, «Iran's Great Awakening with Dr. Hormoz Shariat», *In Awe by Bruce Podcast*, 11 noviembre, 2020, https://www.inawebybruce.com/podcast/2020/11/11/irans-great-awakening-with-dr-hormoz-shariat.

6. Valerie Bell *et al.*, *Resilient: Child Discipleship and the Fearless Future of the Church* (Steamwood, IL: Awana Clubs International, 2020), p. 62.

7. Richard Chin, *Captivated by Christ* (Youngstown, OH: Matthias Media, 2019), pp. 16, 26.

8. Naomi Reed, «I Was Put in Jail Three Times for My Faith, and I Was Tortured», *Eternity*, 30 julio, 2020, https://www.eternitynews.com.au/faith-stories/i-was-put-in-jail-three-times-for-my-faith-and-i-was-tortured/.

9. Sarah Eekhoff Zylstra y Alex Harris, «Alex Harris: How to Do Hard Things» (podcast), *The Gospel Coalition*, 6 mayo, 2021, https://www.thegospelcoalition.org/podcasts/tgc-podcast/alex-harris-do-hard-things/.

10. Charles Spurgeon, «Adorning the Gospel», *The Spurgeon Center*, 26 mayo, 1887, https://www.spurgeon.org/resource-library/sermons/adorning-the-gospel/#flipbook/.

11. Cassidy Mudd, «Governor Stitt Commemorates 1921 Tulsa Race Massacre», *Channel 8 News*, 28 mayo, 2021, https://ktul.com/news/local/governor-stitt-commemorates-1921-tulsa-race-massacre.

12. Francis A. Schaeffer, *The Mark of the Christian* (Downer's Grove, IL.: InterVarsity Press, 1970), pp. 22–23.

13. Billy Graham, «100 Quotes from Billy Graham», Billy Graham Evangelistic Association of Canada, consultado 10 junio, 2021, https://www.billygraham.ca/100-quotes-from-billy-graham/.

14. Billy Graham, «100 Quotes from Billy Graham».

15. Billy Graham, «100 Quotes from Billy Graham».

16. «Billy Graham 1918–2018 Official Obituary», 21 febrero, 2018, https://memorial.billygraham.org/official-obituary/.

17. Radstyles007, «Billy Graham's Last Sermon at Age 95, God, Jesus Christ, Bible, Christianity & Truth», YouTube, 24 febrero, 2018, https://www.youtube.com/watch?v=wPkNtG5IVcA.

18. Charlotte Elliott, «Just As I Am, Without One Plea», 1755, dominio público.

Acerca del autor

El doctor David Jeremiah es el pastor principal de Shadow Mountain Community Church en El Cajón (California). Él es también el fundador y presentador de Turning Point [Momento decisivo], un ministerio internacional dedicado a proporcionar a los cristianos una enseñanza bíblica sólida y relevante para los actuales tiempos cambiantes, a través de la radio y la televisión, la Internet, eventos en vivo, materiales didácticos y libros. Es autor best seller de más de cincuenta libros, entre los cuales se incluyen *¿Es este el fin?*, *Aplaste a los gigantes que hay en su vida*, *El anhelo de mi corazón*, *Vencedores*, *Una vida más que maravillosa*, *El libro de las señales*, *La escritura en la pared*.

El doctor Jeremiah es un dedicado hombre de familia. Él y su esposa, Donna, tienen cuatro hijos adultos y doce nietos.

Siga al autor en sus redes sociales: Facebook (@drdavidjeremiah), Twitter (@drdavidjeremiah) o en su página electrónica (davidjeremiah.org).

Mantente conectado con el ministerio de enseñanza del

DR. DAVID JEREMIAH

Publicación | Radio | En línea

Tu Momento Decisivo Devocional diario

Recibe un devocional diario del doctor Jeremiah electrónicamente que fortalecerá tu caminar con Dios y te animará a vivir la auténtica vida cristiana.

¡Regístrate hoy para tu devocional electrónico gratis!
www.MomentoDecisivo.org

Aplicación móvil de Momento Decisivo

Accede a las enseñanzas del doctor David Jeremiah, predicaciones de audio, devocionales y más… ¡Donde quiera que estés!

¡Descarga la aplicación gratuita hoy mismo!
www.MomentoDecisivo.org/App

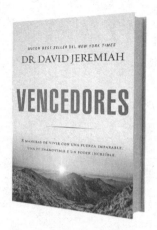

Vencedores

Descubre las herramientas para convertirte en un vencedor en todos los sentidos de la palabra; con plena confianza en que Dios te preparará para superar las pruebas y las tentaciones que puedan cruzarse en tu camino. En este libro inspirador y práctico, el doctor David Jeremiah utiliza la armadura de Dios que Pablo describe en su epístola a la iglesia de Éfeso para explicar el camino hacia la victoria.

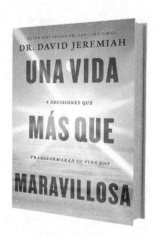

Una vida más que maravillosa

Las noticias desalentadoras, la adversidad personal y el trabajo duro de la vida diaria a menudo nos impiden vivir la vida que Dios tiene para nosotros. En su libro *Una vida más que maravillosa*, el doctor David Jeremiah nos insta a superar estas cosas, y nos hace ver una vida de bendiciones más allá de nuestra comprensión. Comparte nueve rasgos, basados en el fruto del Espíritu, que la iglesia necesita hoy, y nos enseña que Dios desea que vivamos más allá de lo maravilloso mientras esperamos Su regreso.

LIBROS ESCRITOS POR DAVID JEREMIAH

· · · · · · · ·

- *Un giro hacia la integridad*
- *Un giro al gozo*
- *Escape de la noche que viene*
- *Regalos de Dios*
- *Invasión de otros dioses*
- *El anhelo de mi corazón*
- *Aplaste a los gigantes que hay en su vida*
- *Señales de vida*
- *¿Qué le pasa al mundo?*
- *El Armagedón económico venidero*
- *¡Nunca pensé que sería el día!*
- *¿A qué le tienes miedo?*
- *Agentes de Babilonia*
- *El libro de las señales*
- *¿Es este el fin?*
- *Vencedores: 8 maneras de vivir con una fuerza imparable, una fe inamovible y un poder increíble*
- *Una vida más que maravillosa*
- *Todo lo que necesitas*